高等医学教育教材

供医学及医学相关专业使用

医学生创新创业教程

第③版

主　编　于美军　姚大志　付　雁

副主编　李茹冰　张　羽　刘馨心　姜婷婷

编　者　（以姓氏笔画为序）

于美军　马　莹　马维艳　王兴华

乌日乐　付　雁　付　瑶　刘馨心

李　玉　李　勇　李茹冰　杨夕琳

杨婷惠　张　羽　张　策　张　槊

张金波　陈宏雷　姜婷婷　姚大志

人民卫生出版社

·北　京·

图书在版编目（CIP）数据

医学生创新创业教程 / 于美军，姚大志，付雁主编 .
3 版 . -- 北京 ：人民卫生出版社，2025. 1. -- ISBN
978-7-117-37591-7

Ⅰ. G647. 38

中国国家版本馆 CIP 数据核字第 2025RS0907 号

人卫智网	www.ipmph.com	医学教育、学术、考试、健康，购书智慧智能综合服务平台
人卫官网	www.pmph.com	人卫官方资讯发布平台

医学生创新创业教程

Yixuesheng Chuangxin Chuangye Jiaocheng

第 3 版

主　　编：于美军　姚大志　付　雁
出版发行：人民卫生出版社（中继线 010-59780011）
地　　址：北京市朝阳区潘家园南里 19 号
邮　　编：100021
E - mail：pmph @ pmph.com
购书热线：010-59787592　010-59787584　010-65264830
印　　刷：三河市君旺印务有限公司
经　　销：新华书店
开　　本：850×1168　1/16　　印张：14
字　　数：367 千字
版　　次：2018 年 2 月第 1 版　　2025 年 1 月第 3 版
印　　次：2025 年 2 月第 1 次印刷
标准书号：ISBN 978-7-117-37591-7
定　　价：59.00 元
打击盗版举报电话：010-59787491　E-mail：WQ @ pmph.com
质量问题联系电话：010-59787234　E-mail：zhiliang @ pmph.com
数字融合服务电话：4001118166　E-mail：zengzhi @ pmph.com

前　言

党的二十大报告中指出，科技是第一生产力，人才是第一资源，创新是第一动力，深入实施科教兴国战略、人才强国战略和创新驱动发展战略，开辟发展新领域、新赛道，不断塑造发展新动能、新优势。新科技革命和产业变革加速演进，创新创业教育已经成为高校教育改革的时代命题，医学学科与理学、工学、文学、管理学等学科的交叉融合已经成为高等医学院校学科发展的必然趋势。在新医科的时代背景下，医学教育创新发展作为创新创业教育的重要组成部分，把全面提高人才培养质量摆在教育和卫生健康事业优先发展的重要地位，对医学生创新创业能力提出了更新、更高的要求。习近平总书记指出："培养创新型人才是国家、民族长远发展的大计。"创新创业教育是以培养创新创业型人才为目标，以增强创新创业的意识与精神、提高创新创业的知识和能力为主要内容的全面系统性教育。

本教材紧密围绕党的二十大提出的创新驱动发展战略，在新医科的时代背景下，引导医学生开展项目创新、团队组建、项目打磨、项目路演、参赛准备及参加立项比赛等全过程实践。这一过程不仅开阔了学生视野，而且训练了创新思维、实践能力与创业意识，进一步拓宽了专业理解与认知，增强了团队协作精神。我们借助中国国际大学生创新大赛、"挑战杯"全国大学生系列科技学术竞赛等重要平台，整合集聚资源力量，制订了针对医学生创新创业项目的挖掘与培育方案，深挖优质创业项目，加大培育力度，依托学校教产学研平台，大力推动科技创新和创业实践成果转化。同时，教材以"四新"学科教育为基础，重点研究与医学紧密相关的交叉学科的发展趋势，介绍分析了医学领域的创新创业机遇与挑战，涵盖了基因编辑、人工智能在医疗领域的应用、"互联网＋医疗"等新兴领域，引导学生抓住时代机遇，勇于创新实践。

本教材是为医学生创新创业教育"量身定制"的专业教材，分为四篇十六章，全面介绍了创新创业教育的基本认知、创新技法、医学岗位创业所需的精神与能力、创业实践中的机会与风险、团队建设与管理、资源融资、商业模式设计与论证、创业计划与路演，以及各级各类创新创业竞赛等内容，并提供了详尽具体的操作指南。教材设计由浅入深，旨在让学生全面了解、掌握创新与创业核心知识和技能，同时能够运用相关知识科学规划个人职业生涯和创业实践活动。在第二版教材基础上，我们围绕"侧重基础构建，强调能力培养""专注医学领域，强调个性化""融合案例教学，强调实践动手""促进立项竞赛，强调成果输出"等四个方面进行了修改和完善。新版教材更加注重课堂实践与实操环节，指导和帮助学生将理论知识应用到实际中去，培养学生的创业能力和实践技能。同时，教材还结合典型的创业成功案例，让学生在分析和学习成功经验的过程中，提升创新创业实践成果转化的能力。

教材在修订完善过程中，借鉴并参考了国内外大量创新创业教育研究方面的文献资料和一些专家学者的理论与观点，书中引用的案例和材料部分来自网络、期刊，特此说明并在此表示感谢！引用与理解不当之处，敬请谅解！由于受资料、编写者水平及其他条件限制，书中难免存在不足之处，恳请专家、同行与读者指正。

　　本教材为黑龙江省高等教育教学改革研究项目"以创新创业为导向的新型人才培养模式构建研究"课题的阶段研究成果,课题编号为SJGY20210574;黑龙江省新文科研究与改革实践项目"新文科背景下构建医学文科专业双创实践育人新模式"课题的阶段研究成果,课题编号为2021HLJXWP0103。

编　者

2024年12月

目　录

第一篇　医学生创新创业教育

第一章　创新创业教育的背景与意义 …………………………………………………… 2

第一节　创新创业教育的起源与发展 ………………………………………………… 3
一、创新创业的概念与起源 ……………………………………………………… 3
二、创新创业教育的概念与起源 ………………………………………………… 3
三、国际创新创业教育发展 ……………………………………………………… 4
四、国内创新创业教育发展 ……………………………………………………… 5

第二节　国内外创新创业教育现状对比 ……………………………………………… 8
一、国外创新创业教育现状 ……………………………………………………… 8
二、国内创新创业教育现状 ……………………………………………………… 9
三、国内外创新创业教育的差异 ………………………………………………… 10

第三节　创新创业教育与医学生职业发展的关系 …………………………………… 11
一、创新创业教育能实现医学生的职业理想 …………………………………… 11
二、创新创业教育打破医学生的职业壁垒 ……………………………………… 12
三、创新创业教育还原医学教育的准则 ………………………………………… 13
四、创新创业教育培养医学生的团队精神 ……………………………………… 13

第四节　医学生创新创业教育的重要意义 …………………………………………… 13
一、发展中国医学教育的必然趋势 ……………………………………………… 14
二、实施健康中国战略的时代需要 ……………………………………………… 14
三、适应社会发展的必然要求 …………………………………………………… 14
四、推动医学发展的不竭动力 …………………………………………………… 15
五、实现医学生自我价值的内在驱动 …………………………………………… 15

第二章　医学生创新创业基本认知 …………………………………………………… 18

第一节　创新创业的核心理念 ………………………………………………………… 19
一、创新是创新创业的灵魂 ……………………………………………………… 19
二、价值创造是创新创业的目的 ………………………………………………… 19
三、风险管理是创新创业的必由之路 …………………………………………… 20
四、从实际出发是创新创业的点睛之笔 ………………………………………… 20
五、合作共享是创新创业的重要途径 …………………………………………… 20

第二节　开展医学生创新创业教育的四个维度 …………………………………… 20
　　一、创新思维 …………………………………………………………………… 21
　　二、创业知识 …………………………………………………………………… 21
　　三、创业技能 …………………………………………………………………… 21
　　四、创新实践 …………………………………………………………………… 22
第三节　大健康背景下医学生的创新创业机会与挑战 …………………………… 22
　　一、医学生创新创业的机会与挑战 …………………………………………… 22
　　二、医学教育的机会与挑战 …………………………………………………… 23
第四节　创新创业理论在医学实践中的应用 ……………………………………… 25
　　一、创新思维推动医学技术进步 ……………………………………………… 26
　　二、创业精神促进医疗服务模式变革 ………………………………………… 26

第三章　创新创业教育与医学人才培养 ……………………………………………… 28
第一节　医学生专业、职业特点 …………………………………………………… 29
　　一、课程专业性强,学习科目繁多 …………………………………………… 29
　　二、学习任务繁重,求学过程艰苦 …………………………………………… 29
　　三、医学学习过程长,学习成本高 …………………………………………… 30
　　四、理论水平要高,动手能力要强 …………………………………………… 30
　　五、遵循终身学习规律,不断拓展知识领域 ………………………………… 30
第二节　创新型医学人才的特征 …………………………………………………… 30
　　一、理论知识与实践能力完美结合 …………………………………………… 31
　　二、具有成为医学科学家的潜质 ……………………………………………… 31
　　三、具有医学思维模式能力 …………………………………………………… 31
　　四、具有终身学习和自主学习的能力和习惯 ………………………………… 32
第三节　创新型医学人才培养模式 ………………………………………………… 32
　　一、对五年制临床医学专业人才培养模式改革 ……………………………… 32
　　二、对临床医学专业硕士人才培养模式改革 ………………………………… 32
　　三、对长学制临床医学人才培养模式改革 …………………………………… 33
　　四、对面向农村基层的全科医生人才培养模式改革 ………………………… 33
第四节　创新型医学人才培养途径 ………………………………………………… 33
　　一、要转变教师和教育管理者教育教学理念 ………………………………… 33
　　二、要强化医教结合 …………………………………………………………… 34
　　三、要推进"以学生学习为中心"的医学教学方式 ………………………… 34
　　四、要强化医学师资培训,提高教师对改革的执行力和创造力 …………… 34
第五节　创新创业与医学人才培养的融合 ………………………………………… 35
　　一、加强师资队伍建设,培养胜任的师资 …………………………………… 35
　　二、构建科学的创新创业教育课程体系 ……………………………………… 35
　　三、基于医学生岗位胜任力的创新创业能力培养 …………………………… 36

第二篇　创新创业竞赛与立项

第四章　创新创业竞赛与立项介绍 40

　第一节　创新创业竞赛目的与种类 41
　　一、创新创业竞赛目的 41
　　二、创新创业竞赛的种类 42

　第二节　大学生创新创业训练计划项目 44
　　一、计划项目分类 44
　　二、计划项目申报要求 44
　　三、计划内容与实施 44
　　四、项目申请书撰写注意事项 49
　　五、项目过程管理 50
　　六、项目结题与公布 50
　　七、项目后期管理与延续 51

　第三节　竞赛与立项对医学生创新创业能力的提升 51
　　一、拓宽专业视野与激发创新意识 51
　　二、锻炼实践能力与提升技术水平 51
　　三、培养团队协作能力与领导力 52
　　四、增强市场意识与培养商业思维 52
　　五、促进科研成果转化与商业化 52
　　六、提升解决问题的能力与创新思维 52
　　七、拓展专业社交圈与提升资源整合能力 53

第五章　中国国际大学生创新大赛详解 54

　第一节　大赛的历史与影响力 55
　　一、大赛的发展历史 55
　　二、大赛的影响力 56
　　三、未来展望 57

　第二节　竞赛赛道与评审规则 57
　　一、赛道设置 58
　　二、评审规则 62

第六章　"挑战杯"全国大学生系列科技学术竞赛介绍 64

　第一节　"挑战杯"全国大学生系列科技学术竞赛的背景与意义 65
　　一、起源与背景 65
　　二、发展历程 65
　　三、影响与贡献 67

　第二节　竞赛分类及评审规则 67

一、"挑战杯"全国大学生课外学术科技作品竞赛 67
二、"挑战杯"中国大学生创业计划竞赛 68
第三节　如何准备并优化参赛作品 70
一、选题与立意 70
二、资料收集与整理 70
三、作品构思与设计 71
四、作品实现与验证 71
五、作品展示与答辩 71
六、细节指导与注意事项 71

第七章　医学生竞赛项目的甄选 73
第一节　主要学科竞赛介绍 74
一、全国普通高校大学生竞赛分析报告 74
二、竞赛项目的甄选 76
第二节　学科竞赛对医学生专业技能的提升 78
第三节　如何在竞赛中展现医学生的专业优势 79

第三篇　创新能力训练

第八章　创新思维的概念与特征 84
第一节　创新思维的概念 85
第二节　创新思维的特征 85
一、积极的求异性 85
二、系统的整体性 85
三、动态灵活性 86
第三节　创新思维的形式 87
一、发散思维与收敛思维 87
二、横向思维与纵向思维 87
三、求同思维与求异思维 88
四、正向思维与逆向思维 89
第四节　创新思维的障碍 90
一、习惯思维定式 90
二、权威思维定式 91
三、从众思维定式 92
四、经验思维定式 92
第五节　创新思维的培养 93
一、联想思维 93
二、想象思维 94
三、逆向思维 95

　　　　四、发散思维 ……………………………………………………………… 96
　　　　五、直觉思维 ……………………………………………………………… 97

第九章　创新思维锻造技法 ………………………………………………………… 99

　　第一节　头脑风暴法 …………………………………………………………… 100
　　　　一、头脑风暴法概述 ……………………………………………………… 100
　　　　二、头脑风暴法的组织 …………………………………………………… 101
　　　　三、头脑风暴法的原则 …………………………………………………… 101
　　　　四、头脑风暴会议成员 …………………………………………………… 102
　　　　五、头脑风暴法的实施与使用技巧 ……………………………………… 103

　　第二节　奥斯本检核表法 ……………………………………………………… 104
　　　　一、奥斯本检核表法概述 ………………………………………………… 104
　　　　二、奥斯本检核表法的应用 ……………………………………………… 105
　　　　三、奥斯本检核表法运用案例 …………………………………………… 106
　　　　四、奥斯本检核表法的优势 ……………………………………………… 107

　　第三节　5W2H 分析法 ………………………………………………………… 108
　　　　一、5W2H 分析法概述 …………………………………………………… 108
　　　　二、5W2H 的内容剖析 …………………………………………………… 108
　　　　三、5W2H 分析法的应用 ………………………………………………… 111

　　第四节　组合创造法 …………………………………………………………… 111
　　　　一、组合原理的概念 ……………………………………………………… 111
　　　　二、异类组合创造法 ……………………………………………………… 112
　　　　三、异类组合创造法的应用要领 ………………………………………… 113
　　　　四、同类组合创造法 ……………………………………………………… 113
　　　　五、同类组合创造法的应用要领 ………………………………………… 114

　　第五节　痛点分析法 …………………………………………………………… 114
　　　　一、痛点概述 ……………………………………………………………… 114
　　　　二、痛点分析概述 ………………………………………………………… 115
　　　　三、痛点分析的方法 ……………………………………………………… 115
　　　　四、痛点分析的实践 ……………………………………………………… 115
　　　　五、发现痛点 ……………………………………………………………… 116
　　　　六、找到痛因 ……………………………………………………………… 117

第十章　TRIZ 理论创新方法 ……………………………………………………… 119

　　第一节　TRIZ 理论概述 ……………………………………………………… 120
　　　　一、学习 TRIZ 理论的意义 ……………………………………………… 120
　　　　二、TRIZ 理论的核心 …………………………………………………… 120
　　　　三、TRIZ 理论对现代社会的影响 ……………………………………… 121
　　　　四、TRIZ 理论的应用场景 ……………………………………………… 122

　　第二节　TRIZ 理论的体系 …………………………………………………… 123

一、技术系统进化法则 ··· 123

二、矛盾解决原理 ··· 124

三、发明原理与创新算法 ··· 124

四、物-场分析法与标准解法 ··· 128

五、知识库与效应库 ··· 128

第四篇　创新创业实训

第十一章　创新创业项目的挖掘与培育 ··· 132

第一节　创新创业项目的来源与选择 ··· 133

一、创新创业项目的来源 ··· 133

二、创新创业项目的选择 ··· 134

第二节　项目的前期准备与资源整合 ··· 135

一、项目的前期准备 ··· 135

二、项目的资源整合 ··· 137

第三节　项目的挖掘与培育 ··· 138

一、如何进行项目挖掘 ··· 138

二、创新创业项目的培育要点 ··· 139

第十二章　创新创业团队组建与管理 ··· 141

第一节　创新创业团队的组成要素与角色分配 ······································· 141

一、创新创业团队 ··· 141

二、团队组成要素与角色分配 ··· 142

三、如何选择优质团队成员 ··· 143

第二节　团队管理与管理技巧 ··· 144

一、团队管理 ··· 144

二、团队管理技巧 ··· 145

三、创业团队三维结构管理 ··· 145

第三节　如何打造高效协作的创新创业团队 ··· 147

一、成功创业团队的特征 ··· 147

二、如何组建最强团队 ··· 149

第十三章　创业融资与商业模式 ··· 151

第一节　创业融资 ··· 152

一、创业融资的渠道 ··· 152

二、创业融资的原则 ··· 156

第二节　商业模式 ··· 156

一、商业模式概述 ··· 156

二、商业模式构成要素 ··· 157

三、商业模式设计工具——商业画布 ··········· 158

第十四章　商业计划书与路演 ·· 161

第一节　商业计划书的基本结构及内容 ········· 162

一、商业计划书 ·· 162

二、商业计划书的结构及内容 ························· 162

第二节　如何撰写高质量的商业计划书 ········· 168

一、高质量商业计划书的特质 ························· 168

二、评委关注的商业计划书的五大要素 ····· 169

三、高质量商业计划书的撰写 ························· 170

第三节　商业计划书的撰写技巧及注意事项 ········· 171

一、商业计划书的撰写技巧 ···························· 171

二、商业计划书撰写注意事项 ························· 171

第四节　项目路演 ·· 172

一、项目路演的定义 ·· 172

二、路演 PPT 的内容 ··· 172

三、路演 PPT 的设计 ··· 173

四、路演 PPT 设计注意事项 ···································· 174

五、高质量项目路演准备策略 ························· 175

六、如何做好现场路演 ··· 176

七、项目路演注意事项 ··· 178

第十五章　知识产权与软件著作权 ·· 181

第一节　知识产权的分类及保护的范围 ········· 182

一、知识产权的分类 ·· 182

二、知识产权保护的主要范围 ························· 183

第二节　软件著作权申报 ·· 183

一、软件著作权登记材料 ··· 184

二、软件著作权申请流程 ··· 184

第三节　专利申请书 ·· 185

一、发明专利请求书 ·· 185

二、专利说明书 ·· 185

三、说明书摘要 ·· 186

四、权利要求书 ·· 186

第四节　发明申报书 ·· 186

第十六章　创新创业项目评估与持续改进 ·········· 187

第一节　创新创业项目的评估标准与方法 ········· 188

一、创新创业项目的评估标准 ························· 188

二、项目评估的方法 ··· 189

第二节　创新创业大赛评审项目原则 ·· 190

一、竞赛网评 ··· 190

二、项目现场赛（路演）评审原则 ·· 191

第三节　创新创业大赛中常见的答辩问题 ································· 192

第四节　通过反馈与学习不断优化创新创业项目 ······················ 195

附　录

附录 1　全球医学教育最基本要求（GMER）····························· 198

附录 2　国务院办公厅关于深化高等学校创新创业教育改革的实施意见 ··········· 201

附录 3　国务院办公厅关于进一步支持大学生创新创业的指导意见 ············ 205

参考文献 ··· 209

第一篇

医学生创新创业教育

第一章 创新创业教育的背景与意义

【创新金语】

新质生产力是创新起主导作用,摆脱传统经济增长方式、生产力发展路径,具有高科技、高效能、高质量特征,符合新发展理念的先进生产力质态。

——习近平总书记于 2024 年 1 月 31 日在中央政治局集体学习的讲话

【案例】

创新创业:青年大学生报国强国的时代探索

创新创业是青年大学生实现自身价值的重要途径,也是对先辈探索出来的宝贵经验的传承与发展,更是新时期促进国家经济文化发展的内生动力。当前,我国经济发展不平衡不充分的一些突出问题尚未解决,发展质量和效益还不够高,创新能力不够强。激发青年大学生的创新创业意识,不仅有助于大学生确立人生目标,做好职业规划,求真学问,练真本领,更有助于促进国家实现创新驱动发展,扩大就业,打造新引擎,形成新动力。而刻苦精神、创新精神和不懈努力造就了雷军从草根到商业传奇的传奇故事。在大学期间,雷军化繁为简、敢为人先,以"三大目标"为号角开启他的创业故事。

大学时代的"三大目标"

1987 年,18 岁的雷军以优异的成绩考入武汉大学计算机专业,不同于普通学生,雷军给自己设立了三个看似不可能完成的目标。第一个目标:两年完成四年学分。雷军通过坚持不懈的努力成功完成了第一个目标。第二个目标:在专业期刊上发表两篇文章。第三个目标:创业,主营汉卡销售。虽然这次创业由于绝大多数大学生创业都会面临的没有主心骨、实施所谓的军权主义境况等原因而以失败告终,但这次宝贵的经历给雷军日后的创业之路提供了重要的启示。

在电脑病毒盛行的 90 年代,雷军敏锐地发现市场需求,开发了一款名为"免疫 90"的杀毒软件。这款软件是雷军多年来厚积薄发的结果,为雷军带来了人生的第一个 100 万。

1992 年,雷军加入金山软件股份有限公司(以下简称"金山")。在金山工作的 16 年,雷军不仅积累了丰富的管理经验,还见证了软件行业的兴衰变迁。2010 年,雷军辞去金山 CEO 的职务,全身心投入创业梦想中。他敏锐洞察到智能手机市场的巨大潜力,面对资金短缺、技术挑战和市场竞争等重重困难,他凭借多年积攒的人脉和行业经验,迅速组建了一支高效、专业的团队。他们夜以继日地工作,不断迭代产品,优化用户体验,最终推出了性价比极高的小米手机,引发市场的强烈反响。与此同时,团队接续发力,打造具有全球知名度的小米科技品牌。2024 年 3 月 28 日,小米汽车上市,雷军再一次站在创业浪潮的风口,以他独特的创业模式为我们指明了方向。

【解析】

雷军的成功并非偶然,而是源于他独特的领导风格及深厚的个人特质。首先,他拥有敏锐的市场洞察力和判断力,能够精准捕捉行业趋势和消费者需求。其次,雷军注重团队建设和人才培养,他善于挖掘并激发团队成员的潜力。此外,他还具备极强的执行力和毅力,无论遇到多大的困难和挑战,他都能保持冷静并坚定地走下去。雷军白手起家的故事启示大学生在创新创业道路上应保持敏锐的洞察力,时刻关注行业动态和市场变化,及时调整自己的战略和方向,注重团队建设,并在激烈的市场竞争中不断保持创新和迭代。

第一节　创新创业教育的起源与发展

一、创新创业的概念与起源

创新创业的概念起源于20世纪初的美国,工业革命带来的技术革新和市场需求为创新创业开辟了广阔的天地。创新创业是指基于技术创新、产品创新、品牌创新、服务创新、商业模式创新、管理创新、组织创新、市场创新、渠道创新等方面的某一点或几点创新而进行的创业活动。创新和创业是"双生"关系,并不是简单地叠加。创新是思维层面的开拓,创业是实践层面的革新,创新是创业的理论基础,创业是创新的价值载体。创新教育和创业教育既相互区别又密不可分,创新文化与创业文化在本质上存在辩证统一性。

创新创业是缓解就业压力、服务创新型国家建设的重大战略举措。创新精神的培养和创业能力的提升归根到底是人才培养问题。因此,创新创业教育的实施是各国实现创新创业战略的关键一环。联合国教育、科学及文化组织甚至将创新与创业教育同学术教育、职业教育并驾齐驱,称其为学习的"第三本护照"。创新创业教育对高校教育改革、培养大学生创新意识和创业意识以及适应社会和经济的发展具有重大意义。

二、创新创业教育的概念与起源

创新创业教育是指培养具有创新意识、创业精神和创业人格等综合素质人才的一种教育模式,不仅要培养学生的创新创业能力,而且要针对全社会具有创业意向的创业者、创业团队进行不同层次的创新创业能力培养教育。创新创业教育不仅包含创新教育,还包含创业教育。创新教育旨在培养与开发学生的创新思维,侧重为学生未来发展进行整体规划。而创业教育旨在培养学生的实践动手能力,侧重为学生未来自我价值的实现途径进行总体规划。可以说,创业能否成功主要取决于创新的程度。所以,只有创新教育和创业教育二者有机融合在一起,才能达到"双创"的教学效果。

1947年,哈佛大学商学院迈尔斯·梅斯(Myles Mace)开设"新企业管理"课程,标志着创新创业教育的诞生。随后,以欧美为代表的发达国家和地区纷纷效仿,先后在高校开启了创新创业教育。1970年,德国科隆大学设立创新创业教育的课题计划和教学课程;英国政府也在20世纪80年代提出将创新创业教育作为国家发展驱动力的重要举措;20世纪90年代,日本推出了"企业见习制度";新加坡也制订了"全国创新行动计划"。经过几十年的发展,西方的创新创业教育已成为国家经济发展的"直接驱动力",诸多大学不仅开设了创新创业课程,还将创新创业教育纳入国民教育体系,涵盖了从小学教育到研究生教育的全过程。相比之下,我国创新创业教育起步较晚。

三、国际创新创业教育发展

欧美国家因开展创新创业教育比较早,经过多年的实践,目前已经从单一的创新创业理念发展成比较成熟的创新创业教育体系,发展趋势呈现范围全球化、布局战略化、教育终身化、对象全民化、培养体系化等特点。

（一）范围全球化

在全球化时代,国际合作日益深化,全球化已成为创新创业教育的最显著特点之一,其范围不再局限于单一的国家。全球化合作主要表现在课题研究合作、师资培训合作和课程开发合作三个方面。这不仅意味着世界各国都积极投身创业教育事业,寻求合作与共同发展,还意味着创业教育要培养具有全球视野、能把握国际创业机会的创业人才。2015年,全球创业观察（Global Entrepreneurship Monitor,GEM）的调查研究表明,欧洲和北美有五分之一的创业者具有切实的国际贸易行为,其中创新驱动的创业活动国际化水平尤为突出。另外,面对全球经济危机、世界性的环境问题和风云变幻的国际形势,创业者也必须具备国际视野和应对全球性挑战的能力。

（二）布局战略化

创新创业不再是单纯的教育命题,而是转化成了复杂的战略性议题。政府通过制订与创业教育相关的发展战略,将其与国民和国家未来发展相联系,全面推动创业教育进程。欧盟从20世纪末就开始颁布多个超国家层面的创业教育政策,如1998年发布《培育欧洲创业精神:未来的优先内容》等。2000年,欧盟在《里斯本战略》中提出将创业教育作为培养青少年创业精神的重要途径,以此提升欧盟的经济活力与整体竞争力。进入21世纪后,欧盟更是从创业精神、创业师资、创业教育等层面颁布多项具有里程碑意义的政策,战略化进程不断向纵深推进。美国从2009—2015年陆续发布了三份《美国创新战略》。这些创业教育战略不仅涉及教育和培训范畴,还与终身学习和青少年发展战略密切相关,更是与国家创新战略和经济发展改革直接挂钩。可见,将创业教育作为国家层面一项全局性、长远性和战略性的整体谋划,正在逐步走向常态化。

（三）教育终身化

经过多年实践,创新创业教育已经融入欧美国家人才培养的各个阶段。《欧洲教育和培训合作战略框架》明确提出要将创意、创新和创业融入各个阶段的学校课程和培训活动。在小学阶段,大约一半的欧洲国家或地区采取跨学科的方式开展创业教育。在初中教育阶段,有21个欧洲国家采取了跨学科的创业教育模式。与前两个阶段相比,高中教育阶段的创业教育覆盖范围更大,有18个欧洲国家或地区将创业教育作为必修课,有23个国家或地区将其作为选修课或整合到其他选修课当中。欧盟在21世纪初期开展了中等教育"迷你公司"项目,每年为欧盟25国和挪威超过20万名中学生提供创业实践机会。

培养创业能力的最理想阶段是儿童和青少年时期。美国的创业教育也提倡将培养创业能力贯穿孩子成长的全过程,让孩子从小开始接触基本的经济概念,包括经济需求、机会成本与取舍、交换、市场和价格等。美国创业教育联盟提出创业终身学习模型的五个阶段——基础认知阶段、能力意识阶段、创新应用阶段、创业实践阶段和成长阶段,并倡导创业教育阶段的前移与后续。

（四）对象全民化

创新创业教育发展至今,已经不再局限于高校学生群体,而是逐渐向全体社会成员开放,成为任何社会群体在任何人生阶段都可以接受的教育形式。一方面,在线网络课程教育的普及为更多公民提供了接受创业教育的机会。另一方面,为女性、难民、失业人群等群体提供创业的机会与环境,可以推动创业教育的全民化进程。目前,荷兰设计了专门针对难民的创业教育活动,通过赋予其就业与创业的技能,实现由"经济援助"向"能力培养"的转变、由"救助"向"自助"的转变;日本政府创办社会创业学院,向社会中青年和家庭主妇提供大学层次的课程,为全民提供了再学习的机会,并为其提供参与社会创业的机会。

(五) 培养体系化

创新创业教育系统中涵盖各种复杂要素,既包括社会、文化、政策与经济等环境要素,也包括创业的社会价值、个人对创业的态度等文化要素。创业教育体系化就是通过激活关键要素、形成互动体系以发挥创业教育的整体功能。目前美国已开设创业课程 5 000 多门,主要分为创业意识类、创业知识类、创业能力素质类和创业实务操作类 4 种类型;日本的创业教育模式呈现多样化的特点,面对全体在校学生开展创新创业通识性教育课程,对有创业欲望和创业项目的学生开展专门教育系列课程,对工科和医学专业的学生开展创业技能辅助课程,对管理学和商学专业的学生开展经营技能综合练习,因材施教,各专业各不相同。

大学的创业教育和培训已不再集中于商学院,而是围绕创业在全校范围内形成了由多达数十个的项目组织或中心组成的"创业生态系统"。诸多应用型大学开始注重高品质创业生态系统的建设。南加州大学校内成立了技术商业化中心、技术许可办公室,维特比工程学院、凯克医学院和创业研究中心也都成立相关有利于促进师生创新创业的机构,校外则与商业技术孵化中心、天使与风险投资机构等形成良好的合作关系。

四、国内创新创业教育发展

(一) 创新创业教育战略化趋势逐渐形成

我国创新创业教育发展是国际创业教育发展长河中的重要支流。早在 1919 年,我国的著名教育家陶行知先生就把"创造"引入教育领域。他在《第一流的教育家》一文中提出要培养具有"创造精神"和"开辟精神"的人才,学校应该积极探索方法,尽快找到培养和提升学生创新能力的新路径。

1997 年,清华大学举办了国内首届"挑战杯"大学生创业计划大赛,正式拉开了我国开展创新创业教育的帷幕。同年,教育部提出了加强对教师和学生的创业教育,鼓励学生自主创业,我国创业教育开始进入探索阶段。自 1998 年《面向 21 世纪教育振兴行动计划》中第一次提出要在高校中开展创业教育以来,中央陆续出台了数十项创业教育推进政策与法规,创业教育战略化趋势逐渐形成。教育部在《关于大力推进高等学校创新创业教育和大学生自主创业工作的意见》中指出:"在高等学校开展创新创业教育,积极鼓励高校学生自主创业,是教育系统深入学习实践科学发展观,服务于创新型国家建设的重大战略举措;是深化高等教育教学改革,培养学生创新精神和实践能力的重要途径;是落实以创业带动就业,促进高校毕业生充分就业的重要措施。"

2007 年,党的十七大明确提出了"建设创新型国家"的战略目标,标志着我国的创新创业教育已步入深入研究和发展的道路。2012 年,党的十八大提出全党都要支持青年创业,实施创新驱动发展战略,强调科技创新必须摆在国家发展全局的核心位置。2012 年 8 月 1 日,教育部办公厅下达关于印发《普通本科学校创业教育教学基本要求(试行)》的通知。文件指出:"在普通高等学校开展创业教育,是服务国家加快转变经济发展方式、建设创新型国家和人力资源强国的战略举措,是深化高等教育教学改革、提高人才培养质量、促进大学生全面发展的重要途径,是落实以创业带动就业、促进高校毕业生充分就业的重要措施。"与国际相比,我国创业教育还有不足。为推动我国创业教育的健康发展,创业教育的价值、目标、定位和组织观念迫切需要转型。

2014 年,李克强总理提出"大众创业,万众创新",引发了一股全国性的创业热潮。在政府的主导下,地方政府出台了一系列鼓励创业的政策,减免税费、减免租金、创业补贴等,促进了创新创业的蓬勃发展。2016 年,中共中央、国务院印发《国家创新驱动发展战略纲要》指出:"中国要在 2020 年进入创新型国家行列;到 2030 年跻身创新型国家前列;到 2050 年建成世界科技创新强国。"2017 年,党的十九大报告指出,创新是引领发展的第一动力,要加强国家创新体系建设,鼓励更多社会主体投身创新创业。高校作为培养青年人才的重要阵地,更应积极响应党和国家的号召,实施创新创业教育,培养创新创业人才。

2018 年,《国务院关于推动创新创业教育高质量发展打造"双创"升级版的意见》提出创新是引领发展的第一动力,我国经济已由高速增长阶段转向高质量发展阶段,下一步旨在加强创新创业生态建设,完善科技成果转化机制,形成社会经济可持续发展的良性循环。这是我国迄今为止最为全面的创新创业政策体系。2019 年全国两会期间,习近平总书记在参加福建代表团审议时强调:"要营造有利于创新创业创造的良好发展环境。要向改革开放要动力,最大限度释放全社会创新创业创造动能,不断增强我国在世界大变局中的影响力、竞争力。"

2022 年,党的二十大报告提出,必须坚持创新是第一动力,坚持创新在我国现代化建设全局中的核心地位。只有坚持创新是第一动力,才能推动我国实现高质量发展,塑造我国国际合作和竞争新优势。报告对完善科技创新体系、加快实施创新驱动发展战略进行了具体部署。应进一步增强学生创新创业内生动力,不断完善机制,探索创新创业教育模式,将创新创业教育贯穿人才培养全过程,为建设创新型国家、推动经济社会高质量发展提供源源不断的人才和智力支持。

2023 年,习近平总书记指出"整合科技创新资源,引领发展战略性新兴产业和未来产业,加快形成新质生产力。"以科技创新推动产业创新,特别是以颠覆性技术和前沿技术催生新产业、新模式、新动能,发展新质生产力。创新创业教育担负着培养创新人才的任务,为科技发展持续不断地提供动力,是发展新质生产力的动力源泉。

从"双创"到"三创",创新侧重理念,创业重在实践,创造强调精神。创新创业创造又融为一体,创造是创新创业的灵魂和动力,创新创业是创造的归属和实践,"三创"重要论述是应对国内外复杂形势的战略新判断,是基本实现国家现代化的战略总号召。

(二)积极转变创新创业教育观念

2015 年 6 月 16 日,国务院发布《关于大力推进大众创业万众创新若干政策措施的意见》(以下简称《意见》)。《意见》指出:"要激发创造活力,发展创新型创业,把创新创业精神培育和创新创业素质教育纳入国民教育体系,实现全社会创新创业教育和培训制度化、体系化;加快完善创业课程设置,加强创新创业实训体系建设,加强创业创新知识普及教育,使大众创业、万众创新深入人心。"可见创新创业教育的重要性和国家对创新创业寄予的希望。

1. 转变创新创业教育价值观 创新和创业是密切联系、不可分割的。从本质上看,创业是一种创新活动,只有具备了创新这一特点才有创业的可能。在创新创业教育中,离不开实践活动,创新实践有助于培养学生敢想敢干的创造性思维和创新能力,创业实践有助于帮助学生更加清楚地了解创业方法、技能等,提高对创业的认识,为日后走上工作岗位或社会创业奠定坚实的基础。因此,我们需要转变创新创业教育价值观,要积极倡导全民创业、全球创业、终身创业的"大创业观"。

(1)创新创业教育要面向所有国民:创新创业根植于各行各业,以各种形式存在。除了纯粹的商业创业,各类社会创业、技术创业、艺术创业、政治创业、绿色创业、岗位创业都需要创新创业人才。高校应该发挥自身专业优势,通过各类正式与非正式教育、传统教学与网络课程、课堂教学与课外实践相结合的方式,为所有国民提供多元化的创新创业教育机会。

(2)创新创业教育要面向全球:在经济全球化背景下,世界各民族已经是"一荣俱荣,一损俱损"的利益共同体。党的十八大提出的创新驱动发展战略是中央在新的发展阶段确立的立足全局、面向全球、聚焦关键、带动整体的国家重大发展战略。创新创业教育不仅要为我国经济转型升级培养高素质创新创业人才,还要关注困扰人类发展的全球性问题,培养学生的全球创新创业意识与能力,教育学生要在尊重生命、保护地球的前提下创业,肩负起振兴中国、振兴世界的历史重任,提升我国在全球创新创业体系中的影响力。随着全球创业教育的发展,我国高校要积极开展与国际组织的合作与交流,主动构建全球性创新创业教育网络,推进国际创业教育的发展。

(3)创新创业教育是终身学习的过程,创新创业教育要构建终身体系:我国构建终身创新创业教育体系要把握两个落脚点。一是创新创业教育的前移,中学生、小学生,甚至学前儿童,都应该接受一定形式的创新创业教育,其内容包括财经素养、创业模拟、跳蚤市场、义工服务、角色扮演等,重点培养学生对创新创业的认识;二是创新创业教育的后续,社会各界应协力营造创业学习环境,为学校教育系统以外的成年人提供创新创业学习的资源与平台,继续教育机构要为社会提供多种形式的创新创业培训,重点培养创新创业的实践能力。

2. 转变创新创业教育目标观 我国高校创新创业教育是在高等教育大众化进程中催生的。2023 年,我国高校毕业生人数已经达到 1 148.5 万,创历史新高。创新创业教育因此被视为缓解就业压力燃眉之急的"良药"。诚然,创新创业在一定程度上具有带动就业的功用,但创新创业教育不仅是缓解就业压力的工具,更是包含提升就业能力在内的创新创业素质教育。如果把创新创业教育狭隘地看作是带动就业的捷径,就不可避免地将创新创业教育引入歧途。

我们必须清醒地认识到,创新创业教育的逻辑起点是"育人"。创新创业教育固然要实现缓解就业问题、提升创业率、创造经济财富等目标,但和其他类型的教育一样,创新创业教育要回归人的发展。创新创业教育要培养大学生立足于本专业的素质提升,关注学生的知识、能力和个性发展。因此,创新创业教育必须融入高校人才培养体系,将创新创业融入人才培养全过程。从我国创新创业人才培养需求出发,创新创业教育要着力构建"通识类""专业类""拓展类"的三层递进课程体系。"通识类"课程为面向全校所有学生开设的通识必修课;"专业类"课程为面向各专业学生的专业融合性课程;"拓展类"课程为面向有特殊需求和发展潜能的特殊群体的创新创业深化理论和实践体验课程。大学生是具有专业知识和技能、社会使命感的群体,高科技创业、立足专业创新创业应该成为创新创业教育的主流。大学生不能只关注创新创业,还应关注创造,也就是"三创"。

3. 转变创新创业教育定位观念 当前,我国创新创业教育改革与发展存在着诸多需要破解的现实难题。各级政府出台了许多促进政策,开展了各种形式的创新创业大赛,各企业和风投公司也积极与各高校联合,为大学生尝试创新创业提供人力、物力、财力的全方位支持,形成了大学生积极参与的热潮,推动了创新创业教育实践活动的迅速发展。但就本质来说,现阶段的大学生创新创业部分属于较低端的"以就业为目的"和"以赚钱为目的"创新创业,发挥所学专业特长的高科技创新创业相对较少。但是我国创新创业中机会型创业比重在增加,根据2020 年 12 月发布的《全球创业观察(GEM)中国报告 2019/2020》,中国 24~34 岁的青年是参与中国创业活动最活跃的群体,创业动机以机会型创业为主,平均来看,中国创业活动中机会型动机占到总体的 60% 以上,并持续提高。2002—2020 年,中国创业活动的质量在提高,中国创业环境在不断改善。中国创业环境的总体情况较好,在 G20 经济体中排名靠前,有形基础设施、内部市场活力及文化和社会规范是中国创业环境中具有优势的方面,而学校创业教育、研发转移及商业和法律基础设施是中国创业环境中的相对短板。

在当前的背景下,高校要进行一些探索与改革,进一步加强对科技型大学生创新创业的支持,加强基础研究与成果转化等,同时也要加强知识产权保护,加强产学研合作,加快培养创新创业人才。要更好地推进"双创"乃至"三创"教育,需要重新审视大学的定位,在国家层面建立长效机制,加强对原始创新创业和创新创业教育的投入,通过双轮驱动来提升大学创新创业创造的水平。高校应该追求创造价值和影响力,以促进社会进步和文明发展。

我国创新创业教育的发展必须将解决近期问题与长远谋划结合起来,在破解当前难题的同时,不能只囿于眼前得失,要前瞻性谋划面向未来的创新创业教育发展蓝图。我国创新创业教育的定位必须由权宜之计向长远谋划转型,走科学化、法治化、战略化的道路。

第二节　国内外创新创业教育现状对比

一、国外创新创业教育现状

经过 70 多年的发展,以美国、德国为代表的发达国家的创新创业教育取得了丰硕成果。美国是创新创业教育发展最早的国家;德国是工业制造的核心大国,职业技术教育全世界闻名;日本通过效仿美国,找到适合本国发展的创新创业教育模式。各国的创新创业教育各有特色与侧重,在平台建设、课程体系和师资队伍等方面各有所长,较好地实现了创新创业教育目标。

美国的创新创业教育发展最早,体系较为完善,具有明确的人才培养目标、完善的学科建制、雄厚的师资力量、系统化的课程设置,注重培养学生的创新创业精神,教育内容覆盖面广。创新创业教育以应用型为主,高校倡导"为了每一个学生自由发展",在为学生提供创业理论指导的同时,特别注重学生的创业实践活动。其中最具代表性的是美国百森商学院,该学院以"培养无论在何处都能创造巨大经济和社会价值的创业领袖"为价值取向,着重培养学生的创业式思维方式、进取心、灵活性、创造力及抽象思维。同时,美国政府多次出台相关法律以支持创新创业项目,如知识产权保护政策、创业金融支持制度及小微公司注册政策等。另外,美国拥有创新创业权威评估期刊,如《商业周刊》《企业周刊》,并对高校创业课程设计、创新创业项目、教师影响力、学生创业成果等各项内容进行专业评估,为高校创新创业教育提供了一种评价机制。

德国作为世界工业核心大国,十分注重科技成果产业转化生产力效能及经济效能。为培养创新创业人才,高校设立教授席位制度、开创创业教育与专业和实践相结合模式,政府不断加大资金支持力度,这使得创新创业教育具有针对性。同时,德国政府非常鼓励中小企业与高校的合作,重视培养微小企业,结合其工业制造优势,德国创新创业多聚焦于技术含量较高的领域,创新水平高,创业持久性良好。

为了适应人口老龄化国情,日本开始转变功利性创业教育模式,采用了终身创业教育的教育形式,通过实施科目辅修制和昼夜开讲制,鼓励社会人士自主创业。日本的创业教育并不以高校为主导,而是以政府为主角,企业和高校更多的是辅助政府完成创新创业教育,形成了政府、企业与高校密切配合的创新创业教育体系。政府将创业教育作为国家发展的重大战略课题,出台专项政策,在银行融资、企业提供创业平台、小微企业注册制度等方面,最大限度地促进和保障大学生创业。日本的基础教育和高等教育都覆盖了创业教育,初级中学学生接受职业生涯教育以及生存能力教育,在高等教育阶段,学生将接受系统的创业能力的培训,其主要目的是培养学生的"企业家精神"。同时,日本还非常重视校际合作,从而实现资源共享,提高创业教育质量。

总体而言,当前国外高校创新创业教育贯穿于学生教育的整个生涯,并且注重每一阶段学生的创新创业能力培养。创新创业的发展离不开先进的教育理念、政府与社会的战略性重视,以及企业与高校的密切配合。同时,创业课程的设置应侧重于创业理论与实践相结合,师资队伍的建设也应有更高的要求,这些经验为我国创新创业教育的发展提供了参考。

二、国内创新创业教育现状

纵观我国创新创业教育,起步晚、发展快,政府主导和政策导向的特点非常鲜明。自李克强总理提出"大众创业、万众创新"的理念,在960多万平方公里的土地上开始掀起了"创新创业"浪潮,我国高校创新创业教育取得了一定的成果。这得益于各级政府和相关政策的积极扶持,高校大学生创业者已超过55万人,创业项目超过10万个,高校学生对创新创业展现出了浓厚的兴趣。

一直以来,我国深入实施创新驱动发展战略,坚定不移走中国特色自主创新道路,大力建设创新型国家和科技强国。2020年,我国正式迈入创新型国家行列。《国家创新指数报告2022—2023》显示,我国国家创新指数综合排名从2000年的第38位跃升至2023年的第10位,是唯一进入前15位的发展中国家。截至2023年底,中国发明专利有效量为401.5万件,同比增长22.4%,成为全球首个国内有效发明专利数量突破400万件的国家。

高校越来越重视创新创业教育,把创新创业教育纳入学校的发展规划中,并设立创新创业实验中心、大学科技园、创新创业孵化基地、科研中心及各类创新创业的研究和实践平台。在此背景下,我国青年大学生的文化素养和专业素养普遍较高,思维活跃,对新事物的接受能力较强,敢想敢做,不断投身到创新创业的浪潮中。

目前,我国创新创业教育主要有三种模式。一是以中国人民大学为代表的第一课堂和第二课堂相结合的人才培养模式,主要通过专题讲座、创新创业大赛、创业项目、社会组织创业项目等形式,培养学生的创新创业意识,增强学生的创新创业能力;二是以北京航空航天大学和浙江大学为代表的创业实战模式,通过设置实验中心、创新创业园、创新创业基地、创新创业科研中心提升学生的创业知识和能力,培养创新创业素质;三是以清华大学和上海交通大学为代表的综合模式,该模式的主要特点是课程与实践平台相结合,通过科技园、实践平台、创业教育课程培养学生的创新创业精神,提升他们的创业技能。如清华大学开展的"科技创新·星火燎原"学生学术创新人才培养计划、学生科技兴趣团队、本科学生暑期海外研修支持计划,这三个创新创业人才培养计划均强调课程教学与实践平台的重要性,同时注重学科交叉和人才培养的国际化,体现了清华大学创新创业人才培养的全球化视野。

另外,我国创新创业教育呈现综合性、复杂化特点。不同层次、不同地域、不同类型高校的创新创业教育水平参差不齐,呈现明显的东西部差距。如以清华大学为代表的一流高校创新创业教育起步早、发展快,走在全国前列,东南沿海地区高校创新创业教育依托地域优势发展也很迅速,而中西部地区的普通高校创新创业教育普遍滞后,特别是甘肃、宁夏、青海、云南、贵州等经济欠发达地区,关于高校创新创业教育的研究也相对薄弱。高职院校和应用型本科院校对创新创业教育的认同度和参与度较高,一般研究型大学却依然以理论研究为主。

三、国内外创新创业教育的差异

(一)发展时间的差异

国外在创新创业教育方面起步较早,已经构建了相对完善的体系,而国内虽然起步较晚,却展现出了迅猛的发展势头。我国的创新创业教育起步晚于美国50年之久,在这半个世纪间美国还经历了两次大的经济发展,促使美国的创新创业教育快速发展。比如美国大学为学生提供了两千余门的创新创业课程,包括创业起步构思、工商注册、风险融资,企业管理等完整的课程体系,可以帮助学生从创业入门到公司经营,涵盖各个阶段。美国的创业教育有齐全的政策法规、政府重视、社会保障等一系列的教育支持网络。我国的创新创业教育前期重视程度不足,起步较晚,但是从李克强总理提出"大众创新、万众创业"后开始快速发展。通过近年来的迅速发展,我国已成为创新型国家,创新创业体系雏形已初具规模,但还有一些方面需要提升和完善。虽然仍有一部分人存在急功近利的创业观念,但越来越多的人开始注重企业的长远发展和社会责任。他们认识到只有注重品质、注重创新、注重社会责任的企业才能在激烈的市场竞争中立于不败之地。

(二)创业观念的差异

国外社会创业环境氛围浓郁,国内创业理念相对比较保守。部分国家创业土壤肥沃,人才制度灵便。随着社会的发展和科技的进步,国内创新创业观念不再局限于传统的商业模式和创业路径。创业者们开始探索更加多元化、创新化的创业方式,如互联网创业、科技创业、文化创业等。同时,不同领域、不同背景的创业者也带来了各自独特的创业理念和思考方式,使得创新创业观念更加丰富多彩。随着创新创业实践的深入发展,国内创新创业观念也在不断深化。人们开始更加深入地思考创新创业的本质、目的和价值,并积极探索更加科学、合理的创新创业模式。同时,创新创业者们也在实践中不断总结经验教训,不断完善自己的创业理念和经营策略。这种不断深化的观念为创新创业活动的持续发展提供了有力的思想支撑。

(三)评价体系的差异

国外具备多方位评价体系,国内评价体系还不完善。美国高校创新创业教育评价机制完善,主要从课程设置、论文著作、社会影响、校友成就等七个方面进行评价。评价体系的构建与评价机制的运作,增强了高校间的竞争意识,促进了创新创业教育的高速发展。目前,许多国内高校和企业在创新创业评价中仍沿用传统的评价方式,如考试、论文、项目报告等。这些方式虽然具有一定的客观性和规范性,但往往难以全面、准确地反映创新创业的实际效果和潜力。创新创业评价的主体往往局限于教师、专家或评委等单一群体,缺乏多元化的评价主体,而这种单一的评价主体往往难以全面、客观地反映创新创业活动的各个方面和角度。由于国内创新创业教育的起步较晚,目前还没有形成统一的评价标准和体系,不同高校和企业往往根据自身的情况和需求制订不同的评价标准和方法,导致评价结果难以比较和衡量。

(四)课程设计的差异

西方发达国家的创新创业教育多以案例教学的形式开展,他们有着深厚的创业文化底蕴及完善的知识产权保障和金融支持制度,成功创业案例较多。创业教育作为较为重要的一门课程,不少大学建立了创业案例库。随着我国对创新创业教育的重视,国内高校纷纷开设创新创业课程,这些课程经历了从无到有、从零散到系统化的过程。目前,许多高校已经建立了较为完善的创新创业课程体系,涵盖了理论讲授、案例分析、模拟实践等多个环节,旨在培养学生的创新思维、创业意识和创业能力。除了传统的课堂讲授外，许多高校还采用了案例分析、小组讨论、模拟创业等多种形式的教学方法。这些教学方法能够激发学生的学习兴趣，提高他们的参与度和学习效果。

（五）师资力量的差异

作为最早开设创新创业教育的国家，美国拥有世界一流的创新创业教育师资力量。其创新创业授课教师一般为创业学博士，学校还会邀请创业成功的校友或知名企业家担任兼职教师。这些老师在课堂上分享自己的经验，用生动的案例激发学生的思考与讨论，深受学生的喜爱。在我国，高校创新创业教育师资力量缺乏是最大的限制因素。目前，国内大多数高校还没有设置专门的创新创业专业，导致专业的创新创业教育教师数量严重不足。据相关调查显示，全国高校中专职创业课程教师的比例仅占10.8%，且其中很大一部分是从其他专业"转行"而来，缺乏系统的创新创业教育背景和经验。同时，创新创业教师队伍的学历结构和年龄结构存在不合理现象。创新创业教育具有跨学科性质，这要求教师不仅具备扎实的专业知识，还需要了解经济学、管理学、创业学等相关理论，并具备相应的创业实践能力。然而，目前许多创新创业教师缺乏这些综合能力，导致教学质量难以保证。此外，目前许多高校在与企业合作方面存在困难，难以建立稳定的合作关系，导致教师难以获得实践机会和资源。

第三节　创新创业教育与医学生职业发展的关系

创新创业教育作为我国创新驱动发展战略的重要内容，是教育供给侧改革的系统工程。随着社会的快速发展和医疗行业的变革，创新创业教育在医学生职业发展中的重要性日益凸显。创新创业教育不仅能够提升医学生的临床技能和专业知识，更能培养他们的创新思维、批判性思考能力及解决问题的能力。

2016年，中共中央、国务院印发的《国家创新驱动发展战略纲要》中指出："发展先进有效、安全便捷的健康技术，应对重大疾病和人口老龄化挑战。促进生命科学、中西医药、生物工程等多领域技术融合，提升重大疾病防控、公共卫生、生殖健康等技术保障能力。研发创新药物、新型疫苗、先进医疗装备和生物治疗技术。推进中华传统医药现代化。促进组学和健康医疗大数据研究，发展精准医学，研发遗传基因和慢性病易感基因筛查技术，提高心脑血管疾病、恶性肿瘤、慢性呼吸性疾病、糖尿病等重大疾病的诊疗技术水平。开发数字化医疗、远程医疗技术，推进预防、医疗、康复、保健、养老等社会服务网络化、定制化，发展一体化健康服务新模式，显著提高人口健康保障能力，有力支撑健康中国建设。"可见，在未来医疗领域的职业发展中，创新创业所提供的是不可或缺的素质。通过创新创业教育，医学生能够理解并适应医疗行业的动态变化，从而在职业生涯中更具竞争力。

一、创新创业教育能实现医学生的职业理想

国家发展需要硬实力，需要软实力，需要健康力，需要生态的成长力，推进"四新"建设，瞄准的正是国家发展的"四力"，从而培养紧缺人才。近年来，国家有关部门下发了一系列文件，实施了一系列举措，全面推进"四新"建设。聚焦新质生产力建设新要求，深化新工科建设，强调工科的新要求、新的工科专业、深度交叉融合再出新；加强新医科建设，定位"大国计、大民生、大学科、大专业"；推进新农科建设，坚持以"新农业、新农村、新农民、新生态"为核心；加快

新文科建设,坚持价值引领、守正创新、交叉融合。

新时代党和国家对医学教育提出了新要求,即发展新医科。新医科提出了从治疗为主到兼具预防治疗、康养的生命健康全周期医学的新理念。新医科将推进医工理文融通,紧密结合以人工智能为代表的新一轮科技革命和产业革命,全面整合精准医学、转化医学等方兴未艾的医学新领域。

现代医学的发展已经突破了传统医学的范畴,不仅涉及诊治疾病,还包括预防、健康管理等多个领域,医学人才的培养也趋于多样化。创新创业教育能够鼓励医学生跳出传统医学教育的框架,使其积极寻求新的医疗解决方案。因此,医学院校需要持续更新教育理念,推动"专创融合"实现最优组合,以实现医学高等教育内涵式发展,为国家培养具有创新创业精神的高质量医学人才,有利于促进医学理论、技术和观念的创新和国家卫生事业的发展,并要致力于为"健康中国"的推进和人类医学理想的实现作出贡献。

通过参与创新项目,医学生将理论知识应用于实践,不仅会提高解决临床问题的能力,还能接触到前沿的医疗科技和管理理念。例如,参与科研项目或创新竞赛时,医学生学习如何设计实验、分析数据及如何将科研成果转化为实际的医疗应用,这有助于他们在面对复杂疾病和医疗挑战时,从多角度创新性地提出诊疗策略,对于医学生实现职业理想,推动未来医疗领域的发展至关重要。

二、创新创业教育打破医学生的职业壁垒

医学是一门高度综合的学科,与生物技术、信息技术、管理科学等多个领域紧密相连。党的二十大报告中指出:"要加强基础学科、新兴学科、交叉学科建设,加快建设中国特色、世界一流的大学和优势学科。"其中,学科交叉已成为当今科技创新的源泉,在大健康布局下,医学学科与工科深度交叉、强强融合,已经被公认为是突破医学"卡脖子"技术的"关键之钥"。工科为新医科提供了发展动力,医科则是新工科的重要方向。

面向人民生命健康,落实"大健康"理念,加快构建服务生命全周期、健康全过程的医学学科专业体系。聚焦理念内容、方法技术、标准评价等,全方位改造升级现有医学专业。主动适应医学新发展、新健康产业新发展,布局建设智能医学、互联网医疗、医疗器械等领域紧缺专业。瞄准医学科技发展前沿,大力推进医科与理科、工科、文科等学科深度交叉融合,培育"医学＋X""X＋医学"等新兴学科专业。

新医科使以生物医学科学为主要支撑的医学教育模式向医文、医工、医理、医X交叉学科支撑的医学教育新模式转变。新医科提出了从治疗为主到兼具预防治疗、康养的生命健康全周期医学的新理念,它将传统医学与机器人、人工智能、大数据等进行融合。目前已开设了精准医学、转化医学、智能医学等新专业,批准了74家高校附属医院为首批国家临床教学培训示范中心。

传统的医学教育往往侧重于临床技能的培养,而"医工交叉"背景下的创新创业教育则鼓励学生将医学知识与工程技术、信息技术、材料科学等多领域知识相结合,拓宽了医学生的职业视野。他们不再局限于成为临床医生,还可以成为医疗设备的研发者、医疗信息系统的设计者、生物技术的创新者等。它是医学技术与科技前沿和社会需求的深度融合,促进医学人才的全面发展和全面成才,推动医疗领域的持续性创新发展。这种跨学科融合有助于培养新型"医学＋X"复合型人才,满足医疗领域对高层次人才的需求。这为促进人民健康和医疗卫生事业发展作出贡献,将完成时代和社会赋予医学生的新使命。

三、创新创业教育还原医学教育的准则

与专业知识教育不同的是,创新创业教育要求被教育者在掌握基本技能的基础上,更侧重于创新意识的发掘和责任感培育,强调开发人的能动性。在创新创业教育中,大学生的创新思维被肯定,其学习主动性会被有效激发,大学生追求新知识成为自发行为,能更好地实现"知行合一"。在医疗卫生领域,医疗技术的进步一方面意味着人类对生命领域的探索永无止境,另一方面也呼唤着医学创新人才青出于蓝而胜于蓝,推动医学进步。鼓励医学生挑战传统、敢于突破,这对医疗行业的进步至关重要。在面对复杂疾病和医疗难题时,创新思维能帮助医学生提出新颖的治疗方案,推动医疗技术的发展。医学教育中加入对创新思维的引导可以帮助医学生更好地树立"健康所系、性命相托"的人生信仰与职业追求,真正还原医学教育的本来准则。

四、创新创业教育培养医学生的团队精神

在医疗领域,团队合作必不可少,而创新创业项目通常需要跨学科的团队合作,这有助于医学生与不同背景的专业人士有效沟通,提高共同解决问题的能力。同时,创新创业教育通常包含团队协作和项目管理的训练,这对于医学生在未来的医疗管理岗位或科研团队中发挥领导作用至关重要。另外,医学生有机会与业界专家、投资人、政策制订者等建立联系,可能为他们提供宝贵的资源和机会,如实习、工作或科研合作等,这对于他们在职业发展中寻求研究合作、创业支持或职业转型等具有深远影响。

总的来说,创新创业教育是医学生职业发展的重要驱动力,是培养卓越医学人才的客观要求。它有拓宽医学生的职业视野、打破职业壁垒、增强创新能力、提升综合素质、促进跨学科融合等功能,为医学生的全面发展和未来职业规划奠定坚实的基础。通过创新创业教育,医学生能够在未来的医疗领域中更好地发挥自己的专业优势,为个人的职业发展开辟更广阔的道路,同时也为医疗行业的发展注入新的活力。

值得注意的是,创新创业教育和医学专业教育有机融合是一项复杂的系统工程。医学生的基础医学知识和临床技能是其职业生涯的基石,创新创业教育应与专业教育相辅相成,共同促进医学生的全面发展。

第四节 医学生创新创业教育的重要意义

我国现在正处于知识经济时代,积极应对全球经济一体化进程,各行业面临日趋激烈的国际竞争。世界正在变化,教育也必须改变。世界各国都在经历深刻的变革,这就需要新的教育形式,以培养具有当今和未来社会和经济所需要的能力的人才。要适应全球一体化的挑战,就必须培养更多具有高素质的创新型人才,创新创业教育则面向未来,把培养学生的事业心、创新和创业精神作为学校的教育目的和价值取向,这是适应社会经济变革的一种新的教育理念和教育实践活动。在国家的发展规划中,提高全民健康水平是非常重要的内容,医学生作为国民健康的守护者,他们的教育水平和培养质量关乎中华民族的兴衰存亡。医学需要发展,需要得到继承发扬,需要适应时代的要求,所以创新创业教育对医学生至关重要。

一、发展中国医学教育的必然趋势

党的二十大报告指出，"人民健康是民族昌盛和国家强盛的重要标志"，强调"把保障人民健康放在优先发展的战略位置，完善人民健康促进政策"。医学教育是卫生健康事业发展的重要基石，它与教育强国和健康中国战略相关，关系"大国计、大民生、大健康、大卫生"，其高质量发展是由医学教育所肩负的新使命决定的。医学教育肩负着培养医学人才、维护和促进人类健康的重要使命。过去一个世纪以来，世界医学教育经历了多次改革。我国医学教育与世界同步伐，开展了与国情相适应的、一系列卓有成效的改革。回顾医学教育发展和变革历程，医学教育发展至今已不再是传统的"经验型"医学教育模式，而需要从教育规律、学科规律、认知规律等方面对医学教育进行科学研究。同时提出以新医科建设为统领的医学教育创新发展。

医学教育作为高等教育的重要组成部分，肩负着为人类的心理、身体、精神健康保驾护航的重任，更加需要走出国门，加强全球医学交流与合作，培养富有创新精神和国际视野的医学人才，方能满足人民群众对健康的日益提高的要求。这里需要强调，全球化不是欧美化，全球视野不是西方视野。

二、实施健康中国战略的时代需要

习近平总书记指出："人民健康是社会文明进步的基础，是民族昌盛和国家富强的重要标志。"《"健康中国2030"规划纲要》中明确指出科技创新将为提高健康水平提供有力支撑，各方面制度更加成熟更加定型将为健康领域可持续发展构建强大保障。医学职业的特殊性决定了医学生的双创教育共同体要以维护人民利益和推动社会发展作为价值追求和标准，培养医学生成为人民健康的守护者和建设健康中国的主力军。

实施创新创业教育是落实国家决策部署、服务经济社会发展的要求，更是医学高校加强核心竞争力和可持续发展的迫切需求。新形势下，抓住国家促进健康服务业发展的机遇，积极探索新时期医学院校创新创业教育模式，着力构建以"创新创业教育"为基础、"创业能力提升"为目的、"创新管理研究"为支撑的联动平台，全面提升创新创业工作水平，激发学生创新创业的活力。

三、适应社会发展的必然要求

2019年7月5日，习近平总书记在深化党和国家机构改革总结会议上的讲话中提到："形势在变、任务在变、工作要求也在变，必须准确识变、科学应变、主动求变。"在中国当前"大众创业，万众创新"的大环境下，创新型医学人才培养是医学院校的主要任务。国务院办公厅在《关于深化高等学校创新创业教育改革的实施意见》中明确指出："全面贯彻党的教育方针，落实立德树人的根本任务，坚持创新引领创业、创业带动就业，主动适应经济发展新常态，以推进素质教育为主题，以提高人才培养质量为核心，以创新人才培养机制为重点，以完善条件和政策保障为支撑，促进高等教育与科技、经济、社会紧密结合，加快培养规模宏大、富有创新精神、勇于投身实践的创新创业人才队伍。"

教育部、国家卫生健康委员会、国家中医药管理局于2018年提出的"卓越医生教育培养计划2.0"是贯彻落实国家中长期教育规划纲要和医药卫生体制改革、加快推进临床医学教育综合改革、创新人才培养模式的重要措施。医学高等教育是大学教育的重要组成部分，是传承科学技术、促进社会进步、深化医疗卫生改革的重要组成部分。高等医学院校在培养卓越医学生过程中融入创新创业教育是适应时代发展的必然。将医学教育与创新创业教育有机结合，是为了留住更多的优秀的医学人才,而不是鼓励他们放弃自己的专业谋求他路,因此,医学教育的创新创业的教育重点应为依托岗位的理念创新和技术创新,而不应该是放弃医学专业而去开公司等其他形式创业。医学生应更好地学习医学知识、提高实践技能,更好地为保护人类健康而服务。

四、推动医学发展的不竭动力

医学是人类在长期与疾病作斗争的实践中产生和发展而成的。在它的漫长发展过程中,大致经历了原始医学、古代经验医学、近代实验医学和现代医学的过程。中国的医学发展经历了漫长的过程,经过一代又一代医务工作者的不断探索和实践,甚至以不惜牺牲生命为代价,最终取得举世瞩目的成就。

公元前5世纪的名医扁鹊,最早用"望、闻、问、切"四诊诊断疾病。《黄帝内经》是中国现存最早的医学典籍,它的整体观念、阴阳五行学说、脉象学说、藏象学说、经络学说等有机结合构成了辨证施治的理论体系。张仲景的临床治疗学名著《伤寒杂病论》指导中医临床两千年之久。在东汉末年,外科方面杰出人物华佗,创造了药物全身麻醉法,可施行腹部手术。西晋时期王叔和所著的《脉经》为脉诊奠定了基础。隋唐五代时期,名医巢元方撰写了《诸病源候论》,开创了病因病理学说革新的倾向。唐代伟大医学家孙思邈的著作《千金方》,吸取了古今中外医学成就,起到了继往开来的作用,他的著作为妇科、儿科奠定了基础。明朝伟大医药学家李时珍编写的《本草纲目》对药物学、生物学作出了伟大贡献,并对世界医药学、植物学、动物学、矿物学和化学的发展产生了深远的影响。从古至今,中国医学发展为世界医学发展作出了巨大贡献。

从目前看,中国传统医学的发展明显滞后于西方医学,这里面包含大众认知问题,也有中国医学教育问题,归根结底,就是中国传统医学近些年"吃老本"现象严重,缺乏创新。医学教育需要顺应时代发展,与时俱进,更新教育理念、更新培养模式、更新教育内容,以提高岗位胜任力为培养目标,提高教育的针对性和有效性,推进医学教育的快速发展。

五、实现医学生自我价值的内在驱动

随着时代的进步,中国医学也呈现出高速发展的态势,医生除了承担着救死扶伤、为患者解决病痛的任务,更肩负保障群众身心健康、改善群众生活质量的使命。医学开始朝着生活化的方向发展,并逐渐渗透到人们生活中的各个领域,如保健、心理健康等,医生在此过程中所提供的服务也不再是单纯的技术服务,而是社会服务的一种。

新时期对医学生的培养标准可以定义为:"拥有高尚的品德、具备系统的医学知识架构、对生命科学的执着和为医学事业奋斗终生的决心。"如果说马斯洛需求层次理论中所表达的"自我实现需求"是人类的最高层次需求,那么对生命的高度负责和将"助人类健康之完美"为己任,正是承载医学生自我价值永恒不变的信念。古往今来,人类对生命的探索从未停止,也不会停止。救死扶伤是医生的天职,作为未来的医生,医学生除了要学好医学专业知识和技能外,还要具备勇于创新、敢于开拓的精神,要尽早为将来职业道路上可能遇到的各种挑战做好充足准备,以更好地适应医学发展,肩负起医学生的职责和使命。

在创新创业教育过程中,对学生自立、自主、自强素质的激发有利于帮助医学生树立正确的人生价值观,培养医学生不断进取、勇于创新的开拓精神,有助于医学生个人专业水平的提升,更有助于全社会医疗水平的进步。医学生通过参加大学生村官示范培训计划、"三支一扶"计划、大学生志愿服务西部计划等,到祖国和人民最需要的地方去,到基层去建功立业,这些胸怀梦想的具体实践都是医学生抒写爱国情怀、彰显医学使命、实现自我价值的生动体现。

阿基米德说过:"给我一个支点,我就能撬动地球。"医学生是未来医学发展的继承者和创造者,医学生的创新意识和创新能力是医学不断发展的"支点"。在医学生培养过程中,一定要在传授专业知识和培养专业技能的同时,加强创新创业教育,只有医学生具有撬动医学"地球"的素质和能力,才能保证医学的发展与人类健康需求相适应。

【创业实践】

创业企业考察及创业者调研

本课外实践任务通过创业企业考察与青年创业者访谈活动,走出校园,深入了解创业的宏观、中观和微观环境,考察体验真实创业企业的起步与运营实际状况,加深对创业的认知;在访谈真实创业者过程中,加深对创业者创业素质、创业选择与决策、创业动机、创业模式和创业真实过程的理解与体验,积累创业经验,提升创业素质。

各组学生在进行采访时要与创业者合影,并把采访的最深感受与心得制作成 PPT 在课堂中与大家分享。

实践操作要点:

1. 创业企业考察的小组任务布置

(1)划分区域。

(2)布置任务。

(3)小组讨论。

(4)提交方案。

2. 创业企业考察的任务目标与要点

(1)考察目的地环境、社群及层次定位分析。

(2)考察目的地的结构布局、消费群体、流量统计及时段分析。

(3)重点对象、企业规模、主打产品、消费层次及营收情况考察。

(4)形成考察报告。

(5)以团队形式进行成果分享。

3. 青年创业者访谈的任务要求及说明

(1)每组完成 6 名青年创业者(指定人员)调研访谈。

(2)每位成员返乡完成 1 名青年创业者(自主确定)调研访谈。

(3)为每名创业者调研对象完成一份 1 500 字创业者案例故事。

(4)需采集每名创业者调研对象 8~10 张照片,主要反映调研对象的创业历程、调研过程、工作场景、工作过程和企业门面合影等。

(5)样本要求:确保访谈对象样本具有广泛代表性。考量因素包括人群类别(主要围绕大学生创业者,最好覆盖不同类型的院校和专业)、多样化的创业类型和行业、创业持续时间(初创为主)和创业处所(兼顾城乡、地区差异)。

(6)调查问卷:需采集调研对象的个人信息、在线调查问卷的结果与相关记录。

(7)拍摄微视频:选取有代表性的创业者,访谈过程中进行录像,或选择有代表性的几个画面拍照。

4. 参考调研提纲

(1)围绕创业历程,对典型青年创业者进行访谈,注意对创业活动深入挖掘,准确、全面展示创业者的职业特征。

（2）访谈内容包括但不限于：①创业者简历，包括姓名、学历、毕业院校、毕业时间；②创业企业概况，包括名称、注册时间、注册资金、地址、企业性质与类型、经营范围；③创业团队，包括团队成员、成员概况、企业规模等；④经营情况，包括区域布置、经营模式、年营业额和纳税额等；⑤项目选择，包括为何选择该项目，主要基于什么因素考虑；⑥创业资源，包括选择项目或创业过程中资源的拥有、利用与整合情况，主要基于哪些考虑；⑦创业决策，包括创业的决策过程、企业决策流程、采用哪些方式、企业的发展规划如何；⑧创业素质，包括创业者自身拥有哪些素质、创业者认为创业需要具备哪些素质、团队需要具备哪些素质；⑨创业环境，包括如何评价当前创业环境、创业政策如何、需要考虑哪些环境因素；⑩创业寄语，包括对大学生创业的寄语。

【拓展资源】

国务院办公厅关于加快医学教育创新发展的指导意见（国办发〔2020〕34 号）https：// www.gov.cn/zhengce/content/2020-09/23/content_5546373.htm

第二章　医学生创新创业基本认知

【创新金语】

自主创新惟靠矢志不渝,攻坚克难惟靠厚积薄发。

——《人民日报》2022 年 8 月 8 日第 5 版

【案例】

跨界创新,开拓生命科学新视野

人民的需要和呼唤是科技进步和创新的时代声音。在新医科背景下,推动"专创融合"实现最优组合,以实现医学高等教育内涵式发展,为国家培养具有创新创业精神的高质量医学人才,更好地为人民群众的健康保驾护航。近年来随着 5G、通信、人工智能、云计算等数字技术的广泛应用,信息技术和生物医药深度融合,推动了卫生健康领域不断创新,远程会诊、互联网医院、智慧医疗蓬勃发展。基于 5G 的"上车即入院"服务项目构建了医疗、服务、管理三位一体的智慧医院系统建设。

5G 急救车,"上车即入院"

传统的急救流程存在诸多难点,如院前与院内急救环节脱节、医生能力和经验有限,以及突发事件应对缺乏紧急预案等。在充分应用 5G 技术后,院前急救模式发生了历史性的变革,急救工作前置实现了"上车即入院"。在现场急救转运过程中,通过 5G 网络,患者的身体信息如心电图、呼吸、血压等可以实时同步至院内应急指挥中心。同时,4K 远程视频画面传输让专家能够实时指导车内抢救情况,并开展院内入院抢救准备,做到救治无缝连接,从而实现了"上车即入院"。

5G 急救车专门配备多种设备,比如手环可以快速识别患者身份,还有心电图机、呼吸机、血压血氧体征监测设备可以将数据传输到院内,AI 语音笔、AR 眼镜等设备可以解放医生双手,医生在抢救的同时可以通过智能语音和智能眼镜将现场抢救和病例情况实时传输至指挥中心。这一创业项目为重大公共卫生事件或义诊活动提供移动医院的充分部署,提供及时的医疗服务。

【解析】

在日新月异的医学科技大变革时代,该案例抓住大数据时代与人工智能的精准医疗和个性化治疗先机,实施医学与工程、计算机、生物学等多学科的交叉融合。该团队通过创新创业,改进现有急救医疗设备和服务,切实提高了医疗质量和效率。这将极大鼓励医学生参与创新创业项目,有助于培养他们的创新意识和实践能力。

第一节 创新创业的核心理念

2020 年,习近平总书记在科学家座谈会上指出:"我国经济社会发展和民生改善比过去任何时候都更加需要科学技术解决方案,都更加需要增强创新这个第一动力。同时,在激烈的国际竞争面前,在单边主义、保护主义上升的大背景下,我们必须走出适合国情的创新路子,特别是要把原始创新能力提升摆在更加突出的位置,努力实现更多'从 0 到 1'的突破。希望广大科学家和科技工作者肩负起历史责任,坚持面向世界科技前沿、面向经济主战场、面向国家重大需求、面向人民生命健康,不断向科学技术广度和深度进军。"深刻阐明了科学技术在经济社会发展和民生改善中的关键作用,也为创新创业指明了方向。创新创业的核心理念与总书记的讲话精神紧密相连。

总之,创新创业的核心理念是在习近平总书记重要讲话精神的指引下,以增强创新为第一动力,走出适合国情的创新路子,提升原始创新能力,坚持"四个面向",为经济社会发展和民生改善贡献力量。

在新时代背景下,创新是高等教育的主旋律,国家需要具有创新意识、创新思维、创新能力,能完成创新创业活动并具有创新创业成果的人才。创新创业能力是新时代高素质、综合型人才的重要组成部分。当代医学生不仅要掌握专业知识,还需要提高创新、创造能力,有创业的勇气与热情,这样才能提高个人综合素质,全面自由地发展。

创新创业是推动科技进步、经济转型和社会进步的关键引擎,不仅倡导创新思维的激发,还包括对传统模式的挑战、对未知领域的探索,以及对新知识和新技术的深度融合。这种思维模式鼓励从业者从不同的角度审视问题,通过技术、模式、理念的创新,催生出新的产品、服务和产业。

一、创新是创新创业的灵魂

创新创业强调思维创新,具有前瞻性,即不拘泥于传统,勇于挑战现状,寻求新的解决方案。它涵盖了产品、服务、模式、理念等各个层面的革新,旨在打破常规,通过提高生产效率、降低成本、改善性能或满足新的市场需求来创造价值。这要求创业者具备敏锐的洞察力,善于发现市场空白、预见未来趋势、紧抓用户需求,提出独到的解决方案。

二、价值创造是创新创业的目的

将创新的想法转化为实际的商业运作,这需要敏锐的市场洞察力,更需要高效的执行力来将设想变为现实,进而创造价值。通过创新的产品或服务为企业带来利润,促进经济增长以创造经济价值。

但价值创造不局限于经济价值,还强调关注社会价值和可持续发展,追求长期的、和谐的进步。通过解决社会问题,改善人们的生活质量,促进社会进步以带来社会价值。比如,一些医疗科技创新企业致力于研发新的治疗方法和药物,为患者带来健康和希望;关注环境保护和可持续发展,通过创新的技术和商业模式,减少对环境的负面影响,这都是承担社会责任的表现。所以,价值的创造应把目光放长远,在追求经济效益的同时,不忘社会责任,坚守经济、社会、环境的三重底线。

三、风险管理是创新创业的必由之路

创新创业的过程充满了不确定性,市场需求、技术发展、竞争态势等因素都可能发生变化。创业者需要具备敏锐的洞察力和应变能力,及时调整战略以应对不确定性。这要求创业者需要采取有效的风险管理措施,经前期充分的市场调研、合理的商业计划和多元化的融资渠道等方法降低风险发生的概率和影响。

另外,创新创业的成功率并不高,很多项目可能会失败。创业倡导风险承担,所以创业者需要有正确的心态看待失败,理解并接受失败的可能性,每一次的挫折都是通往成功的一步,从失败中吸取教训,不断改进和完善自己的项目。

四、从实际出发是创新创业的点睛之笔

创业者需要从实际出发,以用户为中心,深入了解用户需求,提供满足用户需求的产品或服务。通过市场调研、用户访谈、数据分析等方法进行用户分析,了解用户的需求、痛点和期望。产品的设计初衷,一方面注重用户在产品和服务上的体验,另一方面从用户的角度出发,设计简洁、易用、高效的产品或服务。另外,可以鼓励用户参与创新过程,收集用户的意见和建议,让用户参与产品的开发和改进,以不断改进和完善产品和服务。

创新创业要走出适合国情的创新路子。我国有着独特的历史、文化、社会和经济背景,创新创业不能盲目照搬国外经验,而应结合我国的实际情况,充分发挥我国的制度优势、市场优势和人才优势。要深入了解国家重大需求和人民生命健康需求,围绕这些关键领域开展创新创业活动,为国家的发展和人民的幸福贡献力量。

五、合作共享是创新创业的重要途径

合作共享是创新创业的重要理念,围绕鼓励团队协作、整合资源展开,共同面对挑战,实现共赢。在全球化、信息化的时代,单打独斗已经无法适应快速变化的市场环境。创新创业的核心理念强调团队成员之间的协作、沟通和互补。不同专业背景、技能和经验的人汇聚在一起,能够形成更大的创新合力。多学科、多领域的跨界合作可以整合各方资源,打破行业壁垒和信息茧房,融合不同领域的知识和技术,以产生更大的创新效应。同时,团队合作还要求建立良好的团队文化,营造积极向上、开放包容的工作氛围,激发团队成员的创新热情和创造力。

总体来说,这些理念相辅相成,鼓励个体释放潜能,激发全社会的创新活力,为实现经济的高质量发展注入源源不断的动力。而创新创业教育的核心是培养创新精神和创业能力,将人才培养、科学研究、社会服务紧密地结合起来,实现从注重知识向更加重视能力和素质转变,提高人才培养的质量。

第二节　开展医学生创新创业教育的四个维度

习近平总书记在新时代推动东北全面振兴座谈会上指出:"要以科技创新推动产业创新。推动东北全面振兴,根基在实体经济,关键在科技创新,方向是产业升级。"坚持把振兴发展的基点放在创新上,深入实施科教振兴计划,整合和优化科教创新资源,打好关键核心技术攻坚战,提高科技成果就地转化率,推进装备制造、食品、医药等传统优势产业改造升级。在医学专

业领域,创新创业教育理念不仅仅是教授学生相关专业知识,更重要的是培养学生的创新思维、决策能力及面对行业变革的适应与引领能力。在此背景下,医学上更应在夯实专业基础的前提下,积极通过创新创业比赛、活动或自主创立公司等方式,运用所学的知识与技能,进行创新思维训练和创业实践,提高自身综合素质和创新能力,为社会和国家的发展作出贡献。开展医学生创新创业教育主要从以下四个维度进行。

一、创新思维

创新思维是医学生创新创业的核心。相较于其他学科,医学的专业性更突出、应用性更强、职业稳定性更明显,传统创新思维已然不适应医学生创业教育要求。它以一种新颖、独特、有价值的方式解决问题,具有逆向思维、横向思维等多种思维方式。在医学教育中,应注重培养学生的创新思维能力,通过课程设置、实践活动等多种途径引导学生进行创新思考和实践。

二、创业知识

创业知识是医学生创新创业的基础。医学生可以通过参加创业课程、创业实践等方式获取创业知识,也可以通过自主选择学习相关知识提升自身的创业能力。医学生创业知识主要分为行业知识、商业知识和国家相关法律法规三类。

医疗卫生行业的企业组织机构与其他行业有所不同,医学生应充分了解医疗行业的发展趋势、政策法规和市场需求等行业知识。关注国家医疗改革政策的变化,如分级诊疗、医保政策等,这些政策会对医疗创业项目产生重大影响;熟悉不同医疗领域的特点和竞争态势,包括临床医学、医疗器械、生物医药、医疗服务等。例如,了解医疗器械行业的研发周期、审批流程和市场推广策略。同时,打好医学专业知识基础,发挥医学生创业的独特优势,才能在医疗技术创新、健康管理、医疗教育等领域发挥专业特长,不得舍本逐末。

为更好地适应市场需求,医学生创业者应掌握市场营销、财务管理、人力资源管理、运营管理、企业选址等相关商业知识。了解市场调研方法,分析目标客户群体的需求和行为特征,以制订有效的市场营销策略,包括品牌建设、渠道拓展、促销活动等。掌握财务报表分析、成本控制、预算编制等,合理规划资金,确保创业项目的财务可持续性,并了解融资渠道和方法,如银行贷款、风险投资、政府扶持资金等。同时,掌握打造一支高素质、有凝聚力的团队的方法,为创业项目的发展提供人才支持。

医学生创业者还应了解医疗行业相关的法律法规,如《医疗机构管理条例》《中华人民共和国医师法》《中华人民共和国药品管理法》《中华人民共和国母婴保健法》等。确保创业项目的合法性和合规性,避免法律风险。同时,应对知识产权保护、合同法和劳动法等有充分的了解。如果创业项目涉及创新的医疗技术或产品,需要了解知识产权保护的相关法律,如《中华人民共和国专利法(2020年修正)》《中华人民共和国商标法》《中华人民共和国著作权法》等,及时申请专利、商标等知识产权,保护自己的创新成果。在与合作伙伴、供应商、客户等签订合同时,需要了解与合同相关的法律知识,确保合同的合法性和有效性。

三、创业技能

创业技能是医学生创新创业的关键。它包括领导能力、沟通能力、团队协作能力等多种技能。创业技能可以分为两大类:一类是商业能力,即创办任何企业都需要具备的能力,如团队合作、人际沟通、组织管理、商机识别、经营管理、市场营销、资源整合等。通过对正在进行创业实践的医学生的走访,了解到医学院校的大学生在创业中普遍陷入了人际沟通不良、经营管理不善、市场营销不佳等困境,需要有针对性地进行强化训练。另一类则是专业能力,尤其是医疗卫生行业,更需要临床技能和专业能力。除专业技能依赖于教学课堂外,医学生还可以通过各种社会实践和创新创业比赛等方式提升自身的创业技能,也可以通过加入学生组织、社团等组织锤炼自己的组织与协调能力。

四、创新实践

创新实践是医学生创新创业的重要途径。它是指学生将所学知识和技能应用到实践中,通过解决和应对实践中的问题和挑战,不断改进和创新。医学生的创新实践可以从科研、竞赛、临床、服务和创业等多个方面展开。通过参加"挑战杯"全国大学生创业计划竞赛、中国创新创业大赛、导师或科研团队的课题研究、创办医疗相关企业或开展自主研究等创新实践活动,均可以让医学生提高自己的综合素质和创新能力,为未来的医学发展作出贡献。

第三节　大健康背景下医学生的创新创业机会与挑战

一、医学生创新创业的机会与挑战

2016 年 8 月 19 日,习近平总书记在全国卫生与健康大会上正式提出"大健康、大卫生"理念,改变了我国传统卫生服务中的健康内容、工作中心和服务范围,扩展了健康服务的类别、加强了对疾病预防的重视程度,并以健康内涵扩展后的标准来调整卫生与健康服务的对象范围。

党的十九大提出"实施健康中国战略",指出"人民健康是民族昌盛和国家富强的重要标志。要完善国民健康政策,为人民群众提供全方位全周期健康服务",整合健康资源、健康产业,建设人人共建共享的健康中国。它基于人民对美好生活的需求,旨在全面提高人民健康水平、促进人民健康发展,为新时代建设健康中国明确了具体落实方案。党的二十大高度重视民生,强调"把保障人民健康放在优先发展的战略位置",完善人民健康促进政策,明确部署了提高人民健康水平的诸项措施,包括"健全社会保障体系"和"推进健康中国建设"。

大健康概念应运而生。它是根据时代发展、社会需求与疾病谱的改变,提出的一种全局的理念。它是围绕着人的衣食住行及生老病死,关注各类影响健康的危险因素和误区,提倡自我健康管理,基于生命全过程全面呵护的理念。它涉及人类关于健康的所有方面,以促进和改善人民健康为中心,以提高全民健康期望寿命为使命,主要包括四大体系:理念体系、教育体系、产业体系、服务体系。

在此背景下,新时代医学模式已逐渐转变,人们对医学的期望不再局限于疾病治疗,大众对生命健康与医学服务质量的重视度越来越高,社会也对医学生提出创新创业思维与素质培养的新要求,这都凸显了医学生的责任与担当。随着经济和社会发展及老龄化程度加深,大健康逐渐成为国家和公民关注的焦点,中共中央、国务院印发的《"健康中国 2030"规划纲要》正是解决公民健康问题而提出的战略规划。

在大健康的影响下,一些医学领域受到了前所未有的关注,如健康管理与服务、互联网医疗、康复与养老、生物医药与创新药物研发、医学教育培训等。医学生可以在学习和实践中接触到更多前沿医疗技术,通过对医疗技术的深入研究和应用,开发出新的医疗产品和服务,满足不同的市场需求,从而获得商业机会。近年来,政府出台了一系列扶持创新创业的政策,如创业担保贷款、创业补贴、创业孵化基地和众创空间的建设等,这些政策为医学生创新创业提供了更多的机会与支持。从社会需求角度来说,医疗市场需求有所增长,社会各界对创新创业的医疗产品给予了更多的关注和支持。

然而,医学生创新创业也面临着一些挑战。医疗行业的特殊性决定其监管制度的严格性,复杂的监管体系和相关法规成为医学生在创新创业中所面临的重大挑战。医学生在法律法规方面的学习相对薄弱,难以应对复杂的法规要求。而且医学专业学习任务重,在掌握专业知识的同时还需学习创业所需的商业知识等,时间和精力分配面临较大压力。另外,生物医药、医疗设备研发等领域的创新创业项目前期通常需要大量资金投入用于研发、设备购置、临床试验等,资金筹集渠道有限,可能面临资金短缺难题。大健康市场竞争激烈,既有传统医疗机构、医药企业的竞争,也有新兴创业公司的挑战。

二、医学教育的机会与挑战

医学院校是培养"健康中国"战略人才的摇篮,更肩负着助力中国"大健康"发展的使命,有责任谋划布局、固本开新,探索以创新引领医学创业发展的教育之路,把培养具有较高社会责任感、良好职业操守的医学生创业者作为人才培养工作的重要组成部分。如何在全球视野下加强医学生的培养质量,如何做到医教协同以提高医学毕业生的岗位胜任力,如何切实有效地提高医学生的医德医风素养等,都将是近一个时期医学教育需要思考并妥善解决的问题。

(一)医学教育面临的机会

2012年,教育部和卫生部共同出台了《关于实施临床医学教育综合改革的若干意见》和《关于实施卓越医生教育培养计划的意见》,对临床医学教育改革做了顶层设计,推出了"卓越医生教育培养计划"(以下简称"卓越医生计划")。"卓越医生计划"面向医学高校,提出了四大项改革:一是五年制临床医学人才培养模式改革;二是临床医学硕士专业学位研究生培养模式改革;三是拔尖创新医学人才培养模式改革;四是面向农村基层的全科医生人才培养模式改革。

2018年,教育部、国家卫生健康委员会、国家中医药管理局印发了《关于加强医教协同实施卓越医生教育培养计划2.0的意见》(以下简称"卓越医生计划2.0")。"卓越医生计划2.0"提出了几项改革任务:一是全面加强德医双修的素质能力培养。把德育作为医学人才培养的首要内容,实现素质教育与专业教育的有机结合,增加学生所学知识的深度和广度,激发学生创新思维。二是全覆盖建设一批特色鲜明的一流医学专业。主动适应医学新发展、群众健康服务新需求、健康产业发展新要求。三是全类型推进医学人才培养模式改革。深化基础性本科医学人才培养改革,深化服务健康乡村建设的全科医学人才培养改革,深化院校教育与毕业后教育相衔接的高素质医学人才培养改革,深入推进"5+3"一体化人才培养改革,深化拔尖创新医学人才培养改革,深入推进八年制医学(九年制中医学)教育改革。四是全方位推进医教协同育人。五是全维度打造医德高能力强的教师队伍。六是全过程培育医学教育质量文化。

改革的焦点就是以提高临床医学人才培养质量为核心,改革创新医学院校的临床医学人才培养模式,使临床医学专业的教育教学更加适应时代的需要,建设一批一流医学专业,推出一批线上线下精品课程,确保培养的医学生更好地服务于医药卫生事业发展的需要,服务于人民群众提高健康水平的需求。

(二)医学教育面临全球化挑战

医学教育全球化已成为当下医学教育最热门的话题。对于医学教育的未来发展,国家一直都高度重视。《"健康中国2030"规划纲要》第二十六章"加强国际交流合作"中提出:"实施中国全球卫生战略,全方位积极推进人口健康领域的国际合作。"以双边合作机制为基础,创新合作模式,加强人文交流,促进我国和"一带一路"沿线国家卫生合作。加强南南合作,落实中非公共卫生合作计划,继续向发展中国家派遣医疗队员,重点加强包括妇幼保健在内的医疗援助,重点支持疾病预防控制体系建设。加强中医药国际交流与合作,充分利用国家高层战略对话机制,将卫生纳入大国外交议程。积极参与全球卫生治理,在相关国际标准、规范、指南等的研究、谈判与制订中发挥影响,提升健康领域国际影响力和制度性话语权。今后的医学教育需要有国际化的视野,有为全人类培养医学人才的宏伟胸怀,将中国优良的医学教育成果推广到国外,也要积极吸收国外医学教育的先进理念,最终达到培养出符合全球化标准的医学人才的目的。[附录1:全球医学教育最基本要求(GMER)]

(三)医学教育面临公平性挑战

全球卫生对高等医学教育提出公平性要求,据统计,全球每年医学教育总支出仅约1 000亿美元,不到全球卫生总支出的2%,且在国家之间存在着巨大的差异。

从全球范围来看,医科专业毕业生的培养成本存在显著差异。由于各国国情、经济水平和医疗政策不同,导致各国在医生和护士培养上的投入成本相差较大。这种成本差异不仅反映了各国在医学教育投入上的不同,也揭示了教育资源在全球范围内的分配不均。同时,不同地区的医学教育资源分布也不均衡,如中国东部发达地区的医学院校在师资力量、实验设施等方面优于中西部地区。

另外,医学教育课程体系和教学内容存在较大差异,一些国家的医学教育注重理论教学,而忽视实践能力的培养;一些国家的课程更新缓慢,不能及时跟上医学科学的发展和社会需求的变化。顶尖院校可能采用国际化的课程标准和先进的教学方法,而一些普通院校则难以达到同等水平。除此之外,医学教育公平还受到社会经济、招生政策、文化背景与教育理念等因素的影响。

因此,我们必须重新审视医学教育的目标和方向,以患者和人群为中心,以卫生系统为基础,倡导团队教育的核心理念,摒弃功利主义思想,真正将教育放在首要位置。同时,我们应该跟随国际医学教育发展趋势,结合国家健康战略,加强医学院校与社会需求的对接,帮助医学生建立全局视野和多维度解决问题的能力。只有这样,新一代的医学教育环境将在更加注重人类健康的背景下,探索医学教育的新范式,塑造医学院校的新模态,为全球卫生领域的发展做出更大的贡献。

(四)医学教育面临的改革挑战

不可否认,现行的中国高等教育体制更多的是注重对学生理论知识的熏陶和专业技能培训,一直存在忽视学生创新精神和创造能力培养方面的问题,而这一问题在医学院校尤为明显:由于需要学习的科目多,学时多,学习任务重,因此医学生们更热衷于用死记硬背知识点来应对科目繁多的考试,直接导致一部分医学生背会了知识却不会灵活运用知识。人是有机的整体,虽然学习医学的时候是分科目学习,但疾病却是一个复杂的过程,如果不能将所学的解剖、生理、病理、药理等基础知识和内科、外科、妇科、儿科等专业知识融会贯通地应用于疾病的诊疗中,就会出现"头痛医头,脚痛医脚"的状况。

"卓越医生计划"作为国家对临床医学教育教学整体改革的推进,触及临床医学教育的诸多难点和体制机制突破。

1. 如何推进医学基础与临床课程整合。1910年美国医学教育形成了医学基础课程和临床课程分设的现代医学教育课程模式。低年级医学生在学校进行基础医学课程学习、高年级在教学医院进行临床医学课程学习、实习的做法,成为一个世纪以来全世界医学教育课程模式的主流。20 世纪后期以来,随着人民群众对健康需求的提升,现有的基础和临床分离的医学教育培养出来的医生因缺少"整体观"和"综合能力"等问题而无法适应社会发展需要,促使基础医学和临床医学逐渐由分离变为相互融合,一些医学院校包括美国的知名医学院,开始尝试"以患者为中心""以问题为中心""以学习成果为中心"等教学方式。香港中文大学医学院打破学科界限,进行了按器官开设医学课程的改革尝试。开展基于器官/系统的整合式教学和基于问题导向的小组讨论式教学正在成为医学教育改革的方向之一。

2. 如何做到"以学生为中心开展教学,形成学生自主学习能力"。"以学生为中心增强学生自主学习能力"的提法已经是当下高等教育需要共同面临的问题,医学教育也不例外。"卓越医生计划 2.0"提出深入推进以学生自主学习为导向的教学方式方法改革。以教师为中心的教学是以教师讲、学生听为特征,通常是"满堂灌""填鸭式"为主的讲授式教学,教师是教学的主体。以学生为中心的教学则把学生自主学习置于中心地位,教师起学习的引导、服务作用,强调师生互动,更多采取讨论式、启发式、探究式、小组化、翻转课堂、慕课等多种教学形式的组合,实现学生是教学的主体。

当前,我国绝大多数医学院校的教学基本形式是以教师为中心的教学。由以教师为中心转向以学生为中心开展医学教学是艰巨的改革,某种意义上是深刻的革命。第一,它需要教师改变教育理念,从教师的教学理念上接受以教师为主导、以学生为中心,教师由"台前"转为"幕后"这种转变;第二,它需要全体教师教学组织行为做出改变,即教师需要改变传统的讲授式的教学方式和习惯,学会并应用启发式、探究式等各种教学形式;第三,它需要全体学生学习行为做出改变,即改变学习的习惯,学生要养成自主学习、独立思考问题的习惯并培养团队合作的能力;第四,它需要考核方式和教学管理、教学评价做出改变,如由期末一张试卷的终结性考核评价方式改为"形成性考核",更加关注学生学习过程的态度和认知程度;第五,它需要大大强化足以支撑全体学生自主学习的图书资料、多媒体课件等学术资源的建设,为学生的自主学习提供必要的硬件支持;第六,它需要全体教师成为真正的"学习型"教师,对教师的知识储备量是个相当大的考验,要求教师具有在学生学习的全过程中提供个性化指导的能力。可以预见,形成成熟的以学生为中心的医学教学方式,绝非一朝一夕之功,需要相当长时间的持续性努力和改进。

3. 如何有效更新人才培养理念,加快医学教育由"以疾病治疗为中心"向"以促进健康为中心"转变。根据专业人才培养目标推进课程体系改革,培养医学生预防、诊疗、养生保健、康复等服务健康全过程的知识能力素质,强化医学生基本理论、基本知识、基本技能的培养。加强全科医学教育,强化实践教学,严格毕业实习管理和考核,构建覆盖诊疗全过程的临床实践教学基地体系。及时将"互联网+健康医疗""人工智能+健康医疗"等医学领域最新知识、最新技术、最新方法更新到教学内容中,让学生紧跟医学最新发展。深入推进以学生自主学习为导向的教学方式方法改革,开展基于器官/系统的整合式教学和基于问题导向的小组讨论式教学,完善以能力为导向的形成性与终结性相结合的评价体系。

第四节　创新创业理论在医学实践中的应用

医科大学创新创业教育是推动新医科背景下医科大学"产学研用"的重要一环,符合知识经济时代背景下的人才需求,具有国家层面的重要战略意义。在医学类领域,创新创业理论有其独特的创新思维和实践模式,这不仅推动了医学技术的进步,还促进了医疗服务模式的革新,为医学领域带来了新的发展机遇。

一、创新思维推动医学技术进步

(一) 医疗设备创新

创新思维促使科学家研发出更先进的医疗设备,这些设备的出现,不仅提高了医生的工作效率,也提升了患者的就医体验。高精度的影像诊断设备,如磁共振成像(MRI)、计算机断层扫描(CT)等技术的不断升级,为医生提供更清晰、准确的图像,有助于早期发现疾病和制订更精准的治疗方案;微创手术设备的创新使得手术创口更小、恢复更快,减少了患者的痛苦和并发症的发生;"达·芬奇"手术机器人的出现,提高了手术的精度和稳定性。另外,智能手环、智能血压计等可穿戴医疗设备,让患者能够实时监测自己的健康状况,为疾病的早期预防和诊断提供了便利。

(二) 治疗方法创新

生物技术的快速发展为医学领域带来了许多突破性的治疗方法和手段。如免疫治疗法通过激活患者自身的免疫系统来对抗癌症,已经取得了显著的疗效;3D生物打印技术通过将患者自身的细胞或干细胞作为"生物墨水",打印出与患者组织相匹配的结构,在组织和器官再生方面展现出巨大潜力,为临床移植提供了新的选择;干细胞具有自我更新和分化为各种细胞类型的能力,可以修复受损组织和器官,干细胞治疗法也在不断发展,有望用于治疗多种难治性疾病。

(三) 药物研发创新

药物研发领域是创新创业理论的重要实践场所。比如基于靶点的药物设计、生物制剂的开发等药物研发模式的创新,加速了新药的研发进程;纳米药物载体等药物输送系统的创新,提高了药物的疗效和安全性。另外,中药现代化也是创新思维的重要体现,通过对中药的有效成分进行提取和纯化,可以开发出具有明确疗效和安全性的中药制剂,这对中药的传承和应用具有重要意义。

(四) 结合人工智能创新

人工智能在医学领域中的应用是对传统医疗模式的颠覆和创新,在应用实践中展现出了巨大的潜力。

1. 人工智能为疾病诊断带来了创新突破 通过对大量医学影像数据的学习,智能算法能够快速准确地识别病变,如在肺部CT影像中检测肺结节,辅助医生进行早期诊断。在病理诊断方面,人工智能分析病理切片图像,提高诊断的准确性和效率。

2. 在治疗决策上推荐最优方案 人工智能可以根据患者的病情和多源数据,为医生提供个性化的治疗方案推荐。例如,在癌症治疗中,综合考虑肿瘤特征等因素推荐最佳治疗方式,实现精准医疗。同时,在药物治疗决策中,分析患者基因信息,减少药物不良反应。

3. 优化医疗管理与服务 人工智能可以助力医院资源管理,提高运营效率。对患者进行个性化健康管理,提高治疗依从性。智能导诊系统等优化医疗服务流程,提升患者就医体验。

人工智能在医学实践中的创新性应用不仅提高了医疗效率和质量,还为医疗行业带来了新的商业模式和发展机遇。创业者可以开发智能医疗设备、医疗数据分析平台等产品和服务,满足市场需求,推动医疗行业的可持续发展,为人类健康福祉作出更大贡献。

二、创业精神促进医疗服务模式变革

创新精神推动了医疗健康服务模式的创新。通过"互联网＋医疗"、远程医疗等新型服务模式,医疗机构以患者为中心,可以实现医疗资源的优化配置,提高医疗服务效率。

（一）互联网医疗

随着"健康中国"战略的实施向纵深推进,全方位全周期维护群众健康的需求和医药卫生领域科学技术的进步呼唤着医学教育变革。"互联网＋医疗""互联网＋医药""互联网＋康复"等模式拓展了医学生的创新创业空间。创业者们打造了各种互联网医疗平台,为患者提供在线问诊、预约挂号、药品配送等服务。通过开发建设远程诊断、专家会诊、手术指导等远程医疗服务平台,利用电子商务平台优化药品和医疗器械的采购、分销体系,发展在线健康咨询与管理、智慧康复、智慧养老平台等,拓宽了医学生发挥专业优势服务人民健康的方式和途径。同时,医学生实践经验的积累,动手能力和缜密思维能力的提升,有助于其在创新创业过程中因时而进、因势而新。这些模式打破了传统医疗服务的时空限制,方便了患者就医,提高了医疗效率。

（二）个性化医疗服务

创业精神推动了个性化医疗服务的发展。通过对患者的基因、生理特征和生活方式等进行综合分析,可为患者提供定制化的治疗方案和健康管理服务。在精准医疗、基因编辑领域,一些创业公司专注于特定疾病,为患者提供专业的医疗咨询和支持,提高了患者的治疗依从性和生活质量。

（三）医疗大数据应用

创业者们利用大数据技术,收集、分析和挖掘医疗数据,为医学研究、临床决策和医疗管理提供支持。例如,通过分析大量的电子病历数据,可以发现疾病的流行趋势和治疗效果,为优化医疗资源配置提供依据。医疗大数据还可以用于疾病预测和预防,通过对患者的健康数据进行监测和分析,提前发现疾病的风险因素,采取相应的干预措施。

总之,创新创业理论在医学实践中的应用为医学的发展带来了新的机遇和挑战。创新思维推动了医学技术的进步,创业精神促进了医疗服务模式的变革,同时也对医学教育提出了新的要求。在未来的医学发展中,我们需要不断地创新创业,为人类的健康事业作出更大的贡献。

【创业实践】

从《中国合伙人》看创业的价值

回忆《中国合伙人》电影的有关情节,思考并分析创办新梦想事业的过程中,创新对于电影主人公成冬青、孟晓骏和王阳三人在创业的不同阶段有哪些意义和价值。然后进一步分析新梦想事业对于他人和社会有哪些影响和价值。

【拓展资源】

哈尔滨医科大学大庆校区创新创业平台

第三章　创新创业教育与医学人才培养

【创新金语】

　　紧紧围绕健康中国战略实施,树立"大健康"理念,深化医教协同,推进以胜任力为导向的教育教学改革,优化服务生命全周期、健康全过程的医学专业结构,促进信息技术与医学教育深度融合,建设中国特色、世界水平的一流医学专业,培养一流医学人才,服务健康中国建设。

——出自 2018 年 9 月 17 日,教育部、国家卫生健康委员会、国家中医药管理局发布的
《关于加强医教协同实施卓越医生教育培养计划 2.0 的意见》

【案例】

让学生在创新创业中收获成长

　　在第八届中国国际"互联网+"大学生创新创业大赛中,来自哈尔滨医科大学药学院的刘慧迪老师团队取得了优异的成绩,斩获了一项银奖和两项铜奖。团队获奖项目均经过长时间打磨,在比赛过程中获得了许多评委的关注和称赞。

　　作为竞赛指导老师,刘慧迪老师拥有丰富的竞赛指导经验和前卫的专业视角,团队成员为哈尔滨医科大学药学院的本科生,不仅具有开拓进取的创新精神,还有排除万难的奋斗意志。在刘老师的鼓励和指导下,学生们克服了疫情带来的诸多不便——无法与老师见面、无法与外界团队接触、无法开展更为广泛的市场调研,等等,用智慧和汗水铸就了项目的成功。

　　团队的项目"云药师——5G+药学服务引领智慧医疗和远程用药"经过长时间的优化和实践,在多个大型赛事中斩获佳绩——第七届"互联网+"大赛银奖、第十三届全国大学生药苑论坛创新成果二等奖等。在第八届"互联网+"大赛中获奖的三个项目分别为"天卓慧科——天然来源抗肿瘤血管生成靶向药物肠内酯研发产业链""安派客(unpack)——快递安全一体化解决方案领跑者"和"肠道菌群的天然保护者——柚皮素系列抑癌药物研发",既有药学专业的热点内容,也有贴近当代居民生活的创造发明。

　　"安派客"项目是其团队的新项目,本校的创新创业教育贯穿了此项目从概念提出到产品完成的整个过程,项目取得的奖项及学生收获的成长真正地诠释了创新教育的意义。通过系统的创新创业理论学习,团队成员学会了在日常生活中发现产品痛点和市场需求,学会了提出问题和解决问题。

　　学生作为项目的主要参与者,从组建团队到合理分工,从提出项目到一步步完成项目,始终坚持着"团结一致,共同进步"的理念。不能线下聚集,学生们就与老师进行线上讨论;无法与专业公司线下合作拍摄产品介绍视频,就自学摄影和剪辑,自制路演视频。学生收获的不只是更宽阔的眼界和更多样的技能,还有学无止境、永不言弃的精神。或许创新创业课程和竞赛的意义不在于你最终获得了什么名次、多少个奖项,而是你有没有在这个过程中塑造更优秀的自己。

【解析】

2015年,国务院办公厅印发《关于深化高等学校创新创业教育改革的实施意见》,明确了创新创业教育的工作目标和任务,从人才培养机制、课程体系、教学方法和考核方式等方面阐述了推进创新创业教育工作的具体步骤和实施方法,并提出构建以课堂教学、自主学习、结合实践、指导帮扶、文化引领融为一体的高校创新创业教育体系。各个医学院系目前已将创新创业教育纳入必修课程,并以卫生行业人才需求为导向,以培养新时代创新型医学人才为己任,将创新精神、创业品质、创造能力融入医学人才培养体系中,培养医术水平高、人文情怀深、奉献精神足、创业能力强的新型医学人才。

随着打造医学综合改革示范区、国家全民健康增长及新医科、医工交叉等新要求的提出,医学专业传统人才培养模式已然呈现出明显的滞后性与局限性,难以适应新一轮科技革命与产业革命,无法切实满足广大群众对生命健康全周期的需求。在创新型国家推进的过程中,培养高等医学院校创新创业复合型人才日显迫切性,医学生的创新创业教育既是培养医学生创新精神,提高医学生临床技能的重要途径,也是推动国家卫生事业发展进步的动力之一。在"大众创业、万众创新"的新时代背景下,创新创业教育与医学专业教育深度融合已经成为高等教育改革方向之一。

第一节 医学生专业、职业特点

医学不仅是使人体生理处于良好状态的相关学科,还涉及人的心理和社会适应能力等多个方面。它是一门实践性科学,也是一门多元化的学科。由于医学学科的特殊性和医学生服务群体的特殊性,致使培养医学生是一个漫长而艰苦的过程。

一、课程专业性强,学习科目繁多

医学院校培养人才的目标是为社会输送具有高尚医德、精湛技术的医务人员,医学生毕业后将要在各级医疗卫生机构从事临床医疗服务和医学科研工作。由于岗位和服务对象的特殊性,医学生的专业课程种类繁多,医学专业的学生需要掌握从基础医学到临床医学,再到预防医学、康复医学、口腔医学等众多学科的知识。这些知识不仅包括了人体解剖、生理、病理、药理等基础理论,还涵盖了各种疾病的病因、诊断、治疗和预防方法。学习过程中,医学生需要通过大量的实验、实习和临床实践,将理论知识与实践操作相结合,以确保他们能够熟练地运用各种医疗技能。作为未来的医务工作者,医学生肩负的责任重大,不仅承担着救死扶伤的基本职责,还需要进行长期的科学研究,攻克当今医学界面临的各项难题,守护人类全生命周期的健康。所以,医学生的学习从入学就带有很强的专业性和实践性。

二、学习任务繁重,求学过程艰苦

不论西方医学教育还是中国医学教育,都对医学教育提出了较高的学业要求,国外一些国家(如美国)要求必须具有学士学位的人才具有资格报考医学院校;在我国不论重点医学院校还是普通医学院校,开设专业课程基本大于30门,总学时多数在3 000学时以上。同时就学习体系而言,医学是一项庞大的学科分类,主要研究对象是人,涉及生理、病理、生物医学、遗传学等各个学科种类,还需要精通医学的各种高难度、高精度的实践操作技术,医学生掌握的知识量呈系统化和精细化、理论化和实践化,且最终需要通过严格的考试和实习才能获得执业医师资格,由此医学生面临的学业压力和就业压力都较大,精神负担比较重,医学专业的学习更是一个苦乐交织的成长过程。

三、医学学习过程长,学习成本高

我国本科专业学制普遍为四年制,但医学因其特殊性,医学教育的周期相对较长,本科通常需要五年时间,研究生和博士阶段可能还需要更长的时间。此外,毕业后还需要进行住院医师规范化培训,对于医学生个人来说,学习医学的过程是艰苦的,需投入大量的精力用于学习,可能会影响到医学生参加各类课外活动的机会。对学校和家庭来说,培养一个医学生的成本远远高于其他专业。医学专业的学费通常较高,因为医学教育需要配备先进的实验设备和临床实践设施;医学教材和参考资料价格不菲,且更新换代较快,学生需要不断购买新书以跟上学科发展;医学学习需要大量的时间和精力投入,学生在学习过程中可能无法从事其他兼职工作,导致生活成本增加。

四、理论水平要高,动手能力要强

医学的学习不同于其他专业的学习,不仅需要过硬的专业知识,还需要极强的动手能力。一名合格的医学生,要做到眼勤、手勤、脑勤。虽然疾病的种类、临床症状、临床诊治在教科书上有明确说明,但患者个体千差万别,临床表现也不尽相同。要想成为一名合格的医务工作者,需要解剖尸体,了解人体构造,需要在临床实习中对每一名患者进行观察和研究,结合所学的理论知识在实践中不断完善和提高对疾病的认知。医学是一门实践科学,医生是非常严肃的职业,要敬重生命,因此在学习好理论知识的同时,必须不断地练习和实践一些常规的诊断方法、无菌操作、换药导尿、穿刺缝合等技巧,做到理论与实践相结合,否则就只能是纸上谈兵。

五、遵循终身学习规律,不断拓展知识领域

现代医学的进步和发展速度是惊人的,大量的新学科、新理论、新观点、新技术不断涌现,仅靠几年的书本知识是远远不够的。医学知识的更新速度快,这就要求医生必须具备终身学习的意识。他们需要不断关注最新的医学研究和临床实践,以确保自己的知识和技能始终处于行业前沿。医学领域的广阔发展空间为医学生提供了多样化的选择。他们可以根据自己的兴趣和职业规划,选择成为临床医生、科研人员、医学教育者,甚至是医疗管理专家。无论选择哪条职业道路,医学生都需要不断地提升自己,遵循终身学习的定律,树立终生学习的观念,以适应不断变化的医疗环境,为人类的健康事业作出贡献。

第二节　创新型医学人才的特征

创新创业教育旨在培养学生的创新思维、创业精神和实践能力,使他们在未来的职业生涯中能够具备创新解决问题的能力,并有可能成为医疗领域的创业者或领导者。高等医学院校作为医学人才培养的主要基地,肩负为国家培养创新型卓越医学人才的重要任务,关系着数以万计人民的生命健康。因此,高等医学院校要以卫生行业人才需求为导向,以培养新时代创新

型医学人才为己任,探索并构建符合自身特征的"双创"教育模式,从而培养医学生的工作胜任力、人文情怀、创新精神和创业能力,为我国医疗卫生事业的发展提供优质人才。创新型医学人才主要具有以下特征。

一、理论知识与实践能力完美结合

医学是一门高度严谨的实践性强的科学,既要求医学生具有扎实丰富的人文社会科学、基础医学、临床医学理论知识,同时还必须具备娴熟的临床实践动手能力,即要做到"学以致用"。因此,医学生在校学习期间,不应只注重单科结业成绩的好坏,以避免地造成"学一科丢一科"的现象;同时因成绩主要以理论考核为主,"及格万岁""分数代表一切"的思想误导一部分医学生只重视理论学习,轻视实践操作,最终导致毕业后出现了一批理论水平高、实践能力差,只会"纸上谈兵""高分低能"的"假医学人才"。医学人才的培养需要将理论知识与实践能力紧密结合。理论知识为实践提供指导,只有掌握了扎实的理论知识,医学生才能在临床实践中做出正确的判断和决策。而实践则是检验理论知识的唯一标准,在临床实践中,医学人才能够将理论知识与实际情况相结合,形成自己的临床思维和决策能力,要发挥个人的主观能动性,积极培养实践动手能力、临床思维能力、解决问题能力,做到理论与实践相结合,将来才可能成为一名优秀的临床医生。

二、具有成为医学科学家的潜质

医学科学家指的是一边从事临床工作,一边从事科学研究的医生,既能根据临床工作需要开展科学研究,又能利用科研成果指导临床实践的医生。目前我国的医学基础研究已经达到较高水平,很多基础研究文章被国际知名杂志收录,但由于基础研究人员不是临床医生,不接触患者,在研究中无法将患者个体差异和临床工作实际情况综合考虑,导致基础研究成果与临床应用严重脱节。现代医学教育鼓励学生进行创新思维和科研探索,许多医学生在学习过程中就会参与科研项目,从而培养出科研兴趣和创新能力。同时随着全球化的推进,医学教育也趋于国际化,医学生有机会接触到国际前沿的医学研究成果和技术,这有助于他们拓宽视野,站在更高的起点上进行科研工作。因此,医学生只要在学术上不断努力,积极参与科研活动,培养自己的创新能力和实践技能,就完全具备成为医学科学家的潜质。当然,个人的兴趣、毅力和不懈追求也是实现这一目标的关键因素。

三、具有医学思维模式能力

医学是高度综合的学科,服务对象是人,医生这一职业具有高风险性。他们需要承担起救治患者的重大责任,这不仅需要扎实的专业知识,还需要冷静的头脑和敏锐的观察力,要求医学生必须具备在紧急情况下做出快速、准确判断和决策的能力。这种能力包括逻辑思维、批判性思维、系统思维等多个方面,使医学生能够在复杂的医学问题中保持清晰的思路,运用所学知识进行分析和判断,提出创新的解决方案。我国目前的医学教育受课程数量多、学习内容多、培养周期短等因素限制,主要注重基础知识和基本技能训练,忽视了医学生综合能力培养和医学思维模式的训练。国家提出创新创业教育就是要培养大学生发现问题、分析问题和解决问题的能力,通过敏锐的观察和深入的思考,医学生能够发现医学领域中的未知问题和挑战,从而确定研究方向;运用逻辑思维和批判性思维,医学生能够对医学问题进行深入分析,找出问题的根源和关键所在,为制订解决方案提供依据;在系统思维的指导下,医学生能够综合运用多学科知识,提出切实可行的解决方案,并通过实验验证其可行性。

四、具有终身学习和自主学习的能力和习惯

随着人类社会和科学技术手段的飞速发展,医学学科分化越来越细,医学领域不断发展,新的理论、技术和治疗方法不断涌现。医学人才需要具备持续学习和自我更新的能力,以适应医学领域的发展变化,同时助力医学生在未来的职业生涯中持续成长和发展,确保自身的理论知识和实践技能与时代发展和人类健康需求同步。医学教育可通过讨论医学领域的最新进展,让学生理解医学知识的快速更新,从而认识到持续学习的必要性;教师可以教授学生如何制订有效的学习计划,如何通过主动学习来提高学习效率,以及如何运用批判性思维来分析问题;探索学习方法改革,鼓励学生参与小组讨论,通过角色扮演和模拟临床情景,提高他们的临床思维和决策能力;通过参与实验和临床实习,让学生在实践中学习,提高解决实际问题的能力;鼓励医学生跨学科学习,了解医学与其他领域的交叉点,拓宽知识视野等,使医学生逐步形成终身学习和自主学习的习惯,为未来的医学职业生涯打下坚实的基础。

第三节　创新型医学人才培养模式

为了适应我国不同层级医疗机构对医生能力的不同需求,"卓越医生计划"提出了临床医学人才培养模式改革的不同要求,关键是优化专业课程结构、更新教学内容、改善教学方法、强化实践指导,提高学生解决实际问题的能力,培养学生团结协作能力。传统医学生的培养方式已经明显无法跟上现代医学和社会发展的脚步。医学院校应积极探索将"卓越医生计划"和创新创业教育有机融合的人才培养新模式,以促进医学生的全面发展和自我价值实现,还原医学教育的本质,适应时代发展的需要。

一、对五年制临床医学专业人才培养模式改革

"卓越医生教育培养计划 2.0"以强化医德素养和临床实践能力为核心,包含一系列教学元素和环节的综合改革。包括:教学理念要树立"学生是教学主体"的观念;教学内容要强化医德素养和临床实践能力的培养;课程体系要推进医学基础与临床课程的整合;教学方法要以学生为中心,推行启发式、探究式、讨论式、参与式教学,倡导小班教学、小班讨论,形成学生自主学习能力;考核方法要建立形成性和终结性相结合的全过程评价体系;教学过程既要将医德教育贯穿医学教育全过程,又要加强医教结合,强化临床实践教学环节,严格临床实习过程管理,实现早临床、多临床、反复临床;教学目标是要使医学生具备关爱患者、尊重生命的职业操守和解决临床实际问题的能力。

二、对临床医学专业硕士人才培养模式改革

"卓越医生教育培养计划 2.0"强调的是建立起五年医学院校本科教育加上三年住院医师规范化培训的"5+3"临床医学专业硕士培养模式。此模式要实现临床专业的硕士招生和住院医师招录、硕士培养与住院医师规范化培训、硕士学位授予标准与临床医师准入标准、硕士生毕业证和执业医师资格证、硕士学位证和住院医师规范化培训合格证的有机结合和衔接,强化临床医学专业硕士临床实践能力的培养培训,为培养大批高水平、高素质临床医师打下坚实的基础。

以上改革具有很强的关联性。依照教育部和国家卫生健康委员会对临床医学教育综合改革的部署,今后一段时期,我国临床医学人才培养体系的主体,将是以"5+3"为主体的院校教育、毕业后教育和继续教育有效衔接的临床医学人才培养体系。这一培养体系的建立完善,将为国家源源不断地培养输送一大批高水平医师,为14亿人口的大国提供健康护佑。

三、对长学制临床医学人才培养模式改革

深化拔尖创新医学人才培养改革,深入推进八年制医学(九年制中医学)教育改革,"卓越医生计划"着眼于培养"少而精""国际化"的医学拔尖创新人才。在改革内容设计上,一是突出宽厚的学科基础,加强自然科学、人文科学和社会科学教育;二是突出导师制和学生自主学习、终身学习和创新思维能力的培养;三是突出医教研结合,强化临床思维和临床能力培养,强化科研创新潜质的培养;四是突出培养过程的国际交流与合作,拓宽学生的国际视野。由此培养医学生具有成为临床医学领军人物的潜能。

四、对面向农村基层的全科医生人才培养模式改革

强调立足实用,建立起"3+2"(三年医学专科教育加两年毕业后全科医生培训)的助理全科医生培养模式;建立起农村订单定向免费本科医学教育人才培养模式。改革的内容为:突出强化服务农村、基层的荣誉感和责任感教育;突出要根据"预防、保健、诊断、治疗、康复、健康管理"六位一体的基层医疗卫生服务要求,优化调整教学内容和课程设置;突出增加基层医疗卫生机构的实习、实践,早临床、多临床,提高学生对常见病、多发病、传染病和地方病等疾病的诊疗能力和基本卫生服务能力。由此培养大批面向乡村、服务基层的下得去、用得上、留得住的实用型全科医生。

第四节 创新型医学人才培养途径

国家的"卓越医生教育培养计划"和"十四五"规划对医学教育的发展提出新的要求,指明了方向。为了将国家的政策落实到位,应转变教育观念,改变教学方法,以培养创新型医学人才为培养目标,扎扎实实地做好医学生培养工作。

一、要转变教师和教育管理者教育教学理念

"卓越医生教育培养计划"强调的教育理念是"以学生为主体",核心教学理念是"以学生学习为中心"。关键在于,一是要让广大教师和管理者真正明白,为什么要以学生为主体,以学生学习为中心。过往实践显示,以教师讲授为中心的教学方式绝非一无是处,相反,它的教育目的也是把学生培养成才,在教学组织上,展示知识比较全面系统,所需教学资源较少,学生跟着走的安排能较大范围避免学生挫败。但不可否认,传统的教育模式不利于学生自主学习能力的培养,不利于学生创新精神和能力的养成,这对学生今后的学习和发展是有局限性的。二是要让广大教师和管理者真正明白,以学生为主体、以学生学习为中心的确切含义是什么。特别要澄清"学生主体"和"教师主导"的含义和内容,使教师理解在以学生学习为中心的方式中教师的职责,防止片面理解走极端,弱化教师作用。这就需要组织教师和管理者学习领会有关的教育理论,特别是以学生学习为中心理念的理论基础,了解领会以学生学习为中心的成功

范例。三是要激励广大教师和管理者的改革信心和恒心,有思想准备攻坚克难,通过若干年递进的改革,基本形成以学生学习为中心的医学教学模式。

二、要强化医教结合

如果说医德是卓越医生的灵魂,那么自主学习能力和过硬的临床实践能力就是造就卓越医生的"成功秘籍"。无论是五年制培养改革还是专业硕士培养改革,无论是拔尖创新人才培养改革还是"3+2"全科医生培养改革,各个改革项目要实现培养各层级卓越医生的目标,都离不开强化临床教学和实践,提高医学生的临床能力。

一是要强化临床教学和实践的内涵建设,包括探索基础课程和临床课程的整合;学生早临床,多临床,反复临床的教学计划安排;严格并细化教学医院和社区临床实践基地等的设置标准和教学建设,健全完善教学组织机构、教学运行、教学管理、教学条件和质量控制;严格管理学生临床轮转和临床技能考核等。二是要探索形成临床专业学生培养、毕业后教育、继续教育和住院医生、全科医生规范化培训的有机衔接,统筹设计教育、培训、资格准入、学历提升、学位授予的内容和路径,并以相应的教育政策和卫生政策固定下来,形成稳定模式,使临床专业学生的培养和医生的职业训练与职业准入紧密结合和衔接。三是政府卫生部门和教育部门应从根本上解决长期制约医学生临床培养质量的体制机制障碍,按照学生规模,从政策上积极主动地去帮助医学院校与医院做好对接,为医学院校划拨、补足能承担医学教学和科研的直接隶属医学院校的医院,使医学院校能够顺畅地在教学医院贯彻临床教学任务和系统、规范的教学要求,建成优质的、稳定的临床教学基地。这是功在当代、利在千秋,保障医疗卫生临床人才辈出的大事、好事。

三、要推进"以学生学习为中心"的医学教学方式

医学生在大学期间基本形成终身受益的主动学习新知识新方法、主动探究医学临床问题、主动创新发展临床技术的习惯和能力,从根本上提高了我国医疗卫生人才队伍的整体素质与潜能。以教师为中心的教学方法,培养出来的学生习惯依从和遵循权威,缺乏发散性思维、批判性思维,创造性较差。学术文化往往是以学生接受、遵从老师和权威观点为主。在这个知识创新的时代,在人类医疗和健康问题层出不穷的时代,这种教学方式对医学生创新力的制约是显而易见的。我国的医学教学处于走向"以学生学习为中心"的关键节点。

推进"以学生学习为中心"的医学教学方式,包括应留给学生更多的自学时间,开设足够的选修课、前沿讲座、跨学科讲座、第二课堂,更多地安排小班授课;增强对学生选课的指导和学习辅导,倡导实行导师制;组织教师开发利于学生自主学习和创新思维训练的多元教学方法、导学方法、学习单元,开发学习资料,开发稳定的新教学范式和学生业考核范式;建立适应"以学生学习为中心"的教师教学评价和导师评价指标;健全"以学生学习为中心"的教学环境和条件,如建设 U 形或环形教室,开发更多网络课程,增添图书和多媒体学习资料,设立学生学习指导中心,改革学生管理方式;倡导理性的科学循证精神等。这些都不是一蹴而就的,既需要医学院校整体规划、设计、推进,也需要政府加大投入,支持由此带来的教学成本的增加。

四、要强化医学师资培训,提高教师对改革的执行力和创造力

一是要训练教师摒弃"满堂灌"的传统教学方式,掌握有效运用讨论式、探究式、启发式等教学方法和技能。二是要鼓励教师开展学术研究和教学研究,特别是基础和临床相结合的研

究,不断拓宽学术视野,不断提高科研和教学能力。三是要大力强化教师教书育人意识,培训教师更多关注学生个体学习、思想和生活的意识和方法,学会做导师,不断提升导学能力。四是要着力提高临床教师的带教水平,在师资人员的任用改革中,要对有一定资质和能力的临床专科医生开展全科医学培训和全科医学师资聘任,建成一支有能力承担全科医生规范化培养的临床教师队伍。五是要深入开展医学师资职业道德建设,包括学术道德、师德、医德医风。特别是教学医院,要下功夫消除医疗高科技化和可能的商业化对医德医风带来的负面影响,强化医生和带教老师的医德医风建设,在临床医生和教师高尚医德医风的影响下,使医学生都能够接受最前沿的教育和管理。

第五节　创新创业与医学人才培养的融合

一个成熟的社会对人才的评判标准已不是仅仅局限在学历水平,而是更侧重于对人才本身所具备的交际能力、组织能力、决断能力、创新能力等"可迁移能力"的审视,这些能力仅通过课堂教学是无法获得的。因此,国家大力提倡高校开展创新创业教育,医学教育也不例外,并且应该走在前列。推动医学进步离不开人,离不开医学人才,更离不开创新型医学人才。医学教育的本质是让人"尊重科学,敬畏生命",在医学教育的过程中加入对创新思维的引导可以帮助医学生更好地树立"健康所系、性命相托"的人生信仰与职业追求,真正还原医学教育的本来面目。要想培养出越来越多的卓越医师,首先就要在兴趣上激发学生,促使他们对医学产生浓厚的学习兴趣;其次要把提高他们自主创新能力作为主要工作,丰富教学内容,达到现代社会对医学提出的要求,顺应现代医学的发展趋势。

一、加强师资队伍建设,培养胜任的师资

高素质人才的培养离不开教师的教导,特别是医学创新创业型应用人才的培养,专业理论性强,因此需要具有创新创业精神和能力的师资队伍作为支撑。学校应该加大对师资队伍的培训力度,给教师创造机会。在实践中要不断加强和外部的学术交流和沟通,了解医学的最新进展及最新的科研成果,让师资队伍跟上不断发展的医学发展进程,从而更好地为学生创新想法提供有效的指导,帮助学生更好地开展创新实践活动。

此外,教师还应注重相关课程的设计,根据学生的学习进度、医学发展等设计出适合的课程体系,让学生不间断地接受相关实践课程,为学生提供更多的实践机会,让学生由易到难地完成创新创业实践课程的学习,真正提高学生的创新创业实践能力。

二、构建科学的创新创业教育课程体系

加强专业课、通识课和创新创业类课程的融合,可尝试将"职业发展与就业指导"作为必修课程,贯穿医学生学习全过程。开设"大学生生涯发展与素质提升""领导科学与艺术""医院管理学"和"大学生创业理念"等创业教育基础类课程,开设"网页设计与制作""医患沟通学""演讲与口才""医学研究方法""会计学基础与财务管理""创业团队组建与管理"和"市场营销"等创业教育技能类课程。积极推进教学改革,加快应用型课程和教学团队建设,完善学生考核评价体系,加强教育研究,将创新创业教育贯穿于整个大学阶段的课程教学之中。医学是实践性很强的学科,医学院校要依托共青团组织积极打造以创新创业为内涵的第二课

堂,组织学生参加社会实践活动,在活动中锻炼本领、磨炼心智。医学生要特别重视临床见习和实习阶段的实践和学习,尽早接触临床,不仅可以巩固所学的专业理论知识,更能帮助学生真正感受医学的魅力,真切体会到医生职业的崇高使命。

三、基于医学生岗位胜任力的创新创业能力培养

医学生岗位胜任力简单讲就是医学生适应医学岗位所应具备的知识、能力和素质。不同国家对医学生岗位胜任力的定义是不同的,但大同小异,其中专业知识与实践应用能力、医患沟通能力、团队合作能力、职业道德等为各国所公认。在医学生培养过程中要结合创新创业教育,强化以下各方面能力和素质。

(一)丰富知识,激发求知欲

创新要具有差异性、可行性和价值性,必须以丰富的知识经验作为基础,否则只能是毫无根据地空想或者重复前人的工作。因此教师应引导学生广泛涉猎多学科、多领域的知识,在不断学习新知识的过程中产生创新想法,在实践创新的过程中不断学习新知识,从"要我学"转变为"我要学"。学生只有具备强烈的求知欲,由被动学习向主动学习转变,才能为自主创新打下坚实基础。

(二)善于观察,敢于质疑

成功的创新工作往往在于对社会"痛点"问题的有效解决,而问题的发现首先要勤于观察与质疑。许多学生创新意识不强,表现为对一些问题和现象熟视无睹,缺乏主动分析思考的习惯,不探究原因,不主动提出解决方案。教师要引导学生对观察到的现象保持寻根究底的好奇心,摆脱心理上的惰性,分析思考为什么会出现这些问题、原有方案存在什么问题,养成大胆质疑、大胆想象的习惯,勇于提出自己的解决办法,尽量多参加社会实践活动,不断完善自己。

(三)打破定式,敢于创新

创新关键在于"新",否则就是重复工作。在学习过程中,教师要引导学生尊重权威,虚心学习前人的知识经验,但也不能满足于现成的思想、观点、方法,要敢于超越,经常思考"能否换个角度看问题""有没有更简捷有效的方法和途径"等问题。随着医学新技术的不断出现,多学科知识融合力度加强,为新观点、新方法提供了大量的机遇。教师要帮助学生树立自信心,同时鼓励学生要有不怕困难和挫折的勇气,在失败中不断总结经验,只要坚持,就一定会有所突破。

(四)借助多种实践平台促进学生创新创业能力提升

在本科生科研创新培养工作中,实施"早期接触社会、早期接触临床、早期接触科研"的"三早"教育,并设有实践学分,可以引导本科生尽早接触社会,积累实践经验。整合学校实验室资源,建立科技创新实验中心,实施开放性教学,构建多种实践平台,开展集中培训,给学生提供实践场地及设备仪器,为学生独立科研及面对面交流提供了良好的场所。

1. 以多个创新实验室为基础组建医学创新创业实验平台 以完善的保障机制、资源整合、师资建设、实践教学和网络教学为辅助,构建出一个真正满足学生创新创业需要、提高教师综合素质水平、将科学理论和实践结合在一起的实验平台。旨在以医学教育需求为基础,将教学、科研、实践三者有机结合在一起,利用科学的教学方法提高学生自主学习、创新、创业等能力,以培养应用型人才为目标改革教学方法,使之满足培养创新人才的要求。

2. 以实现卓越医生培养目标为主开展实践教学基地建设 医学院校要加强实践教学基地建设工作,严格实习出科考核和管理制度,与医院联合建设高水平的临床实习基地。要增强和完善与政府、行业协会、企业合作,积极引导和组织学生参加社会实践活动,特别是高校与

政府、企事业单位开展的科研创新项目,使学生不仅可以学到知识,还能提升自身的创新思维和科研能力,最大程度激发大学生的创新创业热情。此外,可以在校园内建立大学生创新创业园,为有意向创业的大学生免费提供硬件服务设施,如创意空间(咖啡屋、茶吧)、网络信息空间、产品设计间等,搭建满足大众创新、万众创业需求和特点的低成本、便利化、全要素的开放式园区。园区提供创业孵化场地和孵化企业基本办公条件,有意向创业的大学生可以得到免费提供的办公场所,会客室、会议室、报告厅、实验室、网络等一应俱全。通过提供场地、举办活动,方便创业者进行产品展示、观点分享和项目路演,协助孵化企业办理成立公司事宜及其他业务。为创业团队配备科研导师,以创新创业训练项目、创业大赛为载体,以产研结合为切入点,促进学生创业项目成形。

3. 以互联网为平台拓展创新创业实践的多元化载体

(1)利用互联网平台,丰富教学内容:学生利用互联网互动平台进行跨校选修学习,选择医学与创新创业结合领域中的专家对学生进行专业的指导,建立线上线下的互动机制,形成由授课方讲课、由选课方检验的互动考评机制,从而丰富教学内容,更新教学形式。

(2)利用互联网教学软件,对学生进行指导:学生可以利用专业的测评软件对自己创新思路和创业设计的相关环节进行检测,利用直观的实训路演使学生对于创业程序的审批、项目的经营方式、商业的实战环境有更加深入的了解,使学生更好地审视自身的创业项目,完善创业的各个环节。

(3)利用"互联网+信息技术",拓展创业项目的范围:在"互联网+"的时代,学生在选择创业项目时也要根据项目的特点融入互联网信息技术,结合互联网的优势为自身的创业项目服务,从而提升项目的可行性。

4. 以第二课堂融入第一课堂模式,提升学生自主研究能力

(1)注重实验操作流程:在基础医学教育阶段应注重加强基本的实验操作流程,设计综合性实验,培养学生创新意识和能力。例如,药理学是基础医学教育的终末阶段,是实践性很强的学科,也是连接临床医学与基础医学的桥梁,在教学中更加适合设立综合性的实验。比如,"调节血压和失血性的休克"的内容关联到了药理学、生理学及病理生理学三个学科,在教学中可以从药物抢救、失血性休克等方面综合观察对血压的影响。该实验主要涉及的具体实验操作包括捉拿家兔、对其进行麻醉、对其进行神经分离等,其中涉及的知识点有动脉血压的调节、因失血引发休克的机制等,从多角度加强学生对知识的理解和运用。在实验过程中,教师可以引导学生观察并分析实验现象的本质,如可以提醒学生仔细观察乌拉坦对家兔的心律、瞳孔和呼吸等分别造成了哪些影响。除此之外,教师还可以设立一些比较开放的课题,让学生自己进行实验设计,提升学生全面分析问题能力和团队协作能力。

(2)注重临床思维的培养和训练:专业课教学阶段要注重培养学生的临床医学诊治思维。以临床治疗为例,临床治疗是医学实践的根本目的,有规律也有准则。治疗过程中,医生不仅要具备扎实的医学理论知识和丰富的临床实践经验,还要理解患者、关心患者,才能保证达到最佳治疗效果。要遵循以人为本的原则、重视心理治疗的原则、整体性和统一性原则、个体化原则、最优化治疗原则、预防为主原则。治疗方法根据不同治疗目的分为病因治疗、支持治疗、对症治疗、姑息治疗、预防性治疗;根据治疗手段分类又可分为药物疗法、手术疗法、介入疗法、内镜治疗、物理疗法、放射治疗(简称放疗)等。医学专业课程都是按照内、外、妇、儿各学科进行分类的,但具体到每个患者的治疗时,学生需要将学到的所有知识融会贯通,应用创新的思维、创业的理念进行认真思考和科学分析,给予最佳的治疗方案,并及时总结学习和工作中发现的问题,寻求更好的解决方案,改进工作,促进临床思维的建立及养成。

（五）以"竞赛＋项目"为实践平台促进学生的创新意识和创业能力的提高

将教师指导学生参加各类竞赛、创新创业立项作为创新创业课程的实践教学内容,其核心就是将实践教学内容任务化,以竞赛、立项形式完成实践任务。让学生在完成"竞赛＋项目"中掌握知识、技能与方法。在竞赛中引入"项目立项"竞争机制,整体牵引学生自主实践水平迅速提升。通过项目立项的深入研究,寻找创业平台与市场。通过主动实践,学生的质疑力、观察力、协同力、领导力等多种素质都能得到很大提高。国家每年举办一届中国国际大学生创新大赛,使科技竞赛活动经常化和制度化。竞赛中学生选取的课题,往往来自于最新的科研资料。为了在竞赛中取得较好的成绩,学生们积极主动地查阅资料、相互讨论以达到操作规范、方法简练的目的,从而充分调动了学生实践的主动性和积极性。通过"竞赛＋项目"实践教学平台,学生参加竞赛活动的气氛更浓、意识更强、内容更多,学生主动学习的积极性明显提高,改变了过去"被动接受"和"注重理论"的学习定位,使实践教学变得生动、活泼。

【创业实践】

1. 制订一份职业生涯学习规划,强化专业理论的学习与实践技能的训练。

2. 积极参与创新创业小组活动或科研实训小组,组建或参与一个项目团队,团队共同找项目、查资料、分析痛点,共同丰富和打磨项目。

第二篇

创新创业竞赛与立项

第四章　创新创业竞赛与立项介绍

【创新金语】

　　大赛为青年大学生提供了一个锻炼和展示自己的平台,促进了目标导向与问题导向的科研发展,加速了科学发现与技术创新的融合,激发了青年才俊无限的创新活力。

——教育部部长怀进鹏于中国国际大学生创新大赛(2023)冠军争夺赛、大赛优秀项目资源对接会暨落地项目签约仪式上的讲话

【案例】

习近平给中国国际大学生创新大赛参赛学生代表的回信

中国国际大学生创新大赛参赛学生代表:

　　你们好!来信收悉。你们以大赛为平台,用在课堂和实验室学到的知识解决实际问题,在创新实践中增本领、长才干,在互学互鉴中增进中外青年的友谊,这很有意义。

　　创新是人类进步的源泉,青年是创新的重要生力军。希望你们弘扬科学精神,积极投身科技创新,为促进中外科技交流、推动科技进步贡献青春力量。全社会都要关心青年的成长和发展,营造良好创新创业氛围,让广大青年在中国式现代化的广阔天地中更好展现才华。

习近平

2024 年 10 月 16 日

【解析】

　　2024 年 10 月 16 日中共中央总书记、国家主席、中央军委主席习近平给中国国际大学生创新大赛参赛学生代表回信,对他们予以亲切勉励并提出殷切希望。习近平总书记的回信激励人心、催人奋进,我们要深入学习领会习近平总书记重要回信精神,加强青年创新人才培养,积极投身科技创新,为以中国式现代化全面推进强国建设、民族复兴伟业贡献智慧和力量。

　　习近平总书记的回信充分肯定了大赛在促进学生创新实践、增进中外青年友谊方面的重要作用,同时对全社会关心青年成长发展、营造良好创新创业氛围提出了明确要求。教育部高等教育司司长周天华表示:"我们将认真学习贯彻落实习近平总书记的重要回信精神,着眼提高创新能力,强化创新教育,继续办好大赛,充分发挥世界大学生创新联盟的引领作用,加快培养拔尖创新人才,有效促进科技成果转化落地,以教育助力科技发展。"

第一节　创新创业竞赛目的与种类

创新创业竞赛是一类旨在激发青年学生(以及更广泛的创新者)的创造力、创新精神、创业意识,并提升他们的创新创业能力的比赛或活动。这些竞赛通常围绕特定的主题或领域展开,如科技创新、社会服务、商业模式创新等,要求参赛者提出具有创新性、可行性和市场潜力的项目或解决方案。

创新创业竞赛的举办对社会经济和文化产生了深远的影响。它们不仅营造了浓厚的创新创业氛围,激发了全社会的创新创业热情,还推动了产业结构的优化升级,为社会的持续发展注入了新的动力。此外,竞赛还为参赛者提供了与投资机构、行业专家等资源对接的机会,为项目的后续发展和实施提供了有力的支持。

一、创新创业竞赛目的

创新创业竞赛目的在于激发学生的创新精神与创业意识,提升其实践能力与综合素质,促进产学研紧密结合,推动科技成果转化,选拔并培养创新人才,营造创新创业氛围,搭建资源对接平台,推动社会经济持续发展与产业结构优化升级。

(一) 激发创新精神与创业意识

创新创业竞赛的主要目的是激发大学生的创新精神,鼓励他们敢于挑战传统、突破常规,勇于探索未知领域。同时,通过竞赛,培养大学生的创业意识,让他们了解创业的过程和挑战,激发他们对创业的兴趣和热情。例如,某竞赛中,一个学生团队研发了一种新型便携式医疗设备,用于远程监测患者的心率、血压等生理指标,这一创新不仅挑战了传统医疗设备的局限性,还展现了学生们敢于探索未知领域的勇气。通过这样的竞赛,学生们不仅学会了如何创新,还逐渐培养起了将创新转化为实际创业项目的意识。

(二) 提升实践能力与综合素质

创新创业竞赛不仅关注理论创新,更注重实践能力的培养。参赛者需要将自己的创新想法转化为实际项目,并通过市场调研、团队协作、资金筹集等方式推动项目的实施。这一过程能够全面提升大学生的实践能力、团队协作能力、问题解决能力和领导力等综合素质。例如,一个团队在竞赛中提出了一个基于人工智能的医疗诊断辅助系统,他们需要经历从理论设计到实际编程,再到临床测试,这一整个过程锻炼了他们的团队协作能力、问题解决能力和领导力。通过这样的实践,学生们能够更好地适应未来医疗领域的复杂挑战。

(三) 促进产学研结合

创新创业竞赛往往涉及多个领域的知识和技能,需要学校、企业和研究机构的紧密合作。通过竞赛,可以促进产学研的深度融合,推动科技成果的转化和应用,为企业的发展注入新的活力。例如,一个针对老年人健康管理的创新项目,可能需要医学院提供理论知识,医院提供临床数据,而企业则提供资金和技术支持。这种跨界的合作不仅推动了科技成果的转化,还为医疗行业的发展注入了新的活力。

(四) 选拔优秀创业人才

创新创业竞赛是选拔具有创新精神和创业能力人才的重要途径。通过竞赛的激烈角逐,能够发现一批具有创新思维、创业潜力和领导才能的优秀大学生,为社会的创新创业事业培养后备力量。例如,某竞赛中,一个团队提出了一种新型的医疗废物处理方案,该方案不仅具有创新性而且具有极高的市场潜力,最终吸引了多家投资机构的关注。这样的竞赛为医疗行业挖掘和培养了一批有潜力的创业人才。

(五)营造创新创业氛围

创新创业竞赛的举办能够营造浓厚的创新创业氛围,激发全社会的创新创业热情。这种氛围的营造,有助于推动社会经济的持续发展,促进产业结构的优化升级。例如,某医学院校举办的创新大赛,吸引了众多师生参与,不仅产生了多项创新项目,还在校园内营造了积极探索、勇于创新的良好风气。

(六)搭建资源对接平台

创新创业竞赛还为参赛者提供了与投资机构、行业专家、导师等资源对接的平台。通过竞赛,参赛者可以展示自己的项目,吸引潜在的投资者和合作伙伴,为项目的后续发展提供支持和帮助。例如,一项结合医疗与物联网技术的智慧医疗项目,在竞赛中促成了医疗机构与IT企业的合作,共同推进智慧医院的建设。

二、创新创业竞赛的种类

创新创业竞赛种类繁多,可以根据不同的维度进行分类。各省份、院校依据自身情况分类标准有所不同,以下分类仅供参考。

(一)按照大赛主办单位的类型分类

1. A类大赛　A类大赛是由政府部门主办的创新创业大赛,如中国国际大学生创新大赛(由教育部等多部门主办)、"挑战杯"全国大学生课外学术科技作品竞赛(由共青团中央委员会等多部门主办)、中国创新创业大赛(由科技部等多部门主办)、"中国创翼"创业创新大赛(由人力资源和社会保障部等多部门主办)、"创客中国"中小企业创新创业大赛(由工业和信息化部等多部门主办)、"创青春"中国青年创新创业大赛(由共青团中央委员会等多部门主办)、全国青少年科技创新大赛(由中国科学技术协会等多部门主办)、中国大学生服务外包创新创业大赛(由教育部等多部门主办)等。

2. B类大赛　B类大赛是由教育部高等学校教学指导委员会等主办的创新创业大赛,如全国大学生机械创新设计大赛(由教育部高等学校机械学科教学指导委员会主办)、全国大学生结构设计竞赛(由教育部高等学校土木工程学科专业指导委员会、中国土木工程学会教育工作委员会等主办)、全国大学生广告艺术大赛(由教育部高等学校新闻传播学类专业教学指导委员会、中国高等教育学会广告教育专业委员会主办)、全国大学生交通科技大赛(由教育部高等学校交通运输与工程学科教学指导委员会主办)、全国大学生电子商务"创新、创意及创业"挑战赛(由教育部高等学校电子商务类专业教学指导委员会主办)、"西门子杯"中国智能制造挑战赛(由教育部高等学校自动化类专业教学指导委员会、中国仿真学会主办)、全国大学生先进成图技术与产品信息建模创新大赛(由教育部高等学校工程图学课程教学指导委员会、中国图学学会制图技术专业委员会、中国图学学会产品信息建模专业委员会主办)。

3. C类大赛　C类大赛是由学会主办的创新创业大赛,如中国机器人大赛暨RoboCup机器人世界杯中国赛(由中国自动化学会主办)、全国大学生光电设计竞赛(由中国光学学会主办)、全国大学生数学建模竞赛(由中国工业与应用数学学会主办)、全国移动互联创新大赛(由中国通信学会主办)等。

4. **D 类大赛**　D 类大赛是由企业、协会及其他单位主办的创新创业大赛。

（二）按照大赛的属性分类

创新创业大赛按照属性可以分为综合类创新创业大赛和学科类创新创业大赛。

1. **综合类创新创业大赛**　综合类创新创业大赛一般指的是针对所有学生举办的综合性创新创业大赛，参赛者可以根据自己的特长参加相应组别的比赛。中国国际大学生创新大赛、"挑战杯"全国大学生课外学术科技作品竞赛、中国创新创业大赛、"中国创翼"创业创新大赛、"创客中国"中小企业创新创业大赛、"创青春"中国青年创新创业大赛、中国青少年科技创新大赛等都属于综合类创新创业大赛。

2. **学科类创新创业大赛**　学科类创新创业大赛主要是针对某些专业学生举办的专业性较强的创新创业大赛。全国大学生节能减排社会实践与科技竞赛、全国大学生交通科技大赛、全国大学生智能汽车竞赛、全国大学生电子商务"创新、创意及创业"挑战赛、中国大学生工程实践与创新能力大赛、中国大学生服务外包创新创业大赛、全国大学生集成电路创新创业大赛等都属于学科类创新创业大赛。

（三）按照项目领域分类

1. **科技与教育类**　包括人工智能、机器学习、大数据、云计算等科技创新项目。典型赛事如中国"芯"助力中国梦——全国青少年通信科技创新大赛，这个比赛聚焦于芯片科技与教育的结合，鼓励青少年探索和利用人工智能、机器学习、大数据、云计算等科技创新项目。

2. **文化创意类**　涉及设计、影视、音乐、艺术等数字创意和文化产业项目。如全国大学生广告艺术大赛，这是一个专注于广告设计和创意的比赛，参赛者需要运用设计、影视、音乐、艺术等数字创意手段来创作出色的广告作品。

3. **商业创新类**　涉及电子商务、移动应用、线上线下商务（online to offline，O2O）等商业模式创新项目。如全国大学生电子商务"创新、创意及创业"挑战赛，这个比赛侧重于电子商务、移动应用、O2O 等商业模式的创新，旨在激发大学生的商业创新思维和实践能力。

4. **智能硬件类**　涵盖机器人、智能家居、可穿戴设备等领域的创新创业项目。如中国机器人及人工智能大赛，这是一个涵盖机器人、智能家居、可穿戴设备等智能硬件领域的创新创业比赛，鼓励参赛者设计和开发出具有创新性和实用性的智能硬件产品。

5. **生物医疗类**　包括基因编辑、精准医疗等生物医疗技术的创新应用项目。如全国大学生生命科学竞赛，该比赛关注生物医疗技术的创新应用，如基因编辑、精准医疗等，旨在推动生物医疗领域的发展和进步。

6. **农业科技类**　关注农业科技的发展，如智慧农业、新型农业技术等项目。如中国大学生农业科技创新创业大赛，这个比赛专注于农业科技的发展，鼓励参赛者运用智慧农业、新型农业技术等手段，提出创新的农业科技解决方案。

（四）按照竞赛目标分类

1. **解决社会问题**　如环境保护、社区服务、公益事业等社会创新项目。中国国际大学生创新大赛中的"青年红色筑梦之旅"赛道专注于解决社会问题，如环境保护、社区服务、公益事业等。参赛者需要提出具有社会价值的创新项目，旨在推动社会进步和发展。

2. **追求商业利益**　如开发新产品、拓展新市场、提高企业效率等以商业利益为目标的项目。"创青春"中国青年创新创业大赛以商业利益为目标，鼓励参赛者开发新产品、拓展新市场、提高企业效率等，旨在培养具有商业头脑和创新精神的青年创业者。

这些分类方式并不是相互排斥的，一个创新创业竞赛可能同时属于多个分类。例如，一个关注环境保护的社会创新项目既可以参加以解决社会问题为目标的竞赛,也可以参加按照项目领域划分的文化创意类或科技创新类竞赛。

第二节　大学生创新创业训练计划项目

大学生创新创业训练计划项目,是教育部在"十二五"期间实施的国家级大学生创新创业训练计划。通过实施国家级大学生创新创业训练计划,促进高等学校转变教育思想观念,改革人才培养模式,强化创新创业能力训练,增强高校学生的创新能力和在创新基础上的创业能力,培养适应创新型国家建设需要的高水平创新人才。该计划致力于加强大学生的创新精神、创业意识及创新创业能力的培养,是高校创新创业教育体系的核心组成部分,也是深化创新创业教育改革的重要平台。

一、计划项目分类

大学生创新创业训练计划项目,包括创新训练项目、创业训练项目和创业实践项目三类。

1. 创新训练项目是本科生个人或团队,在导师指导下,自主完成创新性研究项目设计、研究条件准备和项目实施、研究报告撰写、成果(学术)交流等工作。

2. 创业训练项目是本科生团队,在导师指导下,团队中每个学生在项目实施过程中扮演一个或多个具体的角色,完成编制商业计划书、开展可行性研究、模拟企业运行、参加企业实践、撰写创业报告等工作。

3. 创业实践项目是学生团队,在学校导师和企业导师共同指导下,采用前期创新训练项目(或创新性实验)的成果,提出一项具有市场前景的创新性产品或者服务,以此为基础开展创业实践活动。

二、计划项目申报要求

1. 项目面向全日制非毕业年级在读本科生申报,每名本科生每年只能主持一个项目或参加不超过两个项目,且保证在毕业之前结题。鼓励学科交叉融合,跨专业、跨年级、跨院系联合申报,项目归属为项目负责人所在学院。

2. 创新训练项目申报人可以是个人或团队(1~5人);创业训练和创业实践项目申报人必须是团队(3~5人)。

3. 项目申请团队应选择具有较高学术造诣、较好创新性成果、热心教书育人、关爱学生成长的教师作为导师,每个项目指导教师人数不超过2人。鼓励企业人员参与指导或共同担任导师,创业实践项目必须有企业人员参与指导或共同担任导师。

4. 项目团队应积极参加中国国际大学生创新大赛等创新创业赛事和"青年红色筑梦之旅"等活动。

5. 项目等级分为国家级、省级、校级。

三、计划内容与实施

国创计划围绕经济社会发展和国家战略需求,重点支持直接面向大学生的内容新颖、目标明确、具有一定创造性和探索性、技术或商业模式有所创新的训练和实践项目。

（一）创新训练项目申报书

1. 主要内容

（1）基本情况。

（2）项目简介。

（3）项目成员与指导教师。

（4）立项依据，包含研究目的、研究内容、国内外研究现状和发展动态、创新点与项目特色、技术路线和拟解决的问题、预期成果、项目研究进度安排、项目研究已有基础（与本项目有关的研究积累和已取得的成绩、已具备的条件，尚缺少的条件及解决方法）。

（5）经费预算。

（6）审核意见。

（7）附件。

2. 内容撰写指南

（1）项目简介：简介在整个项目申请书中起到了提纲挈领、统筹概况的作用，是让评审迅速、准确获取项目信息的主要途径。因此，一段优秀的项目简介应该是明确简约、全面综合的，具体可从以下几方面进行分析梳理。

首先，概括项目背景。项目背景包括与项目有关的社会现存趋势、现存问题及人们主观对该对象的重视程度或态度等方面内容。需要注意的是，项目背景最主要的功能是要引出项目介绍，因此不必面面俱到，而应简明扼要。

其次，简要交代项目实施的方式方法。如以开展某些系列活动为主要实施内容的项目为例，在考虑形式时就可以采用"实地考察""才艺汇报""读书交流""主题研讨"等多元途径，但是字数所限，方式方法和项目背景一样，用具有概括性的短语词汇作简要排列即可。

再者，明确点出项目研究对象、模式路线等具体成分，并用通顺明了的语句表达出来。这一部分是"项目简介"中最主要的内容，应较其他几方面更详细，同时点出此种研究模式在专业领域内的创新之处或优势。

最后，说明项目预计成果或项目价值。项目预计成果与项目书后单列的预计成果部分不同，前者更具有概括性，不具体分形式；后者则是以前者为基点所展开的，应依据形式进行归纳梳理。项目价值可以以主体为单位分析。

（2）研究目的：要说明研究的问题是如何发现的，即该研究的研究背景是什么，是根据什么、受什么启发而进行这项研究，一般可以从有关社会的热点问题、国家政策及国内外关注的问题的解决作为出发点来提出研究目的。

（3）研究内容：指要达到研究目标或目的而具体要做的事项、操作点或活动。在研究内容撰写中，要说明完成或达成研究目标，具体要研究什么东西、做什么事。一般一个研究目标要对应至少一个研究内容，要一条一条地列出来，研究内容需要稍微展开进行论述。

（4）国内外研究现状和发展动态：确定了研究选题后，基于该选题广泛收集和整理相关文献及对该领域的研究现状，包括学术观点、前人研究成果、研究水平、新动态、新发现、新技术及存在的不足和问题等进行总结并写一段结论。这部分内容最终作用是评审时评委能够通过你的研究现状与分析，了解该方向的基本研究情况，进而判断你的项目是否有价值、前人有没有研究过、能不能弥补现今研究的空白等。

（5）创新点与项目特色：撰写要点就是"他无我有、他有我优"。总而言之就是项目研究的不是别人的重复,而是特有的东西。挖掘项目产品的每一个特点,特别是项目产品与其他同类产品相比较的显著优势,若国际有此类产品,则要写出与同类产品的指标对比,若国际上无此类产品,则要详细写出使用该产品前后,对产品性能的重大改善和升级等。其内容主要考虑以下几个方面。

1)项目的研究材料是不是特有的(即别人没有做过的)。

2)项目使用的方法是不是特有的(或者是用研究别的材料方法来研究你的材料,或者是在别人的方法上进行了改进,或者是完全创新了一种方法)。

3)项目研究时思考问题的角度是否是特有的(如别人都是思考怎样用砖头来盖房子,而你思考的是怎样用砖头来设计工艺品)。

(6)技术路线和拟解决的问题:技术路线是指为完成研究而采取的包括手段、步骤、方法等在内的研究途径,申报者对研究途径的每一步骤要阐述清楚并确保其具有可操作性。技术路线可以参用流程图或结构示意图加以说明,如树形图应包括研究对象、方法、拟解决的问题及其相互之间的关系,示意图则需要将研究的各部分内容、顺序、相互之间的关系、方法及所要解决的问题做成结构图;拟解决的问题指的是对该项目的应用意义做出的猜想,即通过这个立项旨在解决什么样的实际问题。拟解决的问题包括项目研究时可能遇到的最主要的、最根本的关键性困难,对明确的问题要有准确、科学地估计和判断,并采取可行的解决方法和措施。

(7)预期成果:项目的预期研究成果是指在完成项目研究之前预想的成果。预期成果的形式有很多,例如,可以是论文、著作、专利、实物,也可以是竞赛获奖、软件或平台等等。不管预期研究成果是什么,在申报立项的时候都要写项目的预期研究成果。

(8)项目研究进度安排:项目研究在规定的研究时间内大概分成几个阶段,然后针对自己的课题详述每个阶段需要进行的各项研究活动。

(9)项目研究已有基础:是指项目前期做的工作或者具备的条件,包括但不限于研究结果、研究人员、项目经费预算、硬件条件等。

1)研究结果指的是在该项目上曾经做过的类似研究所得出的结论、发表的文章、专利、获奖等。

2)研究人员是指从事研究该项目的成员,从事该项目研究时间越长,说明研究越深入、人员越稳定、研究延续性越好,从人员年龄结构和专业学历结构上也能说明一定问题。

3)项目经费预算是指能够用在项目研究上的经费,能够说明对该项目是否有足够的经费支持。

4)硬件条件是指研究该项目所需要用到的设备、设施等,能够说明具备项目研究的硬件能力,还要说明完成项目需要补充的仪器设备和所缺少的条件及如何解决等。

(二) 创业训练项目申报书

1. 主要内容

(1)基本情况。

(2)项目简介。

(3)项目成员与指导教师。

(4)立项依据:包括项目来源、行业及市场前景、创新点与项目特色、生产或运营、投融资方案、管理模式、风险预测及应对措施、效益预测等。

(5)经费预算。

(6)审核意见。

(7)附件。

2. 内容撰写指南　创业训练项目与创新训练项目申请书内容在撰写时,仅仅相差在"立项依据"的内容撰写上,其他内容均相同。在此仅介绍"立项依据"相关内容的撰写要点。

(1)项目来源:项目来源是指课题项目是在什么背景下由什么部门组织的,以及课题项目研究的意义。如果是科技型的项目,那么项目来源肯定是项目团队多年的技术积累,技术具有一定的研发积累,具有较高的技术壁垒;如果是模式类项目,那么项目要么来源于团队成员所从事的行业,有非常丰富的从业经验,然后发现其中的痛点并且提出解决的方法,要么来源于团队成员的情怀,看到了某个行业的痛点,想尽力去改变现状,从而产生了一个新的商业模式……

(2)行业及市场前景:行业包括行业分析、市场分析和竞争分析。对有关产品市场及市场环境状况进行系统的分析和评价,同时对行业发展方向进行预测,对驱动因素进行分析。市场前景预测的着眼点是未来,是对未来的市场发展趋势作预测,主要包括对同类产品现状分析、市场竞争分析、项目产品本身优劣势分析,通过分析以上三种因素评估项目产品当前所处的市场地位,明确产品在市场中的生存空间,然后推测应制订何种营销方式提升市场占有率。

(3)创新点与项目特色:撰写要点就是"他无我有、他有我优。"总而言之就是,项目研究的不是别人的重复,而是特有的东西。挖掘项目产品的每一个特点,特别是项目产品与其他同类产品相比较的显著优势,若国际有此类产品,则要写出与同类产品的指标对比,若国际上无此类产品,则要详细写出使用该产品前后,对产品性能的重大改善和升级等。其内容主要考虑以下几个方面。

1)项目的研究材料是不是特有的(即别人没有做过的)。

2)项目使用的方法是不是特有的(或者是用研究别的材料方法来研究你的材料,或者是在别人的方法上进行了改进,或者是完全创新了一种方法)。

3)项目研究时思考问题的角度是否是特有的(如,别人都是思考怎样用砖头来盖房子,而你思考的是怎样用砖头来设计工艺品)。

(4)生产或运营:指项目的产品在市场上进行生产、销售、服务的发展现状。首先需要写基本概况,包括公司类型(是否有限公司)、经济性质(国有或民营)、员工人数、注册资金、主营产品、经营方式(批发或零售);然后写生产经营,包括资产规模(资产总计)、主营业务、市场区域、近几年平均销售收入、盈利或亏损;最后写发展方向,包括下一步的营销管理机制不断完善情况、产品创新情况、开拓市场情况。

(5)投融资方案:融资是指为支付超过现金的购货款而采取的货币交易手段,或为取得资产而集资所采取的货币手段。撰写内容包括股权和债权方式、融资期限和价格、风险分析、退出机制、抵押和保证。

(6)管理模式:管理模式是指企业为实现其经营目标组织资源、经营生产活动的基本框架和方式,就是企业设计一整套的管理理念、管理内容、管理工具、管理程序、管理制度和管理方法体系并将其反复运用于企业,使企业在运行过程中自觉遵守的管理规则。

(7)风险预测及应对措施:客观阐述本项目面临的技术、市场、财务等关键风险和问题,提出合理可行的规避计划。包括技术风险、管理风险、财务风险等。比如说你的风险就是经验少、资金少、人手不足、行业竞争激烈等。经验少的应对方法就是加紧学习;资金少就通过银行贷款、借贷之类的融资手段解决;人手不足就通过招聘解决;行业竞争激烈就通过开辟思路开发新营销渠道解决。

(8)效益预测:包括项目预期的实施效果、达到的目标、能够解决的问题、其水平能够达到的高度;项目预期的社会效益,即项目完工后,能够提供的社会服务及在国家重点工程建设方面发挥的作用;项目预期的经济效益,即项目成功完成后,带来的产值、实现的利润、未来将带来多大的市场规模等。

(三)创业实践项目申报

1. 主要内容

(1)基本情况。

(2)项目简介。

(3)项目成员与指导教师。

(4)立项依据:包括实体运行机构名称或公司注册名称、项目背景、创业计划书主要内容、行业及市场前景、技术或商业模式、创业过程、机会与商业分析、创业团队组建、管理模式、创业投融资计划、企业成长预测、风险防范。

(5)预期效益分析。

(6)经费预算。

(7)审核意见。

(8)附件。

2. 内容撰写指南　创业实践项目与创业训练项目申请书内容在撰写时,相差在"立项依据"和"预期效益分析"的内容撰写上,在此仅介绍此二者相关内容的撰写要点。

(1)实体运行机构名称或公司注册名称:项目有无实体运行或者注册公司,如有则将名称标注上。也可使用企业指导教师所在机构的注册信息,便于项目实践。

(2)项目背景:项目背景就是弄明白为什么我们要做这个项目。项目背景是站在客观的角度观察行业、政策、竞争者、客户、技术等方面的变化和情况,必要性则是从项目自身的角度看自己应该采取什么行动,才不至于在项目背景(也是预测)下导致的未来情况中处于劣势。写的时候主要抓住以下几点,表意要清晰明显即可。

1)项目环境背景。

2)项目运作的可行性。

3)项目优势分析(资源、技术、人才、管理等方面)。

4)项目的独特与创新分析。

(3)创业计划书主要内容:撰写项目计划书,见第十四章"商业计划书与路演"。

(4)行业及市场前景:行业包括行业分析、市场分析和竞争分析。对有关产品市场及市场环境状况进行系统的分析和评价,同时对行业发展方向的预测、对驱动因素的分析。市场前景预测的着眼点是未来,是对未来的市场发展趋势作预测。主要包括对同类产品现状分析、市场竞争分析、项目产品本身优劣势分析,通过分析以上三种因素评估项目产品当前所处的市场地位,明确产品在市场中的生存空间,然后推测应制订何种营销方式提升市场占有率。

(5)技术或商业模式:商业模式是企业经营过程中以盈利为目的的运营自身产品与服务的体系。简单地说,就是企业或公司是以什么样的方式来盈利和赚钱的,构成赚钱的这些服务和产品的整个体系称为商业模式。商业模式就是描述清楚已有的商业资源,通过如何配置和努力达到商业目标的逻辑。好的商业模式设计为企业提供了可行的经营模式。商业模式是企业各种资源配置的依据,清晰的商业模式设计使企业经营不至于迷失方向。

(6)创业过程:创业过程是创业者在创建自己的企业时通常要经历的基本步骤。在创业过程中所涉及的知识与技能,与一般的管理职能并不完全相同。可以从以下六个方面撰写。

1）按自己个体情况对创业过程进行理解。

2）个人创业项目切入点和项目商业计划书的起草、调研和落地过程的简述。

3）个人创业背景，从个人价值观和资源、国家政策和当地政府的鼓励政策来展开叙述。

4）个人创业经历的叙述，从人、财、物、产、供、销六个方面的叙述描写和阶段性的感悟来写。

5）对自己个人创业经历的感悟和见解。

6）目前个人创业的效果、业绩、实现价值和下一步规划，有财务数据则更好。

（7）机会与商业分析：撰写内容包括以下四个方面。①市场空间有多大，这里面要包括行业集中度；②市场的痛点是什么，包括你的解决方案；③针对这个商机你是怎么赚钱的，包括盈利模式和三年的财务预算；④战略可拓展方向。

（8）创业团队组建：介绍管理团队中各成员有关的教育和工作背景、经验、能力、专长；组建营销、财务、行政、生产、技术团队；明确各成员的管理分工和互补情况、公司组织结构情况、领导层成员、创业顾问及主要投资人的持股情况；指出企业股份比例的划分。

（9）管理模式：指企业为实现其经营目标组织资源、经营生产活动的基本框架和方式。就是企业设计的一整套的管理理念、管理内容、管理工具、管理程序、管理制度和管理方法体系并将其反复运用于企业，使企业在运行过程中自觉遵守的管理规则。

（10）创业投融资计划：融资是指为支付超过现金的购货款而采取的货币交易手段，或为取得资产而集资所采取的货币手段。撰写内容包括股权和债权方式、融资期限和价格、风险分析、退出机制、抵押和保证。

（11）企业成长预测：企业成长是指企业由小变大、由弱变强的发展过程。企业是要能持续经营的，所以在创业规划时要做到多元化和全面化，可以对用户规模、产品销量、市场布局、营收规模等多个维度进行预测，此外可以参考竞品进行对比。可按时间段来设计发展计划。

（12）风险防范：客观阐述本项目面临的技术、市场、财务等关键风险和问题，提出合理可行的规避计划。包括技术风险、管理风险、财务风险等。比如说你的风险就是经验少，资金少，人手不足，行业竞争激烈，这些之类的。经验少的应对方法就是加紧学习，资金少就是通过银行贷款，借贷之类的融资手段解决。人手不足通过招聘解决，行业竞争激烈那就通过开辟思路开发新营销渠道解决。

（13）预期效益分析：包括项目预期的实施效果，达到的目标，能够解决的问题，其水平能够达到的高度；项目预期的社会效益，项目完工后，能够提供的社会服务，在对国家重点工程建设方面发挥的作用；项目预期的经济效益，项目成功完成后，带来的产值，实现的利润，未来将带来多大的市场规模等。

四、项目申请书撰写注意事项

（一）选题最重要

1. 标题要简明精炼，不宜过长，要充分体现选题的核心元素，即研究对象和研究目标。

2. 选题要可操作性强，范围不可太广，难度适中，符合大学生对课题的驾驭能力。

3. 选题要具有一定的新颖性和时代性，比如可考虑在立项通知中提到的智慧城市、"互联网＋"、人工智能、能源科技和文化传媒等五大领域中进行选题。

4. 选题要结合自身专业，是自己熟悉并感兴趣的领域。

（二）项目设计要合理

项目的三种类型分别有对应的项目申报书，在项目立项依据中已经明确指出了项目建设需要论述的具体内容,但这些具体内容的设计,从调研到分析、从团队组建到经费使用,都应当合理安排,不能出现课题设计方面的硬伤。主要体现在以下四个方面。

1. 课题设计工作量符合大学生的实际,不宜过多,也不能太少。

2. 团队成员与指导老师要符合课题要求,不能出现非专业人士指导专业课题的情况。

3. 经费预算要合理。

4. 预期创新点的描述要合理,不能太多,要切合实际。预期创新点的提出是课题论证的内在逻辑分析的结果,而不是牵强附会的描述。

（三）语言表达要简洁

要做到简洁明了,需要我们多用实词,少用虚词和情感类词汇。

（四）格式规范很重要

尽善尽美的意思就是实质和形式都要好！我们的创意再好,但申报书上随随便便就找到错别字,或是一会儿楷体,一会儿仿宋,也肯定不会给评审老师留下好印象！格式上需要考虑的问题除了整齐、无错别字、字体统一和标点正确之外,还需要考虑字号、行间距及哪里该加粗、哪里该分段、用几级标题等,细节之处能否设计得简洁美观是一个大学问。当然,在格式上下功夫的主要目的是方便评审老师阅读便利,不会看不清,更不会看乱,还不会看累！

五、项目过程管理

1. 为确保国创计划的顺利进行,各高校需强化对项目的管理与监督。应设立由校领导挂帅、涵盖相关职能部门的专项管理机构,明确管理主体和责任分工。该机构不仅需协调资源保障项目的顺利推进,还需对项目的日常运作进行细致管理。

2. 项目负责人需全面负责项目的实施进度,确保各项工作按计划有序开展。同时,加强团队内部的组织与管理,保持与导师及管理人员的紧密沟通,并肩负起相关报告的撰写与整理工作。项目的核心内容和负责人原则上应保持稳定,如遇特殊情况,需经过学校相关部门的严格审批。

3. 国创计划的经费使用必须专款专用,严格遵循学校的财务管理规定,确保经费的合理高效利用。

4. 为提高项目执行效率和质量,高校应建立完善的培训机制,对项目团队成员和导师进行系统的培训和管理。

5. 积极鼓励项目团队参与各类创新创业大赛和活动,如中国国际大学生创新大赛等,以实践锻炼团队能力,拓宽视野。

6. 高校应充分发挥国创计划的引领作用,及时总结和推广项目中的优秀经验和成果,通过举办创新创业年会等活动,促进项目成员间的交流与合作。

六、项目结题与公布

1. 国创计划项目完成后,必须经过严格的结题验收程序。高校应组织校内外专家对项目进行全面评估,并将验收结果上报省级教育行政部门审核备案。省级教育行政部门则需按年度向教育部汇总报送本区域内高校的项目验收情况,并组织项目抽查以确保质量。教育部将对上报的验收结果进行最终审核,并公布审核结果。

2. 对于结题验收结论,项目团队成员和导师如有异议,可通过正规渠道向高校相关部门提出申诉。

3. 为增强项目的透明度和影响力,相关网站将公开项目结题信息,以推动高校创新创业教育的深入发展。

七、项目后期管理与延续

1. 对于通过结题验收的项目团队成员,高校可根据其实际贡献给予学分认定等奖励措施,对导师则给予相应的工作量认定。

2. 高校应建立国创计划年度进展报告制度,全面反映项目的实施情况、教育教学改革探索、组织实施与管理等方面的内容。该报告须报省级教育行政部门和教育部备案,以作为项目持续改进和优化的重要参考。

3. 对于国创计划项目执行成效显著的高校,还有机会向教育部申请承办全国大学生创新创业年会,进一步展示和推广其优秀成果和经验。

此外,在国创计划的实施过程中,我们必须严格遵守国家的保密法规。对于任何涉及国家秘密的信息、技术或资料,都必须按照相关的保密法规进行管理和操作。

第三节 竞赛与立项对医学生创新创业能力的提升

医学生通过参与创新创业竞赛和立项活动,能够有效地锻炼并显著提升自身的创新创业能力。这些丰富多彩的活动为医学生铺设了一个实践操作的舞台,让他们得以在实际操作中不断磨砺自己,进而激发出创新思维与创业激情。

一、拓宽专业视野与激发创新意识

医学,作为一个日新月异、可持续发展的领域,要求从业者必须时刻保持敏锐的洞察力和前瞻性思维。参与医学相关的创新创业竞赛,为医学生们提供了一个宝贵的窗口,使他们能够接触到行业内最前沿的医学技术和创新的商业模式。对于参赛的医学生而言,这不仅仅是一个竞技的平台,更是一个学习与交流的宝贵机会。在这里,医学生们可以亲身接触各种先进的医疗服务模式、独特的医疗器械设计,甚至是颠覆性的治疗理念。例如,有些项目会展示如何利用大数据和人工智能技术来预测疾病风险,或者如何利用新型材料制造更加舒适且功能强大的医疗器械。这些前沿的展示不仅拓宽了医学生的专业视野,更重要的是,它们极大地激发了医学生的创新意识。当医学生们看到同龄人,甚至是比自己还年轻的学生都能够提出并实施如此创新的想法时,他们自然会深受鼓舞,进而萌发出更多的创新思维和灵感。

此外,通过与来自不同背景和专业领域的同学交流,医学生们还能学会从多角度审视医学问题,这种跨界的思维方式对于培养创新意识具有至关重要的作用。

二、锻炼实践能力与提升技术水平

医学领域的创新创业竞赛和立项活动,为医学生提供了一个将理论知识转化为实践操作的宝贵平台。在这些活动中,医学生需将他们的创新理念付诸实践,转化为实际的项目或产品。这不仅仅是一个简单的想法转化过程,它涵盖了实验设计、数据采集、结果分析等一系列复杂的实践操作环节。例如,若一个团队提出了一种新型的医疗器械设计,那么他们就需要亲手制作这个器械的原型,并通过实验来验证其有效性和安全性。在这一过程中,医学生不仅锻炼了动手能力,更重要的是,他们在实践中不断试错、优化,学会了如何根据实际情况灵活调整方案,并有效解决实际操作中遇到的各种问题。同时,通过持续的实践操作,医学生的技术水平也得到了显著提升。他们学会了如何熟练操作各种先进的实验设备和技术,以及如何分析和解读复杂的实验数据,这些都是在单纯的理论学习中难以获取的宝贵经验。

三、培养团队协作能力与领导力

在医学领域的创新创业竞赛和立项活动中,团队合作是不可或缺的一环。医学生需要与来自不同专业背景的同学紧密合作,共同完成任务。这种跨专业的团队合作模式,不仅要求每个成员在自己的专业领域有所建树,还要求他们学会如何有效地与他人沟通和协作。例如,一个项目可能涵盖医学、工程学、市场营销学等多个领域的知识,这就要求团队成员能够相互理解、相互支持,共同为项目的成功而努力。通过这样的合作过程,医学生们的团队协作能力得到了极大的提升。

除此之外,作为团队的一员,医学生还有机会锻炼自己的领导力。在项目中,他们可能会担任团队负责人的角色,学会如何带领团队、分配任务、解决团队内部的冲突以及激励团队成员。这种领导力的培养,对于医学生未来在医学领域的发展具有重要的推动作用。

四、增强市场意识与培养商业思维

在传统的医学教育中,市场意识和商业思维往往是被忽视的部分。然而,在当今的医疗环境下,一个成功的医学创新项目不仅需要技术上的突破,更需要具备商业上的可行性和市场接受度。通过参与创新创业竞赛和立项活动,医学生可以更加深刻地认识到这一点。他们需要深入分析目标用户、市场规模、竞争态势及商业模式等关键因素,从而制订出切实可行的商业计划。例如,如果一个团队提出了一种新型的医疗服务模式,那么医学生们就需要深入研究这种模式的市场需求、潜在用户群体以及竞争对手情况,以确保其在商业上的成功。

这种经历不仅有助于增强医学生的市场意识,还培养了他们的商业思维。医学生们学会了如何从市场的角度审视自己的创新项目,如何制订出具有竞争力的商业策略。这对于他们未来在医学领域的创新创业活动至关重要,为未来的创业之路奠定了坚实的基础。

五、促进科研成果转化与商业化

对于有志于深入科研领域的医学生来说,如何将科研成果转化为具有实际应用价值的产品或服务,是一个重要的挑战。而创新创业竞赛和立项活动,恰恰为学生们提供了一个将科研成果转化为商业产品的平台。

通过参与这些活动,医学生可以学会如何评估自己的科研成果在市场中的潜力与价值,如何制订有效的商业化策略,以及如何寻求外部资金的支持等关键技能。例如,一个团队可能开发出了一种新型的药物传递系统,通过参与竞赛和立项活动,他们可以获得专家的指导和建议,了解如何将这一系统转化为实际的产品并推向市场。这种转化过程不仅有助于实现科研成果的社会价值和经济效益,更能够推动医学科技的进步和发展。同时,对于医学生个人而言,这也是一个将自己的科研成果与实际应用相结合、实现自我价值的重要途径。

六、提升解决问题的能力与创新思维

在医学创新创业竞赛和立项活动中,医学生们常常面临各种预料之外的挑战和问题。这些问题可能来自技术实现的困难、团队协作的摩擦,或是市场需求的变化等。面对这些问题,医学生们需要迅速作出反应,提出解决方案,并付诸实践。

这一过程将提升医学生们解决问题的能力,使他们学会如何在压力下冷静分析、如何在有限的时间内找到问题的关键,并制订出有效的应对策略。这种能力在未来的医学研究和临床实践中都是极为宝贵的。同时,这些活动也激发了医学生们的创新思维。在面对问题和挑战时,他们不仅需要运用已有的知识和技能,更需要打破常规,提出新颖的解决方案。这种创新思维的培养,不仅有助于他们在竞赛中脱颖而出,更为他们未来的医学研究和创新创业活动注入了源源不断的动力。

七、拓展专业社交圈与提升资源整合能力

参与医学创新创业竞赛和立项活动,为医学生们创造了一个与同行深入交流和资源对接的机会,使医学生们有机会结识来自全国各地的医学界精英和专家。通过与这些专业人士的互动,医学生们不仅能够汲取到前沿的医学知识,还能获得宝贵的行业见解和建议。这些新结识的专业人士,未来有可能成为他们研究或创业路上的顾问、合作伙伴,甚至是投资者。此外,与多元化的专业背景人士交流,也助力医学生们学会如何更有效地调动和整合各类资源,为自己的创新创业项目提供有力支撑。例如,当团队在研发过程中遭遇技术难题时,他们可能会通过这些交流找到拥有相关技术背景的专家,进而寻求技术支持或展开合作,从而攻克技术壁垒。这种资源整合的本领,对于他们日后的创新创业发展具有至关重要的作用。

【创业实践】

1. 选取一个你感兴趣的创新创业领域(如健康医疗、智能科技、新能源等),撰写一份大学生创新创业训练计划项目申报书,可从创新训练、创业训练、创业实践中选择其一即可(也可由任课教师指定小组撰写申报书类别)。

2. 深入分析一个国家级的创新创业竞赛案例(如"挑战杯"全国大学生系列科技学术竞赛、中国国际大学生创新大赛等),撰写一份案例分析报告(内容包括竞赛背景、竞赛目标、竞赛流程、参赛项目特点、获奖项目亮点、竞赛对参赛者的影响及竞赛的社会意义等)。

第五章　中国国际大学生创新大赛详解

【创新金语】

　　大学生是实施创新驱动发展战略和推进大众创业、万众创新的生力军,既要认真扎实学习、掌握更多知识,也要投身创新创业、提高实践能力。中国"互联网+"大学生创新创业大赛,紧扣国家发展战略,是促进学生全面发展的重要平台,也是推动产学研用结合的关键纽带。

　　——李克强对首届中国"互联网+"大学生创新创业大赛作出的批示

【案例】

创新创业大赛获奖率较高的选题方向

　　1. 高校产学研用及科技成果转化成为大赛获奖的主旋律　现在越来越多的获奖项目均源自高校科技成果,创业团队的核心成员均来自于高校科研成果的主要贡献团队,拥有自主发明专利。

　　2. 面向学生群体的项目　在商务服务领域,多个获奖项目以学生,尤其是大学生群体为服务对象展开的,这是由于参赛团队最了解的人群还是大学生,同时大学生消费能力不断增强,接受新鲜事物能力强,对于兼职、校园社交、培训、旅游等有着强烈而稳定的需求。

　　3. 结合学校特色或优势专业、当地人文和产业特色的项目　结合学校特色或优势专业:如 Unicom 无人机项目结合北京航空航天大学在无人机专业优势;指尖上的陶艺结合景德镇陶瓷大学在陶瓷专业优势;乐乐医患者诊后随访及慢病管理平台结合四川大学华西临床医学院的临床医学专业领域优势等。

　　结合当地人文和支柱产业特色:河南省作为农业大省,约 50% 的获奖项目与农业相关,如"农二代 APP""互联网+鸡蛋"等;山东省的幕影春秋泰山皮影传播与推广系统;云南省的互联网+非物质文化遗产云南民族刺绣;新疆小伙的切糕王子。

　　4. 抢抓风口和前沿的项目　占据有远大前景的行业助力项目插上隐形的翅膀,VR/AR、无人机、3D 打印、云计算、大数据、创客、互联网教育、互联网汽车、互联网医疗等新兴前沿行业由于其迸发的巨大生产力和强大政策扶持力度而迅猛发展,因此抢占潜力股行业容易受到产业界和投资界评委的重点关注。

　　5. 创意组的项目模式是否被验证是评委关注的重点　相较实践组,创意组参赛项目往往处于发展初期,产品发展前景和盈利模式合理性很难准确把握。在项目初期,更应该注重小步迭代,寻找到一些重点客户,结合精益创业画布不断地发现和修正自身的产品和商业模式,更容易让评委们看到诚意和用心。

　　6. 乡村振兴类项目　近五年来此类项目获奖率极高,原因有以下两点。

　　(1)乡村振兴类项目落地难度低,且社会价值高。与主赛道项目相比,红旅赛道乡村振兴类项目的突出内容为乡村实践、助农扶贫等,科技创新踩分点被实践活动分去,故项目落地难度大大下降,并且此类项目贴合社会价值。

（2）电商与非遗相结合，契合评审方向。近几年，与乡村振兴相结合的非物质文化遗产的传承和保护高度契合评审方向，有很强的社会价值，是非常大的加分项！尤其是综合了乡村振兴，会有很强的竞争力。此类选题方向要实际调研，阅读大量文献，以及运用各类统计方法和相关方面的指导老师的指导。

7. 老年健康经济 老龄化社会背景下的必然趋势，在国家高度重视下，制订了较多支持"银发经济"发展的政策，市场前景广阔。主赛道与红旅赛道均可参加，推荐方向如下：

（1）智慧养老，如医疗＋人工智能、医疗＋元宇宙、医疗＋区块链等。

（2）健康监测，如基于人工智能的医疗诊断辅助系统、基于人工智能的医学影像诊断辅助系统、智能健康管理平台、药物交互检测系统等。

（3）老年社交，如基于物联网的老年健康交流一体化平台、将助农与老年社交平台相结合等。

【解析】

大学生参加创新创业竞赛做项目选题时，一定结合自身专业，解决专业问题，突出自身优势，在熟悉的领域，做资源最丰富和优势最明显的项目。在选定大方向之后，要细分垂直领域，项目内容要针对小方面精准开展，切忌过大过泛。把握"四新"即"新农科、新文科、新工科、新医科"的核心要点，体味"四新"表达内涵，贴切时代背景，发掘身边问题，将"四新"优势展现于项目中。同学们在选择项目时，首先要紧跟国家方向，贴紧政策，选择对国家有益的项目。其次要紧跟时代风口，站在科技最前沿，可以根据自身所学专业及兴趣爱好个性化选择。

第一节　大赛的历史与影响力

中国国际大学生创新大赛（原中国国际"互联网＋"大学生创新创业大赛）自 2015 年创办以来，已经走过了 10 个春秋，其发展历程充满了探索、挑战与成就。这一过程不仅见证了中国大学生创新创业精神的蓬勃兴起，也反映了国家对于创新创业教育的高度重视和支持。

一、大赛的发展历史

（一）创办初期：奠定基础，明确方向

在国家创新驱动发展战略和"大众创业、万众创新"政策的背景下，教育部联合多个中央部委及地方政府，共同创办了这一旨在激发大学生创新创业热情、培养具有创新精神和实践能力的高素质人才的赛事。首届中国"互联网＋"大学生创新创业大赛于 2015 年正式启动，标志着这一具有里程碑意义的赛事正式拉开帷幕。在创办初期，大赛组委会明确了赛事的定位和目标，制订了详细的赛事规则和流程，为后续的赛事举办奠定了坚实的基础。

（二）规模扩大：吸引全球关注，提升影响力

自创办以来，中国国际大学生创新大赛的参与规模逐年扩大，吸引了国内外众多高校和大学生的积极参与。从最初的几百个项目参赛，到如今数百万个项目竞相角逐，参赛人数也大幅增长。例如，在 2023 年的大赛中，共有来自国内外 151 个国家和地区的 5 296 所学校的 421 万个项目、1 709 万人次报名参赛，参赛规模和影响力达到了新的高度。这种规模的扩大不仅反映了大学生对于创新创业的热情和参与度的提高，也体现了大赛在国际上的知名度和影响力在不断提升。

(三)赛道设置与赛制完善:多元化发展,提高专业性

随着赛事的不断发展,大赛的赛道设置和赛制也在不断完善。从最初的几个赛道到如今涵盖科技创新、文化创意、社会服务等多个领域的多元化赛道设置,为更多具有不同专业背景和兴趣爱好的大学生提供了展示自己创新创业才华的平台。同时,大赛采用了校级初赛、省级复赛、全国总决赛的三级赛制,确保了赛事的公平性和专业性。这种层层选拔的机制不仅保证了参赛项目的质量,也为更多优秀项目提供了脱颖而出的机会。

(四)成果转化与支持机制建立:推动项目落地,促进经济发展

大赛组委会深知创新创业项目的落地和转化是赛事的最终目的。因此,他们不断完善成果转化机制,为获奖项目提供了包括资金支持、孵化服务、市场推广等在内的全方位支持。这种支持机制的实施有助于推动优秀项目的快速成长和发展,实现创新创业的良性循环。同时,大赛也吸引了众多企业和投资机构的关注,他们纷纷将大赛作为挖掘优秀创新创业项目的重要平台之一,为获奖项目提供了更多的融资机会和市场前景。

(五)政策支持与社会认可:增强信心,激发热情

中国国际大学生创新大赛由国家多个部委和地方政府联合主办,并得到了大力支持,为赛事的顺利开展提供了有力的政策保障。各地政府也出台了一系列政策措施以鼓励和支持大学生创新创业活动的发展。这种政策支持不仅增强了大学生创新创业的信心和热情,也推动了高等教育综合改革的深化和高等教育与经济社会发展的紧密结合。同时,大赛也获得了社会各界的广泛认可和支持,许多媒体对赛事进行报道和宣传,提高了赛事的知名度和影响力。

二、大赛的影响力

中国国际大学生创新大赛作为全国范围内最具影响力和权威性的大学生创新创业赛事之一,其社会影响深远而广泛。

(一)参赛规模与覆盖面

中国国际大学生创新大赛自创办以来,便以其独特的魅力和广泛的国际影响力,吸引了国内外众多高校的学生积极参与。大赛积极推进国际交流合作,致力于搭建一个全球性的大学生创新实践竞赛平台。根据往期数据,大赛已成功吸引了来自150余个国家和地区的项目参与,这一广泛的国际参与度不仅极大地丰富了大赛的内容,也有效促进了不同国家和地区之间的科技创新交流与合作。参赛项目涵盖了科技创新、文化传承、社会服务等多个领域,充分展示了大学生们的多元化创新能力和广泛的社会责任感。

大赛不仅涵盖了全国"双一流"重点高校,还广泛吸引了省属普通大学、二本学院、三本独立学院及高职专科院校的所有高校办学层次的学生参与。这种全面的高校覆盖,使得大赛成了一个真正意义上的全国性乃至全球性的大学生创新创业盛会。在2023年的大赛中,共有752所高校获奖,这一数字进一步体现了大赛的全面覆盖性和广泛影响力。

(二)主办机构与权威性

中国国际大学生创新大赛由包括教育部在内的多达12个部门与承办的市级人民政府联合主办。这种高规格的主办机构配置,不仅显示了大赛在国家层面受到了高度重视和支持,还提升了大赛的权威性和影响力。教育部等部委的参与,为大赛提供了政策、资金和资源等多方面的支持,使得大赛能够在一个高规格、高水平的平台上顺利进行。

大赛的承办单位同样实力雄厚。知名高校如天津大学、上海交通大学等凭借其在科技创新和人才培养方面的丰富经验和资源,为大赛的成功举办提供了有力保障。这些高校不仅提供了优质的赛事场地和设施,还组织了专业的评审团队和指导教师,为参赛学生提供了全方位

的支持和帮助。

（三）获奖项目与成果展示

中国国际大学生创新大赛产生了众多优秀的金奖项目,这些项目在科技创新、文化传承、社会服务等方面取得了显著成果。以 2023 年的大赛为例,北京大学的"跨物种肿瘤基因治疗"项目斩获了大赛冠军,这一项目不仅展示了我国大学生在科技创新方面的卓越能力,还为肿瘤治疗领域带来了新的希望和可能。此外,还有其他众多金奖项目,这些项目都充分展示了大学生们的创新思维和创业能力。

大赛为获奖项目提供了展示和交流的平台,促进了科技成果的转化和应用。通过大赛的展示和交流环节,参赛学生可以与来自不同高校、不同领域的专家和学者进行深入的交流和探讨,从而进一步拓宽视野、提升能力。同时,大赛还举办了一系列配套活动,如优秀项目资源对接会、落地项目签约仪式等,这些活动为参赛项目提供了与企业和投资机构对接的机会,进一步推动了产学研用的深度融合。

（四）社会影响与媒体关注

中国国际大学生创新大赛不仅促进了大学生创新创业能力的提升,还激发了全社会对创新创业的热情和关注。通过大赛的举办,更多优秀的创新创业项目得以涌现,这些项目不仅为经济社会发展注入了新的活力,还为解决社会问题、改善人民生活提供了有力的支持。同时,大赛还通过举办创新创业论坛、讲座等活动,广泛传播创新创业理念和知识,进一步推动了全社会创新创业氛围的形成。

大赛吸引了众多主流媒体的关注和报道。从大赛的筹备、举办到获奖项目的展示和交流,媒体都进行了深入的报道和宣传。通过媒体的广泛传播,大赛的影响力得到了进一步扩大。这种正面的舆论氛围,不仅为大赛的持续发展奠定了良好的社会基础,还为参赛学生提供了更多的展示机会和创业机遇。同时,媒体的报道还进一步激发了全社会对创新创业的关注和热情,推动了创新创业文化的普及和传播。

三、未来展望

展望未来,中国国际大学生创新大赛将继续发挥其在推动创新创业、促进高等教育改革和人才培养等方面的重要作用。随着国家创新驱动发展战略的深入实施和"大众创业、万众创新"氛围的不断浓厚,大赛将吸引更多的大学生和社会各界人士参与其中,共同推动中国创新创业事业的发展迈上新的台阶。

同时,大赛也将继续加强与国际社会的交流与合作,提升中国创新创业教育的国际影响力。通过与国际先进理念和经验的交流与借鉴,大赛将不断完善自身的赛制和成果转化机制,为更多优秀的大学生创新创业项目提供更好的支持和服务。中国国际大学生创新大赛作为一项具有广泛影响力和深远意义的全国性大学生创新创业赛事,将继续发挥其独特的作用和价值,为推动中国乃至全球创新创业事业的发展作出更大的贡献。

第二节　竞赛赛道与评审规则

中国国际大学生创新大赛主要采用校级初赛、省级复赛、全国总决赛三级赛制(不含萌芽赛道及国际参赛项目)。总决赛由各地按照大赛组委会确定的配额择优遴选推荐项目。大赛的流程为 5 月开始参赛报名,6~8 月举行校级初赛和省级复赛,10 月举行总决赛和颁奖典礼。

中国国际大学生创新大赛作为我国深化创新创业教育改革的重要载体和关键平台,每年定期举办,覆盖全国所有高校,面向全体大学生开放。该大赛设立了多个赛道,每个赛道都拥有独特的参赛项目类型和相应的评审规则。以下是以 2024 年中国国际大学生创新大赛为例,对各赛道及其评审规则的阐述。

一、赛道设置

中国国际大学生创新大赛(2024),由教育部等 12 个部门与上海市人民政府共同主办,其赛道设置旨在全面覆盖并推动各类创新创业项目的发展。此次大赛通过多元化的赛道设计,专业化的领域划分,以及实战化的项目要求,为广大学生提供了一个展示创新思维和创业能力的广阔舞台。大赛赛道包括高教主赛道、"青年红色筑梦之旅"赛道、职教赛道、萌芽赛道、产业命题赛道。

(一) 高教主赛道

1. 参赛项目类型　高教主赛道作为大赛的核心部分,其设置充分体现了创新引领和跨界融合的理念。该赛道涵盖了新工科、新医科、新农科、新文科以及"人工智能 +"等多个前沿领域。

(1)新工科类项目:大数据、云计算、人工智能、区块链、虚拟现实、智能制造、网络空间安全、机器人工程、工业自动化、新材料等领域,符合新工科建设理念和要求的项目。

(2)新医科类项目:现代医疗技术、智能医疗设备、新药研发、健康康养、食药保健、智能医学、生物技术、生物材料等领域,符合新医科建设理念和要求的项目。

(3)新农科类项目:现代种业、智慧农业、智能农机装备、农业大数据、食品营养、休闲农业、森林康养、生态修复、农业碳汇等领域,符合新农科建设理念和要求的项目。

(4)新文科类项目:文化教育、数字经济、金融科技、财经、法务、融媒体、翻译、旅游休闲、动漫、文创设计与开发、电子商务、物流、体育、非物质文化遗产保护、社会工作、家政服务、养老服务等领域,符合新文科建设理念和要求的项目。

(5)"人工智能 +"项目:聚焦于人工智能深度融合经济社会各领域发展、赋能千行百业智能化转型升级,符合"人工智能 +"发展理念和要求的项目。

2. 参赛方式和要求

(1)本赛道以团队为单位报名参赛。允许跨校组建参赛团队,每个团队的成员不少于 3 人,不多于 15 人(含团队负责人),须为项目的实际核心成员。参赛团队所报参赛项目,须为本团队策划或经营的项目,不得借用他人项目参赛。

(2)按照参赛学校所在的国家和地区,分为中国大陆参赛项目、中国港澳台地区参赛项目、国际参赛项目三个类别。国际参赛项目和中国港澳台地区参赛项目可根据当地教育情况适当调整学籍和学历的相关参赛要求。

(3)所有参赛材料和现场答辩原则上使用中文或英文。

3. 参赛组别和对象　根据参赛申报人所处学习阶段,项目分为本科生组、研究生组。根据项目发展阶段,本科生组和研究生组均内设创意组、创业组,并按照新工科、新医科、新农科、新文科、"人工智能 +"设置参赛项目类型。具体要求见表 5-1。

表 5-1　高教主赛道参赛组别和项目要求

参赛组别	项目要求
本科创意组	1. 参赛项目具有较好的创意和较为成熟的产品原型或服务模式,在大赛通知下发之日前尚未完成工商等各类登记注册。 2. 参赛申报人须为项目负责人,项目负责人及成员均须为普通高等学校全日制在校本专科生(不含在职教育)。 3. 学校科技成果转化项目不能参加本组比赛(科技成果的完成人、所有人中参赛申报人排名第一的除外)
本科创业组	1. 参赛项目须已完成工商等各类登记注册(在大赛通知下发之日前注册)。 2. 参赛申报人须为项目负责人且为参赛企业法定代表人,须为普通高等学校全日制在校本专科生(不含在职教育),或毕业 5 年以内的全日制本专科学生(即 2019 年之后的毕业生,不含在职教育),企业法定代表人在大赛通知发布之日后进行变更的不予认可。 3. 项目的股权结构中,企业法定代表人的股权不得少于 10%,参赛团队成员股权合计不得少于 1/3
研究生创意组	1. 参赛项目具有较好的创意和较为成熟的产品原型或服务模式,在大赛通知下发之日前尚未完成工商等各类登记注册。 2. 参赛申报人须为项目负责人,须为普通高等学校全日制在校研究生。项目成员须为普通高等学校全日制在校研究生或本专科生(不含在职教育)。 3. 学校科技成果转化项目不能参加本组比赛(科技成果的完成人、所有人中参赛申报人排名第一的除外)
研究生创业组	1. 参赛项目须已完成工商等各类登记注册(在大赛通知下发之日前注册)。 2. 参赛申报人须为项目负责人且为参赛企业法定代表人,须为普通高等学校全日制在校研究生,或毕业 5 年以内的全日制研究生学历学生(即 2019 年之后的研究生学历毕业生),企业法定代表人在大赛通知发布之日后进行变更的不予认可。 3. 项目的股权结构中,企业法定代表人的股权不得少于 10%,参赛团队成员股权合计不得少于 1/3

(二)"青年红色筑梦之旅"赛道

"青年红色筑梦之旅"赛道是大赛中极具特色的一部分,它要求参赛项目不仅要符合大赛的参赛要求,还必须在推进农业农村、城乡社区经济社会发展等方面展现出创新性、实效性和可持续性。通过这一赛道的设置,大赛鼓励大学生将创新创业实践与国家和社会需求紧密结合,通过深入基层、服务群众,厚植家国情怀,培养社会责任感。特别值得一提的是,"青年红色筑梦之旅"活动不仅仅是一场比赛,更是一次深刻的社会实践。它鼓励学生们走出校园,走进乡村,走进社区,用他们的智慧和汗水为国家和社会的发展贡献自己的力量。这一赛道的设置,不仅有助于培养学生的公益精神和社会责任感,还能让他们在实践中锻炼创新创业能力,实现个人价值与社会价值的有机统一。

1. 参赛项目要求

(1)参加"青年红色筑梦之旅"赛道的项目应符合大赛参赛项目要求,同时在推进农业农村、城乡社区经济社会发展等方面具有创新性、实效性和可持续性。参赛团队所报参赛创业项目,须为本团队策划或经营的项目,不得借用他人项目参赛。

(2)参赛项目能够紧密结合经济社会各领域现实需求,充分体现高校在新工科、新医科、新农科、新文科建设等方面取得的成果,培育新产品、新服务、新业态、新模式,促进制造业、农业、卫生、能源、环保、战略性新兴产业等产业转型升级,促进人工智能、数字技术与教育、医疗、交通、金融、消费生活、文化传播等深度融合。

(3)参赛项目应弘扬正能量,践行社会主义核心价值观,真实、健康、合法。不得含有任何违反《中华人民共和国宪法》及其他法律法规的内容。所涉及的发明创造、专利技术、资源等必须拥有清晰合法的知识产权或物权。参赛项目如有涉密内容,参赛前须进行脱敏处理。如有抄袭盗用他人成果、提供虚假材料等违反相关法律法规或违背大赛精神的行为,一经发现即刻丧失参赛资格、所获奖项等相关权利,并自负一切法律责任。

(4)参赛项目只能选择一个符合要求的赛道报名参赛,根据参赛团队负责人的学籍或学历确定参赛团队所代表的参赛学校,且代表的参赛学校具有唯一性。参赛团队须在报名系统中将项目所涉及的材料按时如实填写提交。已获本大赛往年总决赛各赛道金奖和银奖的项目,不可报名参加今年大赛。

2. 参赛方式和要求

(1)以团队为单位报名参赛。允许跨校组建团队,每个团队的参赛成员不少于3人,不多于15人(含团队负责人),须为项目的实际核心成员。

(2)参赛申报人须为项目负责人,须为普通高等学校全日制在校生(包括本专科生、研究生,不含在职教育),或毕业5年以内的全日制学生(即2019年之后的毕业生,不含在职教育)。企业法定代表人在大赛通知发布之日后进行变更的不予认可。

3. 参赛组别和对象 参加"青年红色筑梦之旅"赛道的项目,须为参加"青年红色筑梦之旅"活动的项目,否则一经发现,取消参赛资格。根据项目性质和特点,分为公益组、创意组、创业组,分别侧重于项目的公益价值、创新创意和商业潜力。具体要求见表5-2。

表5-2 "青年红色筑梦之旅"赛道参赛组别和项目要求

参赛组别	项目要求
公益组	1. 参赛项目不以营利为目标,积极弘扬公益精神,在公益服务领域具有较好的创意、产品或服务模式的创业计划和实践。 2. 参赛申报主体为独立的公益项目或社会组织,注册或未注册成立公益机构(或社会组织)的项目均可参赛
创意组	1. 参赛项目基于专业和学科背景或相关资源,解决农业农村和城乡社区发展面临的主要问题,助力乡村振兴和社区治理,推动经济价值和社会价值的共同发展。 2. 参赛项目在大赛通知下发之日前尚未完成工商等各类登记注册
创业组	1. 参赛项目以商业手段解决农业农村和城乡社区发展面临的主要问题、助力乡村振兴和社区治理,实现经济价值和社会价值的共同发展,推动共同富裕。 2. 参赛项目在大赛通知下发之日前已完成工商等各类登记注册,项目负责人须为法定代表人。项目的股权结构中,企业法定代表人的股权不得少于10%,参赛成员股权合计不得少于1/3

(三)职教赛道

职教赛道主要面向职业教育院校的学生和团队,旨在推动职业教育与创新创业教育的深度融合。参赛项目需紧密结合职业教育特色,体现专业技能与创新实践的结合。具体评审规则与高教主赛道类似,但更侧重于职业教育背景下的创新创业实践,强调技能与创新的双重提升。这一赛道的设置,有助于激发职业教育院校学生的创新创业热情,提升他们的专业技能和实践能力,为未来的职业发展打下坚实的基础。

1. 参赛项目类型

(1)创新类:以技术、工艺或商业模式创新为核心优势。

(2)商业类:以商业运营潜力或实效为核心优势。

(3) 工匠类：以体现敬业、精益、专注、创新为内涵的工匠精神为核心优势。

2. 参赛方式和要求

(1) 职业学校（包括职业教育各层次学历教育，不含在职教育）、国家开放大学学生（仅限学历教育）可以报名参赛。

(2) 大赛以团队为单位报名参赛。允许跨校组建团队，每个团队的参赛成员不少于 3 人，不多于 15 人（含团队负责人），须为项目的实际核心成员。参赛团队所报参赛创业项目，须为本团队策划或经营的项目，不得借用他人项目参赛。

3. 参赛组别和对象　本赛道分为创意组与创业组，具体要求见表 5-3。

表 5-3　职教赛道参赛组别和项目要求

参赛组别	项目要求
创意组	1. 参赛项目具有较好的创意和较为成熟的产品原型、服务模式或针对生产加工工艺进行创新的改良技术，在大赛通知下发之日前尚未完成工商等各类登记注册。 2. 参赛申报人须为团队负责人，须为职业学校的全日制在校学生或国家开放大学学历教育在读学生。 3. 学校科技成果转化项目不能参加本组比赛（科技成果的完成人、所有人中参赛申报人排名第一的除外）
创业组	1. 参赛项目在大赛通知下发之日前已完成工商等各类登记注册。 2. 参赛申报人须为企业法定代表人，须为职业学校全日制在校学生或毕业 5 年内的学生（即 2019 年之后的毕业生）、国家开放大学学历教育在读学生或毕业 5 年内的学生（即 2019 年 6 月之后的毕业生）。企业法人在大赛通知发布之日后进行变更的不予认可。 3. 项目的股权结构中，企业法定代表人的股权不得少于 10%，参赛团队成员股权合计不得少于 1/3

（四）产业命题赛道

产业命题赛道是大赛中与企业需求最为紧密的一部分。它旨在发挥开放创新效用，打通高校智力资源和企业发展需求，协同解决企业发展中所面临的技术、管理等现实问题。该赛道分为产教协同创新组和区域特色产业组，聚焦国家重大战略需求和区域经济社会发展，推动高校科研成果向产业转化。

1. 参赛项目类型

(1) 产教协同创新组：聚焦国家重大战略需求，深度推进产教融合、科教融汇，基于"四新"建设的内涵和要求，推动解决制约产业高质量发展的各类难题，加速产业转型升级与迭代创新。

(2) 区域特色产业组：服务区域经济社会发展，聚焦举办地上海的三大先导产业——集成电路、生物医药、人工智能及相关各类产业，提出具有创新性的技术解决方案，助力构建具有竞争力的区域产业生态。

2. 命题征集

(1) 本赛道针对企业开放创新需求，面向产业代表性企业、行业龙头企业、专精特新企业等征集命题。

(2) 企业命题应聚焦国家"十四五"规划战略性新兴产业方向，倡导新技术、新产品、新业态、新模式。围绕新工科、新医科、新农科、新文科对应的产业和行业领域，基于企业发展真实需求进行申报。

(3) 命题须健康合法，弘扬正能量，知识产权清晰，无任何不良信息，无侵权违法等行为。

3. 参赛要求

(1) 本赛道以团队为单位报名参赛,每支参赛团队只能选择一题参加比赛,允许跨校组建、师生共同组建参赛团队,每个团队的成员不少于 3 人,不多于 15 人(含团队负责人),须为揭榜答题的实际核心成员。

(2) 项目负责人须为普通高等学校全日制在校生(包括本专科生、研究生,不含在职教育),或毕业 5 年以内的全日制学生(即 2019 年之后毕业的本专科生、研究生,不含在职教育)。参赛项目中的教师须为高校教师(2024 年 8 月 15 日前正式入职)。

(3) 参赛团队所提交的命题对策须符合所答企业命题要求,命题企业将对命题对策进行契合度审核评价。参赛团队须对提交的应答材料拥有自主知识产权,不得侵犯他人知识产权或物权。

(五) 萌芽赛道

萌芽赛道是大赛中面向中学生群体的特殊赛道,旨在激发中学生的创新精神和创业意识。参赛项目须体现中学生的创新思维和实践能力,鼓励探索新技术、新应用和新模式。具体评审规则注重项目的创意性、可行性和教育意义,强调在培养中学生创新创业意识的同时,也为他们提供一个展示自我、锻炼能力的平台。这一赛道的设置,有助于从小培养学生的创新创业意识和能力,为未来的创新创业人才培养打下坚实的基础。因为是面向中小学生的项目,参赛具体要求这里不作具体介绍。

二、评审规则

中国国际大学生创新大赛的评审规则严格且全面,旨在确保评审过程的公正、公平和透明。根据各赛道项目类型不同,评审规则也不尽相同,但主要围绕以下七个维度进行。每个赛道具体评审规则详见每年中国国际大学生创新大赛组委会公布的文件通知。

(一) 评审维度

1. 教育维度　关注项目是否弘扬正确的价值观,厚植家国情怀,恪守伦理规范;是否体现团队将所学专业知识、技能和方法应用于解决实际问题的能力;以及项目对团队成员创新创业精神、意识、能力的锻炼和提升作用。

2. 创新维度　考察团队能否基于科学严谨的创新过程,运用各类创新的理念和范式解决实际问题;项目能否从产品创新、服务创新等方面着手开展创新创业实践,并产生一定数量和质量的创新成果。

3. 团队维度　评估团队的组成原则与过程是否科学合理;团队是否具有支撑项目成长的知识、技术和经验;团队内部的组织构架、人员配置、分工协作等情况。

4. 发展维度　关注项目的持续生存能力、模式可复制性、可推广性以及示范效应等;同时考察团队基于一定的产品、服务、模式,通过高效管理、资源整合等手段确保项目影响力与实效性的能力。

5. 商业维度　充分了解所在产业(行业)的产业规模、增长速度、竞争格局、产业趋势、产业政策等情况,形成完备、深刻的产业认知。具有明确的目标市场定位,对目标市场的特征、需求等情况有清晰的了解,并据此制订合理的营销、运营、财务等计划,设计出完整、创新、可行的商业模式,展现团队的商业思维。同时展示项目落地执行情况;项目促进区域经济发展、产业转型升级的情况;已有盈利能力或盈利潜力情况。

6. 社会价值维度　项目直接提供就业岗位的数量和质量;项目间接带动就业的能力和规模以及项目对社会文明、生态文明、民生福祉等方面的积极推动作用。

7. 公益维度　项目以社会价值为导向,以谋求公共利益为目的,以解决社会问题为使命,不以营利为目标,有一定公益成果;同时在公益服务领域具有较好的创意、产品或服务模式的创业计划和实践,追求社会效益的最大化。

（二）评审要点

针对不同赛道的评审要点也有所不同。如高教主赛道注重项目的创新性和实用性;"青年红色筑梦之旅"赛道强调项目的公益性和社会效益;产业命题赛道则关注项目与企业需求的契合度及解决方案的有效性。这样的设置有助于更加准确地评价不同赛道的项目,确保评审的公正性和实效性。

（三）必要条件

在评审过程中,还会关注一些必要条件,包括项目是否参加"青年红色筑梦之旅"活动(针对"青年红色筑梦之旅"赛道),项目是否体现中国特色和国际特色、是否体现高校育人特色等。这些条件的设置有助于确保项目符合大赛的整体要求,同时也能体现高校的育人成果和特色。

（四）评审流程

大赛的评审流程也非常严谨和公正。首先进行校级初赛,由各高校自行组织,对参赛项目进行初步筛选和评审,确保项目的质量和原创性。然后进行省级复赛,由各省(市、区)教育行政部门组织,对通过校级初赛的项目进行进一步评审和选拔,提升项目的竞争力和实用性。最后进行全国总决赛,由大赛组委会组织,入围总决赛的项目通过现场展示、答辩等环节决出最终奖项,展现项目的创新性和实战能力。这样的评审流程有助于确保项目的质量和水平,同时也能让优秀的项目脱颖而出。

（五）评分标准

各赛道和组别根据评审维度和要点制订相应的评分标准,采用量化打分的方式对参赛项目进行综合评价。评分标准通常包括多个一级指标和二级指标,每个指标赋予不同的权重和分值,确保评分的公正性和准确性。这样的评分标准有助于更加客观地评价项目,避免主观因素的影响。

（六）评审专家

评审专家由大赛组委会邀请相关领域的专家学者、企业家、投资人等组成,确保评审工作的专业性和权威性。评审专家需遵循评审规则和流程,对参赛项目进行客观、公正地评价,为优秀项目提供宝贵的建议和指导。这样的评审专家团队有助于确保评审的专业性和公正性,同时也能为参赛项目提供有价值的反馈和建议。

【创业实践】

1. 仔细阅读一项具体大赛(如中国国际大学生创新大赛)的官方文件,提炼出大赛的核心宗旨、目标及不同赛道的具体要求。

2. 基于大赛要求,构思一个创新项目,明确其核心创新点。确定该项目所属的新领域,并解释选择该领域的原因。

3. 假设你要为上述项目组建一个团队,列出你希望团队成员具备的专业背景、技能和经验。

第六章 "挑战杯"全国大学生系列科技学术竞赛介绍

【创新金语】

当今中国就是一片创新创业的热土,当代青年赶上了创新创业的大好时机。习近平总书记对青年一代投身创新创业寄予厚望,勉励广大青年要敢于做先锋,而不做过客、当看客。让创新成为青春远航的动力,让创业成为青春活力的能量。当代青年应牢记总书记的嘱托,充分发挥自身知识丰富、视野宽广、思维活跃、敢想敢干的优势,积极投身创新创业的时代大潮,用自己的智慧和汗水抒写一个又一个青春奇迹。

——贺军科

【案例】

智能康复助手——革新康复治疗的先行军

智能康复助手团队于2022年组建,他们专注于开发一款创新的康复辅助设备,该设备深度融合了医学与智能技术。

这个团队由来自医学、生物工程学、计算机科学等领域的专家和学生共同组成。在选人策略上,团队非常注重专业知识的互补性和丰富的实践经验,力求构建一个全面且高效的团队。

他们敏锐地洞察到,随着人口老龄化的加剧,康复治疗的需求也在不断增长。然而,传统的康复治疗方式存在着效率低下和效果难以评估的问题。为了解决这些问题,团队决定开发智能康复助手设备,将智能技术应用于康复治疗。它利用高精度传感器捕捉患者的运动数据,再通过 AI 算法进行深入分析和评估,从而为患者和医生提供客观、可量化的康复效果反馈。在经过多次临床试验和改进后,智能康复助手已经在多家医院投入使用,并收获了患者和医生的广泛赞誉。使用这款设备后,患者的康复周期显著缩短,康复效果也有明显提升。同时,医生也能更精确地评估患者的康复状况,以便及时调整治疗方案。

展望未来,智能康复助手团队有着宏大的规划。他们计划进一步扩大产品的应用范围,积极寻求与更多医疗机构的合作,以推动智能康复技术的广泛普及和持续发展。

总的来说,智能康复助手团队凭借其领先的技术和敏锐的市场洞察力,成功研发出这款革新性的康复治疗设备,为医学领域带来了新的发展和突破。

【解析】

智能康复助手团队的成立及其所开发的创新康复辅助设备,无疑为医学康复领域带来了一场深刻的变革。这个团队汇聚了医学、生物工程学、计算机科学等多个领域的专家和学生,他们不仅拥有坚实的医学理论基础,还具备强大的技术创新能力。这种跨学科的组合,使得团队在研发过程中能够从多个角度审视问题,找到更为全面和有效的解决方案。

团队在选人策略上的独到之处,体现在对专业知识的互补性和丰富实践经验的重视。这种策略确保了团队在研发过程中能够充分融合不同领域的知识,形成创新性的思维碰撞,从而推动项目的不断前进。同时,团队成员的实践经验也为设备的研发提供了宝贵的现实反馈,使得设备在设计上更加贴近实际需求。

智能康复助手设备的创新之处在于其深度融合了医学原理、传感器技术和先进的人工智能算法。这种融合使得设备能够实时监控患者的康复进度,并提供个性化的指导。与传统的康复治疗方式相比,这款设备显著提高了康复治疗的效率和效果,为患者和医生提供了客观、可量化的康复效果反馈。这一点无疑是医学康复领域的一大突破。

设备在临床试验中的表现也进一步证明了其创新性和实用性。多家医院的使用反馈显示,患者的康复周期显著缩短,康复效果也有明显提升。同时,医生也能更精确地评估患者的康复状况,以便及时调整治疗方案。这不仅提高了患者的康复体验,也为医生提供了更为便捷和准确的评估工具。

综上所述,这款设备不仅为医学康复领域带来了新的发展和突破,也为患者和医生提供了更为高效、个性化的康复治疗服务。可以预见,在未来的医学康复领域,智能康复助手设备将发挥越来越重要的作用。

第一节 "挑战杯"全国大学生系列科技学术竞赛的背景与意义

一、起源与背景

"挑战杯"全国大学生系列科技学术竞赛简称"挑战杯"。这一在中国大学生中极具影响力的科技创新赛事,起源于 1986 年。它的诞生,不仅体现了国家对青年学生科技创新能力的重视,也彰显了共青团中央、中国科学技术协会、教育部和中华全国学生联合会等部门和组织对于激发青年创新潜能、培养未来科技领军人才的远见卓识。

"挑战杯"最初名为"挑战杯"全国大学生课外学术科技作品竞赛,其初衷在于鼓励大学生勇于创新、迎接挑战,以及培养跨世纪创新人才。从创办之初,"挑战杯"就明确了自己的宗旨——崇尚科学、追求真知、勤奋学习、迎接挑战。这一宗旨不仅为赛事定下了基调,也为参与其中的大学生们指明了方向。

"挑战杯"是由共青团中央、中国科协、教育部和全国学联共同主办的全国性的大学生课外学术实践竞赛,竞赛官方网站为 www.tiaozhanbei.net。"挑战杯"在中国共有两个并列项目,一个是"挑战杯"中国大学生创业计划竞赛,另一个则是"挑战杯"全国大学生课外学术科技作品竞赛。这两个项目的全国竞赛交叉轮流开展,每个项目每两年举办一届。

二、发展历程

初创与探索(1986—1990 年):在"挑战杯"的初创阶段,赛事主要聚焦于大学生的课外学术科技作品。通过这一平台,一批优秀的科技创新作品和人才开始崭露头角。这一时期,"挑战杯"的影响力逐渐扩大,吸引了越来越多的高校和学生参与。

拓展与深化(1991 年至今):随着时代的进步和大学生需求的变化,"挑战杯"也在不断发展和完善。从 1991 年开始,竞赛逐渐形成了校级、省级、全国的三级赛事体系,为更多的大学生提供了展示科技创新能力的机会。

1999 年,首届"挑战杯"中国大学生创业计划竞赛成功举办,标志着"挑战杯"从单一的学术科技作品竞赛发展为涵盖创业计划的全新赛事。这一变化不仅适应了时代发展的需求,也进一步激发了大学生的创新创业热情。至今,"挑战杯"已成功举办了多届,每一届都吸引了众多高校和学生的积极参与。通过竞赛的选拔和培育,优秀的科技创新人才和创业项目得以脱颖而出,为我国的科技创新和经济社会发展注入了新的活力。

(一)"挑战杯"全国大学生课外学术科技作品竞赛

"挑战杯"全国大学生课外学术科技作品竞赛是由共青团中央、中国科学技术协会、教育部、中华全国学生联合会和地方政府共同主办,国内著名大学、新闻媒体联合发起的一项具有导向性、示范性和群众性的全国竞赛活动。自 1989 年首届竞赛举办以来,"挑战杯"始终坚持"崇尚科学、追求真知、勤奋学习、锐意创新、迎接挑战"的宗旨,在促进青年创新人才成长、深化高校素质教育、推动经济社会发展等方面发挥了积极作用,在广大高校乃至社会上产生了广泛而良好的影响,被誉为当代大学生科技创新的"奥林匹克"盛会。竞赛的发展得到党和国家领导同志的亲切关怀,江泽民同志为"挑战杯"题写了杯名,李鹏、李岚清等党和国家领导同志题词勉励。从最初的 19 所高校发起,发展到 1 000 多所高校参与;从 300 多人的小擂台发展到 200 多万大学生的竞技场,"挑战杯"在广大青年学生中的影响力和号召力显著增强。

竞赛获奖者中已经产生了两位长江学者,6 位国家重点实验室负责人,20 多位教授和博士生导师,70% 的学生获奖后继续攻读更高层次的学历,近 30% 的学生出国深造。他们中的代表人物有:第二届"挑战杯"获奖者、国家科技进步一等奖获得者、中国十大杰出青年、北京中星微电子有限公司董事长邓中翰,第五届"挑战杯"获奖者、"中国杰出青年科技创新奖"获得者、安徽中科大讯飞信息科技有限公司总裁刘庆峰,第八届、第九届"挑战杯"获奖者、"中国青年五四奖章"标兵、南京航空航天大学 2007 级博士研究生胡铃心等。

"挑战杯"是引导高校学生推动现代化建设的重要渠道。成果展示、技术转让、科技创业,让"挑战杯"从象牙塔走向社会,推动了高校科技成果向现实生产力的转化,为经济社会发展作出了积极贡献。

"挑战杯"是深化高校素质教育的实践课堂。"挑战杯"已经形成了国家、省、高校三级赛制,广大高校以"挑战杯"为龙头,不断丰富活动内容,拓展工作载体,把创新教育纳入教育规划,使"挑战杯"成为大学生参与科技创新活动的重要平台。

"挑战杯"是展示全体中华学子创新风采的亮丽舞台。香港、澳门、台湾众多高校积极参与竞赛,派出代表团参加观摩和展示。竞赛成为海峡两岸暨香港、澳门青年学子展示创新风采的舞台,增进彼此了解、加深相互感情的重要途径。

(二)"挑战杯"中国大学生创业计划竞赛

创业计划竞赛起源于美国,又称商业计划竞赛,是风靡全球高校的重要赛事。它借用风险投资的运作模式,要求参赛者组成优势互补的竞赛小组,提出一项具有市场前景的技术、产品或者服务,并围绕这一技术、产品或服务,以获得风险投资为目的,完成一份完整、具体、深入的创业计划。

竞赛采取学校、省(自治区、直辖市)和全国三级赛制,分预赛、复赛、决赛三个赛段进行。

大力实施科教兴国战略,努力培养广大青年的创新、创业意识,造就一代符合未来挑战要求的高素质人才,已经成为实现中华民族伟大复兴的时代要求。作为学生科技活动的新载体,创业计划竞赛在培养复合型、创新型人才,促进高校产学研结合,推动国内风险投资体系建立方面发挥出越来越积极的作用。

三、影响与贡献

"挑战杯"作为国内最具影响力的大学生科技创新赛事之一,其对于培养大学生的创新精神和实践能力具有重要意义。以下是"挑战杯"的主要影响和贡献。

(一)激发创新热情

通过参与"挑战杯",大学生们能够充分展示自己的创新能力和才华。这一平台不仅激发了他们对创新和创业的热情,也为他们提供了实现自我价值的机会。

(二)培养实践能力

"挑战杯"要求参赛者具备创新思维、团队协作和解决问题的能力。通过参与竞赛,大学生们能够锻炼自己的实践能力,提高自己的综合素质和竞争力。

(三)促进科技成果转化

竞赛中的优秀作品和创业项目有机会得到进一步的资金支持和专业指导,从而推动科技成果的转化和应用。这不仅有助于将科技创新成果转化为实际生产力,也为我国的经济社会发展注入了新的动力。

(四)搭建交流平台

"挑战杯"还为高校、企业和社会之间搭建了一个交流与合作的桥梁。通过这一平台,各方可以共同探讨科技创新和创业发展的前沿问题,推动产学研合作和人才培养的进步。

随着"挑战杯"规模的不断扩大和影响力的日益增强,我们有理由相信它将继续在培养大学生创新精神和实践能力方面发挥重要作用。展望未来,"挑战杯"有望进一步拓展其范畴和形式,以适应时代发展的需求和大学生创新创业的新趋势。例如,可以增加更多与新兴科技领域相关的赛题,或者引入更多国际化元素,促进国内外大学生的交流与合作。同时,"挑战杯"也将继续发挥其独特的优势和影响力,为我国的科技创新事业和人才培养作出更大的贡献。

第二节 竞赛分类及评审规则

目前,"挑战杯"主要包含两个并列项目:"挑战杯"全国大学生课外学术科技作品竞赛(大挑)和"挑战杯"中国大学生创业计划竞赛(小挑)。这两个项目各有侧重,共同构成了"挑战杯"的完整体系。

一、"挑战杯"全国大学生课外学术科技作品竞赛

"挑战杯"全国大学生课外学术科技作品竞赛注重大学生的学术科技作品展示和评选。参赛者需要提交自己的学术科技作品,经过层层选拔最终进入全国决赛。作品范围广泛,可以涉及自然科学、工程技术、社会科学等多个领域。

通过学术科技作品竞赛的评选和展示,优秀的学术科技作品得以脱颖而出,为我国的科技创新事业贡献力量。这一项目不仅锻炼了大学生的科技创新能力,也推动了学术科技的交流与进步。

1. 竞赛时间 在奇数年份的 3 月至 7 月期间进行报名及作品准备,随后是各级选拔赛和全国决赛。

2. 参赛作品要求 参赛项目应有较高立意,积极践行社会主义核心价值观,且不得侵犯

他人知识产权。

3. **报名途径** 通常通过学校的学术科技竞赛管理系统或相关平台进行报名。

4. **竞赛特点** 该项目更注重学术科技作品的创新性、实用性和学术价值,通过竞赛评选展示优秀学术科技作品,推动学术交流和科技进步。

5. **参赛类别** 见表6-1。

表6-1 "挑战杯"全国大学生课外学术科技作品竞赛参赛类别

类别	特点	要点	重点	区别
自然科学类学术论文	侧重于基础学科学术探索,体现学术性和科学性	论文须基于实证研究和理论分析,原创性和创新性要求高	学术研究的深度和广度,对学科前沿的把握和贡献	更注重理论分析和科学实验,与其他类别相比,更偏向纯学术研究
哲学社会科学类社会调查报告	关注经济社会发展热点问题,结合理论与实践,提出前瞻性观点	调查报告须基于实地调研和数据分析,强调问题的现实意义和解决方案	对社会问题的深刻洞察,解决方案的可行性和创新性	更侧重于社会实践和调查分析,与自然科学类相比,更关注社会现象和问题
科技发明制作A类	科技含量高,制作投入大,具有较高的应用价值和转化前景	作品须体现显著的科技创新,强调技术的先进性和实用性	技术创新的程度和实用性,作品的市场潜力和经济效益	A类作品通常涉及更复杂的科技研发和较大的投入,与B类相比,更注重科技的创新和实用性
科技发明制作B类	投入较少,针对生产技术或社会生活的便利小发明,广泛联系生活,可行性高	作品须体现创意和实用性,注重作品的易用性和推广价值	创意的独特性和实用性,作品的社会效益和推广前景	B类作品更注重小巧实用的发明和创新,与A类相比,更注重作品的便捷性和广泛应用

二、"挑战杯"中国大学生创业计划竞赛

该项目以培养大学生的创业意识和创业能力为目标,要求参赛者组成优势互补的竞赛小组,提出一项具有市场前景的技术、产品或者服务,并围绕这一技术、产品或服务,以获得风险投资为目的,完成一份完整、具体、深入的创业计划。自1999年首届赛事举办以来,该项目已成功举办了多届,每届都吸引了大量创业团队的积极参与。

通过创业计划竞赛的选拔和培育,优秀的创业项目有机会获得资金支持和创业指导,助力大学生实现创业梦想。这一项目不仅激发了大学生的创业热情,也为我国的创新创业事业输送了大量优秀人才和项目。

1. **竞赛时间** 一般情况下,偶数年份的3月至7月为报名及准备阶段,随后进行省级和全国的选拔赛,最终确定进入全国决赛的团队。

2. **参赛形式** 以学校为单位统一申报,以项目团队形式参赛。

3. **报名途径** 通常通过学校的创新创业系统或指定平台进行报名。

4. **竞赛特点** 该项目以培养大学生的创业意识和能力为目标,要求参赛团队提出具有市场前景的创业计划,并通过竞赛选拔获得资金支持和专业指导。

5. **参赛类别** 见表6-2。

表 6-2 "挑战杯"中国大学生创业计划竞赛参赛类别

组别	创新意义	实践过程	社会价值	发展前景	团队协作
科技创新和未来产业组	展现技术革新,累积丰硕创新硕果;在科技、服务、商业模式等方面均有创新展现;其成果对产业升级与社会问题解决具有显著推动作用	项目通过深入社会、行业、实验场所、实训基地,开展调查研究、试点运营、试验论证,形成可靠的第一手材料,强调实地调查和实践检验	项目紧密联系社会实践,积极担当社会责任,并在科技创新领域为社会作出显著贡献。项目直接创造、间接拉动了大规模就业且持续	项目在商业模式、营销策略、财务管理、发展战略等方面设计完整、合理、可行;目标定位、市场分析清晰、有前瞻性;能可持续发展,前景乐观	团队成员具有解决现实问题的能力;具有专业技能、创业精神、综合素质,价值观与项目要求高度契合;团队组织架构合理,分工明确,协作顺畅
乡村振兴和农业农村现代化组	具有原创性的技术革新,并获得广泛认可;在科技研发、社会服务方式、商业模式构建、管理运营策略及应用场景开拓等多个层面具有创新性	通过深入多个实地场所进行全面调研与实践检验,确保所获第一手资料的可靠性;高度重视日常管理,通过详尽且规范的记录,如日志、周计划和月总结,来确保项目进程的透明与高效	项目结合社会实践与观察,履行社会责任,为乡村振兴和农业农村现代化作出贡献;项目有效引入社会资源,助力农民增收与地方产业结构优化;项目具有直接、间接拉动就业和持续增强推动就业的能力	项目有持续生存能力,包括资金、人员等方面的可持续性;项目在创新研发、生产销售、资源整合等方面有持续运营能力;模式具有可复制性、可推广性,并具备示范效应,能够影响更多地区和人群	团队成员具有解决现实问题的能力;具有专业技能、创业精神、综合素质,价值观与项目要求高度契合;团队组织架构合理,分工明确,协作顺畅
城市治理和社会服务组	具有原创性的技术创新与突破,涵盖专利、行业创新奖项及广泛的专业认可;在科技研发、社会服务形态、商业模式创新、经营管理等方面具有创新性;推动了新兴产业、新型业务模式和新颖市场形态	项目须深入社会、行业、实验场所、实训基地,开展调查研究、试点运营、试验论证,形成可靠的第一手材料,强调实地调查和实践检验	项目能解决社会问题,具体聚焦在城市治理过程中出现的问题以及在社会服务中的不足,通过项目解决方案能起到的成效	项目在商业模式、营销、财务及发展战略等各环节均进行了全面且合理的规划,切实可行;市场定位与目标客户分析清晰,区分了 B 端与 C 端市场	团队成员具有解决现实问题的能力;具有专业技能、创业精神、综合素质,价值观与项目要求高度契合;团队组织架构合理,分工明确,协作顺畅
生态环保和可持续发展组	项目在科技、社会服务、商业模式、管理及应用场景等方面具有创新性;取得了一系列高质量的创新成果及广泛的专业认可;创新成果有效地解决了社会问题,具有深远的社会与经济意义	项目通过深入社会、行业、实验场所、实训基地,开展调查研究、试点运营、试验论证,形成可靠的第一手材料,强调实地调查和实践检验	项目结合社会实践、社会观察,履行社会责任,在环境治理、可持续资源开发、生态环保、清洁能源应用等方面具有社会贡献;能够直接、间接地带动就业岗位的数量和质量等	项目在商业模式、营销策略、财务管理、发展战略等方面设计完整、合理、可行;目标定位、市场分析清晰、有前瞻性;能够实现可持续发展,前景乐观	团队成员具有解决现实问题的能力;具有专业技能、创业精神、综合素质,价值观与项目要求高度契合;团队组织架构合理,分工明确,协作顺畅

续表

组别	创新意义	实践过程	社会价值	发展前景	团队协作
文化创意和区域合作组织	项目有独特的原始创新能力和技术突破,累积了众多高质量的创新成果;在科技研发、社会服务方式、商业模式构建、管理运营策略等多个方面创新;其创新成果对于推动传统产业升级、解决当前社会问题都具有深远的影响	项目通过深入社会、行业、实验场所、实训基地,开展调查研究、试点运营、试验论证,形成可靠的第一手材料,强调实地调查和实践检验的重要性	项目结合社会实践,履行社会责任的做法与成效,对"一带一路"及"京津冀""长三角""粤港澳大湾区""成渝经济圈"等经济合作带建设有贡献;能够直接、间接地带动就业岗位的数量和质量	项目在商业模式、营销策略、财务管理、发展战略、商业逻辑需完整;目标定位、市场分析清晰且具有前瞻性;盈利能力推导过程合理,能够实现可持续发展,前景乐观	团队成员具有解决现实问题的能力;具有专业技能、创业精神、综合素质,价值观与项目要求高度契合;团队组织架构合理,分工明确,协作顺畅

第三节　如何准备并优化参赛作品

"挑战杯"系列竞赛作为国内极具影响力的学术科技竞赛,旨在激发青年学生的创新思维和实践能力。对于参赛者来说,如何准备和优化参赛作品是至关重要的。下面将从多个方面详细阐述参赛作品的准备和优化过程,以帮助参赛者在竞赛中脱颖而出。

一、选题与立意

选题是参赛作品的第一步,好的选题能够为作品奠定成功的基础。选题时应遵循以下几个原则:

1. 创新性　选题应具有新颖性,能够体现参赛者的创新思维和独特见解。避免选择与已有研究重复或相似的课题,力求在选题上独树一帜。

2. 实用性　选题应具有一定的实用价值和社会意义,能够解决实际问题或满足某种社会需求。这样的选题更容易引起评委和观众的关注。

3. 可行性　选题应在参赛者的能力范围之内,确保在规定的时间内能够完成作品。避免选择过于复杂或难以实现的课题,以免在竞赛过程中出现不必要的困难。

在立意方面,参赛作品应明确研究目的和意义,突出创新点和特色。同时,要注重作品的深度和广度,力求在研究中发现新问题、提出新观点。

二、资料收集与整理

选题确定后,接下来需要进行充分的资料收集与整理工作。这一过程对于作品的丰富性和深度至关重要。

1. 文献综述　通过查阅相关领域的文献资料,了解国内外研究现状和发展趋势,为自己的研究找到立足点和突破口。

2. 数据收集 根据选题需要,收集相关数据和信息,为作品提供有力的数据支持。数据来源可以是实验数据、统计数据、专家访谈等。

3. 资料整理 对收集到的资料进行整理和分析,提炼出对作品有用的信息和观点。同时,要注意资料的来源和准确性,确保作品的科学性和可信度。

三、作品构思与设计

在资料收集与整理的基础上,开始进行作品的构思与设计。这一过程需要充分发挥参赛者的创造力和想象力,将选题转化为具体的作品内容。

1. 明确研究问题 根据选题和资料分析,明确作品要解决的核心问题或研究重点。确保作品围绕这一问题展开,避免偏离主题。

2. 提出解决方案 针对研究问题,提出创新性的解决方案或设计思路。这一方案应具有可操作性和实用性,能够解决实际问题。

3. 制订实施计划 根据解决方案制订详细的实施计划,包括研究步骤、时间安排、资源需求等。确保作品能够按计划顺利完成。

四、作品实现与验证

在完成作品构思与设计后,开始进行作品的实现与验证工作。这一过程是检验作品可行性和有效性的关键环节。

1. 实验与实现 按照实施计划进行实验和作品实现工作。确保实验过程的科学性和严谨性,记录详细的实验数据和结果。

2. 结果分析 对实验结果进行详细的分析和讨论。通过数据对比、图表展示等方式,直观地展示作品的效果和优势。

3. 验证与优化 根据实验结果分析,对作品进行验证和优化。针对存在的问题和不足,提出改进措施并付诸实践。

五、作品展示与答辩

在作品实现与验证完成后,参赛者需要准备作品的展示和答辩环节。这一环节是向评委和观众展示作品成果和特色的重要机会。

1. 制作展示材料 根据作品特点和展示要求,制作相应的展示材料,包括 PPT、视频、海报等。确保展示内容简洁明了、重点突出。

2. 准备答辩稿 针对可能的提问和质疑,提前准备答辩稿,包括作品背景、研究过程、创新点等方面的内容。确保在答辩过程中能够自如应对各种问题。

3. 模拟演练 在正式展示和答辩前进行模拟演练。通过模拟场景和问题回答,提高参赛者的应变能力和自信心。

六、细节指导与注意事项

在准备和优化参赛作品的过程中,还需要注意以下细节和事项。

1. 时间管理 合理安排时间,确保作品能够在规定时间内完成。避免拖延和赶工现象的发生。

2. 团队协作 如果是团队参赛,要注重团队协作和沟通。明确分工和责任,确保团队成员能够高效合作。

3. 知识产权保护 注意保护自己的知识产权和成果。在展示和发布作品时要注意保密和版权声明。

4. 遵守竞赛规则 认真阅读并遵守竞赛规则和要求。确保作品符合竞赛主题和格式要求，避免因违规而导致的扣分或取消资格等情况的发生。

准备和优化"挑战杯"系列竞赛作品需要参赛者付出大量的努力和时间。从选题到作品展示与答辩的每一个环节都需要认真对待和精心准备，注重细节把控，通过不断地路演实践来优化竞赛作品、提升竞争力。

【创业实践】

"创意挑战赛"：设计并实施一项具有社会影响力的小型创新项目。

1. 作业描述 要求学生以小组形式，围绕一个具体的、紧迫的社会问题（如气候变化、教育资源不均、公共卫生危机等），设计并实施一个旨在产生实际社会影响力的小型创新项目。项目需包含创新的解决方案、详细的实施计划、预期的社会影响评估及实际执行步骤。

2. 具体实践要求 至少进行一次深入的社区调研或利益相关方访谈，以获取第一手数据。

制作并发布至少三份项目进展报告或社交媒体更新，以保持透明度和公众参与度。

3. 实践能力提升 通过深入的社会调研、项目策划、资源筹集、团队协作、执行监控与成果评估等全过程，学生将亲身体验从创意到产生社会影响力的全过程，显著提升项目管理、团队合作、社会实践能力以及创新思维。

【拓展资源】

"挑战杯"官方网站：https://www.tiaozhanbei.net/

第七章 医学生竞赛项目的甄选

【创新金语】

在创新创业的道路上,每一步都充满挑战与机遇。竞赛,不仅是考验我们的智慧和勇气,更是激发我们潜能的催化剂。在这场知识与创意的较量中,我们要学会拥抱变化,敢于突破常规,才能不断前行,探索出属于自己的成功之路。

——佚名

【案例】

医客行团队——引领 3D 牙齿打印新时代的领航者

医客行团队组建于 2023 年,是具有创新意识、拥有共同目标、有着不同专业知识背景的朝气蓬勃的年轻人组成的一个不可分割的整体。为了打造最佳创业团队,在选人方面考虑到队员的知识互补、能力互补、性格互补等方面,从各个专业挑选人才。最终来自不同专业、不同年级的 4 名小伙伴组建了医客行团队。他们结合所学专业发现:在当前这个科技及网络高速发展的社会,科学技术是第一生产力。目前国家的 3D 牙齿打印技术的发展形势大好,医客行团队看到各牙科诊所在制作牙具方面用时长、精确度低、消耗材料多,费时费力,故而发现这一商机,打算与牙科诊所合作购进 3D 牙齿打印机来制作牙齿以大力发展此行业,这将是牙齿行业的一次全新的改革。

医客行团队坚持以探索、倾听、互补为核心开展创业活动。团队中每一个成员的个性对团队行为都有很大影响。队员们性格普遍外向、待人随和、责任心强、感情稳定,这是团队的一笔大财富。同时团队成员很灵活,可以担任彼此的工作,极大地提高了团队的适应性,使团队之间的依赖性减少。团队成员为设计使用的方案需要坚持自己的观点,但也听取别人的意见,弥补自己的不足,完善自己的方案。

医客行团队的成员们每天都在努力着,心有多大,舞台就有多大。他们不遗余力地发挥着各自的优势,同时关注每个微小的细节。每个人汇聚起的这份海纳百川的包容力可以让团队共同成长。

【解析】

医客行团队,一个组建于 2023 年的年轻创业团队,以其独特的团队构成和明确的创业目标,在科技及网络高速发展的背景下,发现了 3D 牙齿打印技术的巨大商机,并计划以此作为切入点,进行一场牙齿行业的革新。这个团队由四名来自不同专业、不同年级的年轻人组成,他们凭借各自的专业知识和技能,以及团队间的知识、能力和性格互补,共同构成了这个不可分割的整体。

医客行团队的核心价值观是探索、倾听和互补。他们坚持在创业过程中不断探索新的可能性和机会,同时倾听市场和客户的声音,以满足实际需求。团队成员之间互相弥补不足,共同完善方案,这种合作模式极大地提高了团队的适应性和灵活性。

在发现 3D 牙齿打印技术的商机后,医客行团队迅速制订了与牙科诊所合作的策略,计划购进 3D 牙齿打印机来制作牙齿。他们看到了当前牙科诊所在制作牙具方面存在的问题,如用时长、精确度低、消耗材料多等,因此认为这一技术革新将带来巨大的市场潜力。

团队成员们每天都在不遗余力地发挥各自的优势,同时关注每个微小的细节。他们深知,在创业道路上,每一个细节都可能成为决定成败的关键。因此,他们始终保持着高度的警觉和敏锐,以确保团队的每一步都走得稳健而有力。

综上所述,医客行团队以其独特的团队构成、明确的创业目标、深厚的专业知识背景及强大的团队合力,在 3D 牙齿打印技术领域展现出了巨大的潜力和前景。他们的创业之路虽然充满挑战和未知,但正是这些挑战和未知,激发了他们不断探索、不断前进的勇气和决心。

第一节　主要学科竞赛介绍

一、全国普通高校大学生竞赛分析报告

全国普通高校大学生竞赛分析报告是中国高等教育领域的一份权威报告,由中国高等教育学会发布。该报告详细记录了全国各高校在大学生竞赛中的表现和成绩,为衡量高校的创新实力、指导教育改革及激励学生创新提供了重要参考。

（一）报告的历史与更新

全国普通高校大学生竞赛分析报告的历史可以追溯到数年前,为了持续跟踪和评估高校在各类学科竞赛中的表现,报告已经进行了多次更新。每一次的更新都为我们提供了关于高校创新能力和学生才华的宝贵数据,这些数据不仅反映了高校的教学质量和学生的综合素质,也为我们揭示了创新教育的新趋势和挑战。

最新一版的《2023 全国普通高校大学生竞赛分析报告》于 2024 年 3 月发布。这份报告全面展示了 2019 至 2023 年全国普通本科高校大学生竞赛的前 300 名榜单,涵盖了众多学科领域。通过这份榜单,我们可以看到各高校在竞赛中的优异成绩,以及他们在培养创新人才方面的突出表现。

此外,报告还进一步揭示了高校在创新教育方面的新趋势和挑战。例如,报告显示,越来越多的高校开始注重学生的实践能力和创新思维的培养,通过开设创新实验课程、组织科研实践活动等方式,提升学生的综合素质。同时,报告也指出了高校在创新教育方面存在的一些问题,如教育资源不均衡、创新教育理念有待更新等,为高校进一步改进创新教育提供了有益的参考。

（二）报告的意义与价值

全国普通高校大学生竞赛分析报告的意义与价值不言而喻。

首先,它是衡量高校创新能力的重要指标。通过报告中的数据和排名,我们可以直观地了解各高校在创新教育方面的实力和水平。

其次,报告为高校教育改革提供了有力指导。高校可以根据报告中的反馈,了解自身在创新教育方面的优势和不足,从而进行有针对性的改革和提升。

此外,报告还极大地激励了学生的创新热情。学生在竞赛中的表现直接关系到学校的排名和声誉,这促使学生更加积极地投入各类创新创业活动中,努力提升自己的实践能力和创新

思维。同时,优秀的竞赛成绩也是学生个人能力和才华的展示,有助于他们在未来的学术和职业生涯中取得更好的发展。

最后,报告还促进了校企合作和人才培养。企业在选择合作伙伴和招聘人才时,往往会参考高校在竞赛中的表现。优秀的竞赛成绩能够为企业提供更多优秀的人才选择,同时也加强了高校与企业的合作与交流。

全国普通高校大学生竞赛分析报告是一份具有重要意义的报告,它不仅为我们提供了关于高校创新能力和学生才华的宝贵数据,还为高校教育改革、学生创新激励及校企合作等方面提供了有益的参考和指导。其影响力和价值在日益凸显,值得我们持续关注和研究。

（三）分析报告竞赛项目简介

《2023 全国普通高校大学生竞赛分析报告》中共列出了 84 项学科竞赛(见表 7-1)。这些竞赛涵盖了多个学科领域,包括但不限于科学、技术、工程、数学、文学、艺术等。这些竞赛旨在激发学生的创新思维和实践能力,同时也是衡量高校创新教育和学生综合素质的重要指标。

表 7-1　2023 全国普通高校大学生竞赛名称一览表

序号	竞赛名称	序号	竞赛名称
1	中国国际"互联网+"大学生创新创业大赛	21	全国大学生先进成图技术与产品信息建模创新大赛
2	"挑战杯"全国大学生课外学术科技作品竞赛	22	全国三维数字化创新设计大赛
3	"挑战杯"中国大学生创业计划竞赛	23	"西门子杯"中国智能制造挑战赛
4	ACM-ICPC 国际大学生程序设计竞赛	24	中国大学生服务外包创新创业大赛
5	全国大学生数学建模竞赛	25	中国大学生计算机设计大赛
6	全国大学生电子设计竞赛	26	中国高校计算机大赛: ①大数据挑战赛;②团体程序设计天梯赛; ③移动应用创新赛;④网络技术挑战赛; ⑤人工智能创意赛
7	中国大学生医学技术技能大赛		
8	全国大学生机械创新设计大赛		
9	全国大学生结构设计竞赛		
10	全国大学生广告艺术大赛	27	蓝桥杯全国软件和信息技术专业人才大赛
11	全国大学生智能汽车竞赛	28	米兰设计周——中国高校设计学科师生优秀作品展
12	全国大学生电子商务"创新、创意及创业"挑战赛	29	全国大学生地质技能竞赛
13	中国大学生工程实践与创新能力大赛	30	全国大学生光电设计竞赛
14	全国大学生物流设计大赛	31	全国大学生集成电路创新创业大赛
15	外研社全国大学生英语系列赛: ①英语演讲;②英语辩论; ③英语写作;④英语阅读	32	全国大学生金相技能大赛
		33	全国大学生信息安全竞赛
16	两岸新锐设计竞赛·华灿奖	34	未来设计师·全国高校数字艺术设计大赛
17	全国大学生创新创业训练计划年会展示	35	全国周培源大学生力学竞赛
18	全国大学生化工设计竞赛	36	中国大学生机械工程创新创意大赛
19	全国大学生机器人大赛 ① RoboMaster;② RoboCon	37	中国机器人大赛暨 RoboCup 机器人世界杯中国赛
		38	"中国软件杯"大学生软件设计大赛
20	全国大学生市场调查与分析大赛	39	中美青年创客大赛

续表

序号	竞赛名称	序号	竞赛名称
40	睿抗机器人开发者大赛（RAICOM）	62	全国大学生化学实验创新设计大赛
41	"大唐杯"全国大学生新一代信息通信技术大赛	63	全国大学生计算机系统能力大赛
42	华为 ICT 大赛	64	全国大学生花园设计建造竞赛
43	全国大学生嵌入式芯片与系统设计竞赛	65	全国大学生物联网设计竞赛
44	全国大学生生命科学竞赛（CULSC）	66	全国大学生信息安全与对抗技术竞赛
45	全国大学生物理实验竞赛	67	全国大学生测绘学科创新创业技能大赛
46	全国高校 BIM 毕业设计创新大赛	68	全国大学生统计建模大赛
47	全国高校商业精英挑战赛：①品牌策划竞赛；②会展专业创新创业实践竞赛；③国际贸易竞赛；④创新创业竞赛；⑤会计与商业管理案例竞赛	69	全国大学生能源经济学术创意大赛
		70	全国大学生基础医学创新研究暨实验设计论坛（大赛）
48	"学创杯"全国大学生创业综合模拟大赛	71	全国大学生数字媒体科技作品及创意竞赛
49	中国高校智能机器人创意大赛	72	全国本科院校税收风险管控案例大赛
50	中国好创意暨全国数字艺术设计大赛	73	全国企业竞争模拟大赛
51	中国机器人及人工智能大赛	74	全国高等院校数智化企业经营沙盘大赛
52	全国大学生节能减排社会实践与科技竞赛	75	全国数字建筑创新应用大赛
53	"21世纪杯"全国英语演讲比赛	76	全球校园人工智能算法精英大赛
54	iCAN 大学生创新创业大赛	77	国际大学生智能农业装备创新大赛
55	"工行杯"全国大学生金融科技创新大赛	78	"科云杯"全国大学生财会职业能力大赛
56	中华经典诵写讲大赛	79	全国职业院校技能大赛
57	"外教社杯"全国高校学生跨文化能力大赛	80	全国大学生机器人大赛 RoboTac
58	百度之星·程序设计大赛	81	世界技能大赛
59	全国大学生工业设计大赛	82	世界技能大赛中国选拔赛
60	全国大学生水利创新设计大赛	83	一带一路暨金砖国家技能发展与技术创新大赛
61	全国大学生化工实验大赛	84	码蹄杯全国职业院校程序设计大赛

二、竞赛项目的甄选

在当代大学生双创教育中，创新创业竞赛已经成为一种重要的教育方式和实践平台。这些竞赛不仅为学生提供了展示自己才华和创新能力的机会，更为他们搭建了一个实践与创新相结合的舞台。然而，随着各类竞赛层出不穷，对其进行科学合理的分类显得尤为重要。

依据多年的教学和指导竞赛的实践经验，总结出三类创新创业竞赛具备的特点和要求。

1. 以中国国际大学生创新大赛（原中国国际"互联网+"大学生创新创业大赛）、"挑战杯"中国大学生创业计划竞赛、全国大学生生命科学竞赛（创新创业类）、iCAN 大学生创新创业大赛等为代表的综合类竞赛和全国大学生电子商务"创新、创意及创业"挑战赛。这个类型的竞赛参赛均需要提供商业计划书、网评PPT、路演PPT作为参赛的必备材料,比赛的关键点在于项目自身的创新技术和商业价值,通过展示的方式获得评委的认可。此类比赛大部分评价的要点有相通之处,但不同比赛的采分点有部分差别,例如全国大学生生命科学竞赛(创新创业类)倾向于科学研究方面的竞赛项目,iCAN大学生创新创业大赛倾向于具有实物的竞赛项目等。

2. 以调研报告、论文材料、实验记录等形式材料提交的竞赛,例如"挑战杯"全国大学生课外学术科技作品竞赛、全国大学生数学建模竞赛、全国大学生生命科学竞赛(科学探究类)、全国大学生医学创新大赛暨"一带一路"国际竞赛[原全国大学生基础医学创新研究暨实验设计论坛(大赛)]等。在准备这类竞赛时,参赛者应注重选题的创新性和实用性,确保研究符合竞赛主题。数据收集与分析要科学严谨,避免造假,同时论文撰写需遵循学术规范,语言准确,格式符合竞赛标准。实验设计应合理,记录要详尽,确保可重复性。此外,原创性至关重要,严禁抄袭,并要尊重知识产权。团队协作时,明确分工,保持沟通,高效解决问题。时间管理和计划安排也不容忽视,要合理分配研究、撰写和审阅修改的时间,避免拖延。最后,多次审阅修改作品,并邀请专家提意见,以完善作品,提高获奖机会。在整个过程中,参赛者须保持严谨的态度和高度的专注,力求呈现出最佳的研究成果。

3. 以模拟经营、软件操作、现场实操等方式进行的竞赛,例如中国大学生医学技术技能大赛、"学创杯"全国大学生创业综合模拟演训活动(原"学创杯"全国大学生创业综合模拟大赛)、"外研社·国才杯"全国大学生英语系列赛等。此类竞赛有充分的竞赛准备是至关重要的,这不仅包括对竞赛规则、评分标准的深入了解,还涉及对相关专业知识和技能的全面掌握。例如,在模拟经营竞赛中,参赛者需要熟悉市场动态、财务管理和产品创新等关键要素,以便在模拟环境中做出明智的决策。在现场实操环节,如何在有限的时间内完成复杂任务,这对参赛者的时间把控能力提出了极高要求。

通过以上三类竞赛的特点和要求的总结,有助于学生团队更好地理解和准备不同类型的竞赛,还能让他们在不同的竞赛中以最高效的方式准备竞赛材料,同时也能有效避免不同竞赛之间的混淆。

首先,竞赛特点和要求的总结,使学生团队能够明确各类竞赛规则和要求。例如,对于以调研报告、论文材料等形式提交的竞赛,学生需要注重选题的创新性和实用性,进行深入的研究和分析,并撰写高质量的论文或报告。而对于以模拟经营、软件操作、现场实操等方式进行的竞赛,学生则需要重点提升实操能力和团队合作精神,熟悉并掌握相关软件或设备的操作方法。

其次,通过分类备赛,学生团队可以实现资源的优化配置。针对不同的竞赛类型,团队可以合理分配人力和资源,确保每个成员都能在自己的擅长领域发挥最大的作用。这种分工合作的模式不仅提高了备赛效率,还能让团队成员在备赛过程中相互学习、共同进步。

最后,竞赛的分类还有助于学生团队避免在不同竞赛中使用相同的材料。每个竞赛都有其独特的要求和评分标准,因此,一份材料很难在所有竞赛中都取得好成绩。通过对竞赛进行分类,学生团队可以根据每个竞赛的特点和要求,量身定制相应的竞赛材料,从而提高获奖的可能性。同时,学校和教师的引导也是不可或缺的,应该为学生提供必要的辅导和资源,帮助他们更好地应对各种竞赛挑战。

第二节　学科竞赛对医学生专业技能的提升

医学生参与学科竞赛对于提升他们的专业技能、培养创新思维和团队协作能力、拓宽视野及增强心理素质等方面都具有重要的意义。

（一）学术能力的提升

学科竞赛为医学生提供了一个深入研究和应用所学专业知识的平台。通过参与竞赛，他们不仅需要对基础知识有扎实的掌握，还需要将这些知识应用于实际问题的解决中。这种过程极大地深化了他们对专业知识的理解，同时也促进了知识的活学活用。此外，学科竞赛中的问题和挑战常常涉及学科的前沿和热点，参与竞赛的医学生需要关注最新的研究进展，从而不断更新和扩展自己的知识体系。这种持续学习和探索精神，对于他们未来在医学领域的持续发展至关重要。

（二）实践技能的增强与专业技能的提升

1. 临床技能的强化　对于医学生而言，临床技能的培养是至关重要的。学科竞赛中，特别是临床医学类的竞赛，经常会设置模拟临床场景，要求参赛者进行病例诊断、治疗方案设计等操作。通过这些实践，医学生能够在实际操作前获得宝贵的模拟经验，对真实临床环境中的工作流程和操作规范有更深入的理解。此外，这类竞赛还常常引入标准化病人（standardized patient，SP）或高仿真模拟人进行模拟诊疗，使医学生在一个相对安全的环境中练习和精进自己的临床技能，如问诊技巧、体格检查、病情判断等。这种实践经验对于医学生日后进入临床实习和工作具有极大的帮助。

2. 实验技术的熟练掌握　医学领域的很多研究都依赖于精确的实验技术。学科竞赛中，特别是基础医学和生物医学类的竞赛，往往要求参赛者进行实验操作，如 PCR、Western Blot、细胞培养等。通过竞赛的准备和参与过程，医学生可以获得大量的实验操作机会，从而熟练掌握这些关键技术。实验技术的熟练掌握不仅对于医学生的科研工作至关重要，同时也是他们未来职业生涯中不可或缺的技能。在竞赛中获得的实践经验，将有助于他们在未来的实验室工作或科学研究中更加得心应手。

3. 影像诊断与解读能力的提升　医学影像在医学诊断和治疗中扮演着重要角色。一些医学影像学的竞赛要求医学生具备对 X 光、CT、MRI 等医学影像的准确解读能力。通过这类竞赛的训练，医学生的影像诊断技能将得到显著提升，这对于他们日后在临床实践中准确判断病情、制订治疗方案具有重要意义。

4. 药物治疗知识的应用　在药学类的竞赛中，医学生需要深入了解各种药物的药理作用、药代动力学、不良反应等知识，并根据病例情况合理选用药物。这种训练不仅强化了医学生的药物治疗知识，还提高了他们在实际临床工作中合理用药的能力。

（三）团队协作与沟通能力的培养

学科竞赛中的团队合作环节是锻炼医学生团队协作能力的重要机会。在团队中，每个成员都需要发挥自己的专长，与队友有效沟通，共同完成任务。这种经历不仅提升了他们的团队协作能力，还培养了他们的沟通技巧和领导能力。

（四）个人综合素质的提升

参与学科竞赛对医学生的时间管理能力、心理素质等方面也有显著地提升作用。竞赛准备过程中的时间规划和任务分配锻炼了他们的时间管理能力；而竞赛中的压力和挑战则锤炼了他们的心理素质，使他们更加冷静、自信地面对未来的各种挑战。

(五) 职业发展的助力

有过学科竞赛经历的医学生在就业市场上会更具竞争力。他们的学术能力、实践技能和团队协作能力得到了全面地锻炼和提升，这些都是用人单位所看重的素质。此外，通过竞赛，医学生还可能接触到更多的行业专家和前辈，从而了解更多的职业发展方向和机会，为未来的职业规划提供有力的支持。

(六) 社会责任感的培养

参与学科竞赛的医学生往往会更加关注社会问题，尤其是与医学相关的社会问题。他们会意识到自己的社会责任和使命，从而更加积极地投入未来的医疗工作中去，为社会的健康和福祉贡献自己的力量。

通过竞赛的准备和参与过程，医学生的临床技能、实验技术、影像诊断能力及药物治疗知识等方面都得到了全面地锻炼和提升。这些专业技能的提升不仅为他们的学术研究和未来职业生涯奠定了坚实的基础，还使他们更加具备社会责任感，更好地服务于社会和人类的健康事业。

第三节　如何在竞赛中展现医学生的专业优势

随着医学领域的快速发展，医学生在各类学科竞赛中展现专业优势，与创新创业项目结合，不仅能够提升自身的综合素质，还能为未来的医疗行业发展贡献自己的力量。以下将详细探讨如何在竞赛中充分展现医学生的专业优势，并实现医学与创新创业的有机融合。

(一) 深入理解医学专业优势

在竞赛中，医学生首先需要明确自己的专业优势。这些优势包括但不限于深厚的医学知识储备、严谨的科学研究方法、精湛的临床技能以及强烈的责任心和使命感。通过系统学习医学知识，医学生掌握了人体生理、病理、药理等基础理论，这为他们在竞赛中分析、解决问题提供了坚实的基础。同时，医学研究方法的严谨性也锻炼了医学生的逻辑思维和实验设计能力，使他们在竞赛中能够更科学地制订方案、分析数据。

(二) 挖掘医学与创新创业的结合点

1. 医疗健康领域的创新创业项目　在"健康中国"战略背景下，医疗健康领域的创新创业项目层出不穷。医学生可以结合自身专业知识，关注医疗健康领域的发展趋势，挖掘具有市场潜力的创新创业项目。例如，开发针对特定疾病的早期诊断技术、智能医疗设备、远程医疗服务等。

2. 跨学科合作与创新　医学生应积极寻求与其他学科的跨学科合作，如工程学、计算机科学、生物学等。通过跨学科合作，可以将医学知识与其他领域的技术相结合，共同开发出具有创新性的医疗健康产品。这种合作模式在竞赛中往往能取得出色的成绩，并推动医学领域的创新发展。

(三) 在竞赛中展现专业优势的策略

1. 精准选题与定位　在选择竞赛项目时，医学生应结合自身的专业背景和兴趣，挑选与医学专业紧密相关的课题。这样不仅能更好地发挥自己的专业优势，还能在竞赛中凸显医学特色。同时,要明确项目的定位和目标,确保项目的创新性和实用性。

2. 充分展现临床技能与实验操作能力　在竞赛过程中,医学生应充分展现自己的临床技能和实验操作能力。例如,在进行病例诊断、治疗方案设计时,可以运用所学的临床知识和技能提出科学合理的解决方案。在实验操作环节,要严格遵守实验规范,熟练操作各种实验仪器,确保实验数据的准确性和可靠性。

3. 强调创新思维与解决问题的能力　医学生要在竞赛中展现自己的创新思维和解决问题的能力。面对复杂的医学问题,要善于运用创新思维,提出新颖的解决方案。同时,要具备扎实的问题解决能力,能够针对具体问题进行深入分析,并给出有效的解决策略。

4. 团队合作与沟通能力　在团队竞赛中,医学生要积极发挥自己的团队合作能力,与队友共同完成任务。在沟通过程中,要清晰表达自己的观点和建议,同时也要善于倾听他人的意见,形成有效的团队协作氛围。通过团队合作,可以更好地整合团队成员的专业优势,提升项目的整体竞争力。

5. 展示社会责任与使命感　医学生在竞赛中还应展示自己的社会责任感和使命感。在选择项目时,可以关注社会热点问题,如公共卫生、疾病预防等。通过项目展示,传递出医学生对人类健康事业的关注和贡献,进一步凸显自己的专业优势和社会价值。

医学生在竞赛中展现专业优势的关键在于深入理解医学专业特点、挖掘医学与创新创业的结合点及采取有效的展现策略。通过将医学专业知识与创新创业项目相结合,医学生可以在竞赛中充分展现自己的才华和潜力,为未来的医疗行业发展贡献自己的力量。同时,这种结合也有助于培养医学生的创新意识和实践能力,提升他们的综合素质和竞争力。

【创业实践】

"竞赛大碰撞":请根据课上内容绘制出医学相关竞赛的思维导图。

1. 作业描述　这一作业旨在通过思维导图的形式,帮助学生系统梳理和理解课堂上学到的关于医学相关竞赛的知识点,同时激发他们自主探索和学习的兴趣。请同学们以小组为单位绘制思维导图,这种有效的知识可视化工具,帮助团队将复杂的信息以结构化的方式展现出来,从而加深对知识的理解和记忆。

2. 具体实践要求

(1)内容覆盖:思维导图应涵盖课上提到的所有医学相关竞赛,包括但不限于国内外知名的医学竞赛、不同专业方向的竞赛等。每个竞赛节点下应包含竞赛的基本信息(如名称、主办方、举办时间)、参赛对象、竞赛内容、获奖情况等重要信息。

(2)结构清晰:思维导图应具有清晰的层次结构,可以按照竞赛的类型、专业领域或地域进行分类。使用不同的颜色、图标或连接线来区分不同类型的竞赛或信息,提高可读性和美观度。

(3)创意与个性:鼓励学生在思维导图的设计上发挥创意,可以添加个人注释、感想或建议,使思维导图更具个性化和实用性。可以利用专业的思维导图软件(如 XMind、MindMaster等)或手绘方式完成作业。

(4)提交形式:作业应以电子形式提交,确保图像的清晰度和可读性。提交时,附上一段简短的文字说明,概述思维导图的设计思路和主要发现。

【拓展资源】

中国高等教育学会: https://www.cahe.edu.cn/

黑龙江省高等学校教育教学数字政务平台：https://hlj.microton.cn/

全国大学生数学建模竞赛：https://www.mcm.edu.cn/

全国大学生医学创新大赛暨"一带一路"国际竞赛：http://www.jcyxds.com/

全国大学生生命科学竞赛：https://culsc.cn/

中国大学生医学技术技能大赛：https://medu.bjmu.edu.cn/cms/show.action?code=publish_4a f037e16e264f60016eaa7dea950ef4&siteid=100001

"学创杯"全国大学生创业综合模拟演训活动：http://www.xcbds.com/

iCAN大学生创新创业大赛：http://www.g-ican.com/

全国大学生电子商务"创新、创意及创业"挑战赛：http://www.3chuang.net/

全国大学生创新创业训练计划年会展示：http://gjcxcy.bjtu.edu.cn/

全国大学生市场调查与分析大赛：http://www.china-cssc.org/

全国大学生化学实验创新设计大赛：https://cid.nju.edu.cn/

中国大学生服务外包创新创业大赛：http://www.fwwb.org.cn/

第三篇

创新能力训练

第八章　创新思维的概念与特征

【创新金语】

能正确地提出问题就是迈出了创新的第一步。

——李政道

【案例解析】

2024 年 4 月 21 日,第五届医学大数据与人工智能创新发展大会在杭州盛大召开。其中,"2023 年度医学人工智能创新应用典型案例"颁奖仪式作为本次大会的重要议程,吸引了广泛关注。此次活动紧扣"互联网＋医疗健康"政策,聚焦当前热门的"医学大数据"和"医学人工智能"领域,旨在表彰那些在医学人工智能领域取得显著成果、为医疗事业作出突出贡献的先进典型。经过严格的评选和层层筛选,最终有六个优秀案例脱颖而出,荣获各自领域的优秀案例奖。

"5G+AI 数字健康快车"项目

5G+AI 数字健康快车系统集成了乳腺动态光学功能靶向成像系统和超声智能辅助诊断系统,包括甲状腺、乳腺、颈动脉、盆底等医学人工智能应用,在 AI 系统的支持下,操作人员在完成检查后,数据自动上传,远程诊断中心的医生后台阅片,减少影像医生工作量,提高诊断精准度。医生可以在辅助诊断系统的帮助下,迅速掌握病灶并做出准确判断。5G+AI 数字健康快车系统解决方案运用更多前沿新技术,开创精准早筛和未病先防的数字健康管理服务新模式,从而实现真正地从被动治疗到主动健康的转变。

【解析】

近年来,我国女性乳腺癌、宫颈癌和甲状腺癌等的发病率逐渐上升并趋向年轻化。但是早期的宫颈癌、乳腺癌和甲状腺癌治愈率可达 90% 以上。云上华佗"5G+AI 数字健康快车"这个项目的初衷也是为了解决基层医疗机构筛查方法单一、人员能力要求高、检出率偏低、漏诊率高、检测周期长等问题,提高基层"两癌"筛查能力和筛查效果。科技创新与成果转化是推动医学发展的内在动力,医学的发展很大程度上依赖于科学技术的进步。在国家科技创新政策大力支持下,我国的高校、科研院所取得了大量的优质科研成果,大数据、人工智能等先进技术也为成果的成功转化提供了便捷可靠的工具,帮助医生在疾病诊疗过程中看得更早、看得更清、看得更准。

医学科技创新对于提高健康水平和疾病预防能力具有重要的作用。医学院校和医生作为医学科技创新的主力军,应该肩负起培养创新人才和推动医学科技创新的责任。通过加强医学教育和培训,增加对医学科技创新的支持力度,加强学术交流和合作,我们可以进一步提高人民健康水平,减少疾病发病率,促进人民的健康和幸福。

第一节　创新思维的概念

人类创新思维活动有广义和狭义之分。狭义的创新思维是指人类认识史上首次产生的、前所未有的、具有较大社会意义的高级思维活动。当然，这种创新思维只能为少数人所有。从广义上讲，针对某一具体的思维主体而言，具有新颖独特意义的任何思维，都可以被视为创新思维。它既可表现在科学史上重大发明中，也可存在于处理日常具体问题的思维活动中。因此，每一位正常人都具有创新思维能力。本章所阐述的就是广义上的创新思维。

创新思维是相对于传统思维而言，指一切具有创新性质的完整的思维过程。这种创新思维的整体活动，主要有以下几个方面。

首先，它体现出鲜明的创新性。众所周知，创新思维与传统思维具有鲜明的对比性。这种创新性和对比性在思维活动中的表现是广泛的和多方面的，有思考角度和方式的新颖性，有运用材料方法的新颖性，还有思维成果的新颖性。

其次，从其思维运行的过程来看，创新思维是一个由各种思维要素、各种思维活动能力相互作用、协同进行的系统化思维过程，具有思维活动的整体性。创新思维过程，并非像有些人认为的那样，是一种简单的逻辑思维活动形式，或者单纯孤立的形象思维或灵感思维活动形式。相反，创新思维是一个存在于人脑，极其复杂的特殊物质系统内的高度复杂的活动过程，其各种因素、能力及其形式之间都存在着不同程度上的相互作用、相互制约的联系。

创新思维既不是一种简单孤立的思维活动形式，也不是两种或某几种思维活动类型的简单叠加，而是一个包括发散思维与收敛思维、横向思维与纵向思维、求同思维与求异思维、正向思维与逆向思维等多种思维形式和要素在内的、相互协同进行的有机结合的高级整体。

第二节　创新思维的特征

创新思维的基本特征，归纳起来，主要有以下三个方面。

一、积极的求异性

创新思维实质上是一种求异性思维。它体现出与其他常规思维活动形式所不同的独到的创新过程。也就是说，它所表现出的无论是思考问题的方式、方法，还是思维活动的结果等方面，都与传统思维活动存在着不同的新颖之处。这个特征贯穿于创新思维活动的始终，为多数创新行为的"灵魂指引"。

二、系统的整体性

具体表现在创新思维结构的层次性。任何事物的结构都具有层次性的特征。关于事物结构的认识，从内容上看就是对事物构成层次上的把握。创新思维作为一种极其复杂的思维结构,其层次也是复杂的。从宏观整体上看,创新思维活动一般具有以下五个基本层次。

1. 创新思维的脑生理结构 这是创新思维赖以发生的物质基础。众所周知,如果没有正常健全的人脑生理结构,是不可能形成人的思维活动,更不用说创新思维活动。

2. 创新思维的心理结构 这同样是创新思维赖以发生的前提和基础。创新思维需要最大限度地发挥人的主观能动性,这并不是一种简单的、片面的、孤立的思维活动形式,而是建立在心理结构运动基础之上,又高于这种心理运动的特殊活动过程。没有人的创新心理活动,也就不可能发生创新思维。

3. 创新思维的构成要素结构 毫无疑问,建立在良好的生理和心理活动基础之上的创新思维,绝非一种空洞的、虚幻的运动形式,而是由其自身思维诸要素所构成的、具有创新意义的具体活动。一般说来,它是由问题、观念、知识、语言、成果等基本要素构成。这些思维要素在思维能力的驱动下,以某种特殊的运动方式相互联结、相互作用、协同建构,从而形成创新思维的功能运动。思维要素是创新思维结构的核心层次,是形成创新思维价值成果的直接生长层或思维"土壤"。

4. 创新思维的能力结构 如果说知识、语言、问题等思维要素层次是构成创新思维的思维"土壤",属于静态结构的话,那么,思维能力则属于驱动、调控或驾驭思维诸要素活动,形成某种特定的思维活动形式、伴随自身运动趋向的思维力量。它是创新思维研究的重要范畴,反映了创新思维的内在动力。思维能力作为运动范畴,只能在思维运动的实际状态中存在和体现。换句话说,思维能力是形成思维活动形式的内在动力,而思维活动形式则是思维能力的运动体现。

5. 创新思维的形式结构 这是创新思维活动结构的直观表层。它反映的是创新思维诸要素在其内在思维能力的支配下而形成的外部表现状态。根据这些外部状态的特征,人们基本上可以对创新思维的类型进行形式上的划分。

创新思维并不是脱离任何社会环境的孤立的个体封闭系统,而是在社会实践基础上,在各种社会关系的交往状态中进行的。思维社会学原理告诉我们,创新思维不能摆脱社会关系的制约,个体创新思维活动总是以这样或那样的方式与社会活动环境发生关系。

总之,创新思维结构具有多层次性,而每一层次又包含着更为丰富的、具体的、不同的结构,这是我们不能忽略的。

三、动态灵活性

不言而喻,创新思维作为一种能动活动,它不是静止的,也不是僵化封闭的,创新思维自身处在不断地运动变化状态中,并相应地发生结构性的变化。也就是说,创新思维的结构在运动中会灵活地发生自变,这主要体现在以下三个方面。

1. 能及时变换思维的角度和方法,举一反三,触类旁通,从一个思路或方向变通到另一个思路或方向,从而形成多视角、多方位的思维活动态势。

2. 能及时抛弃一些旧的思维观念和方式,转向新的思维方式和观念层面,调整思维活动趋向。

3. 能主动抛弃一些无效的思维方式和材料,而采纳新的思维方式和材料。正是这种自身充满无限活力的运动状态,才得以形成动态性的、富有创新意义的灵活结构。

第三节　创新思维的形式

一、发散思维与收敛思维

1. 发散思维　又称辐射思维、扩散思维或多路思维。心理学家乔伊·保罗·吉尔福特把发散思维定义为：从所给定的信息中，产生信息，从同一来源中产生各式各样的为数众多的输出。它以所思考问题的需要为基点，把所有与之相关事物作为方向，作为思考的指针，也就是向着多个方向作辐射状的发散思考。我们都有这样的经历，老师上课时常常就一道题目给出多种解答方法，而且也鼓励学生这样做，这就是在训练学生进行发散思维。

发散思维的客观依据是由于事物的内部及其所处客观环境的复杂性，使得事物发展的方向不是单一的，而是多样的。每一种发展方向的可能都可以被作为设计一个解决问题的方法的依据，也就是说事物发展的可能性是多样的，以此为依据设计出的解决问题的方法也是多种多样的。当然，任何人都存在局限性，要想穷尽事物发展的可能性是很难做到的，但是我们应尽可能多地揭示事物的可能性，这样做往往会收到显著的成效。

2. 收敛思维　又称聚合思维、求同思维、辐集思维或集中思维。其特点是使思维始终集中于同一方向，使思维条理化、简明化、逻辑化、规律化。收敛思维也是创新思维的一种形式，与发散思维不同，发散思维是为了解决某个问题，从这一问题出发，想的办法、途径越多越好，总是追求还有没有更多的办法；而收敛思维也是为了解决某一问题，在众多的现象、线索、信息中，向着问题的一个方向思考，根据已有的经验、知识或发散思维中针对问题的最好办法去得出最好的结论和最好的解决办法。

收敛思维的另一种情况是先进行发散思维，越充分越好，在发散思维的基础上再进行集中，从若干种方案中选出一种最佳方案，同时注意将其他方案中的优点补充进来，加以完善，围绕这个最佳方案进行创造，效果自然会好。洗衣机的发明就是如此。首先围绕"洗"这个关键问题，列出各种各样的洗涤方法，如洗衣板搓洗、用刷子刷洗、用棒槌敲打、在河中漂洗、用流水冲洗、用脚踩洗等，然后再进行收敛思维，对各种洗涤方法进行分析和综合，充分吸收各种方法的优点，结合现有的技术条件，制订出设计方案，然后再不断改进，最终成功了。

收敛思维与发散思维，如同"一个钱币的两面"，是对立的统一，具有互补性，不可偏废。

二、横向思维与纵向思维

1. 横向思维　是一种打破逻辑局限，将思维往更宽广领域拓展的前进式思考模式，它的特点是不限制任何范畴，以偶然性概念来逃离逻辑思维，从而可以创造出更多匪夷所思的新想法、新观点、新事物的一种创造性思维。所谓横向，是因为逻辑思维的思考形态是垂直纵向走向，而横向思维则可以创造多点切入，甚至可以从终点返回起点式地思考。横向思维其实就是一种难题解决方法，它的职能只有一个，就是创新。

横向思维是爱德华·德·波诺教授针对纵向思维即传统的逻辑思维提出的一种看问题的新程式、新方法。他认为纵向思维者对局势采取最理智的态度，从假设—前提—概念开始，进而依靠逻辑认真解决，直至获得问题答案；而横向思维者是对问题本身提出问题、重构问题，它倾向于探求观察事物的所有的不同方法，而不是接受最有希望的方法并执行。这对打破既有的思维模式是十分有用的。横向思维有三种表现形式。

(1)横向移入:是指跳出本专业、本行业的范围,摆脱习惯性思维。侧视其他方向,将注意力引向更广阔的领域,解决本领域的问题。或者将其他领域,已经成熟的、较好的技术方法、原理等直接移植过来,加以利用。从其他领域事物的特征、属性、机理中得到启发,导致对原来思考问题的创新设想。

(2)横向移出:是指将现有的设想、已经取得的发明、已有的感兴趣的技术和产品,从现有的使用领域、使用对象中摆脱出来,将其外推到其他意想不到的领域或者对象上,如仿生科技。

(3)横向转换:是指不直接解决问题而将问题转换成其他的问题,如曹冲称象。

2. 纵向思维 是指在一种结构范围内,按照有顺序的、可预测的、程式化的方向进行的思维形式,这是一种符合事物发展方向和人类认识习惯的思维方式,遵循由低到高、由浅到深、由始到终等线索,因而清晰明了,合乎逻辑。与横向思维相比,纵向思维更加注重逻辑和因果关系,它的思考过程是线性的,从一个点出发,沿着一条线深入下去。而横向思维则更加注重思维的广度和灵活性,追求思维的多样性和创新性。

一个有趣的例子:牛津大学的爱德华·德·波诺先生非常推崇"横向思维"。在一次讲座中,波诺先生提出了这样一个问题。

某工厂的办公楼原是一栋2层建筑,占地面积很大。为了有效利用地皮,工厂新建了一幢12层的办公大楼,并准备拆掉旧办公楼。员工搬进了新办公大楼不久,便开始抱怨大楼的电梯不够快、不够多。尤其是在上下班高峰期,他们得花很长时间等电梯。

顾问们想出了以下几个解决方案。

(1)在上下班高峰期,让一部分电梯只在奇数楼层停,另一部分只在偶数楼层停,从而减少那些为了上下一层楼而搭电梯的人。

(2)安装几部室外电梯。

(3)把公司各部门上下班的时间错开,从而避免高峰期拥挤的情况。

(4)在所有电梯旁边的墙面上安装镜子。

(5)搬回旧办公楼。

你会选哪一个方案?

波诺先生说,如果你选了1、2、3、5,那么你用的是纵向思维,也就是传统思维。如果选了4,你就是个横向思维者,你考虑问题时能跳出思维惯性。这家工厂最后采用了第4种方案,并成功地解决了问题。

波诺先生解释说,员工们忙着在镜子前审视自己,或是偷偷观察别人,人们的注意力不再集中于等待电梯上,焦急的心情得到放松。大楼并不缺电梯,而是人们缺乏耐心。

三、求同思维与求异思维

1. 求同思维 是指在创造活动中,把两个或两个以上的事物,根据实际的需要,联系在一起进行"求同"思考,寻求它们的结合点,然后从这些结合点中产生新创意的思维活动。求同思维是从已知的事实或者已知的命题出发,通过沿着单一方向一步步推导,来获得满意的答案。以获得客观事物共同本质和规律的基本方法是归纳法,把归纳出的共同本质和规律进行推广的方法是演绎法。这些过程中,肯定性的推断是正面求同,否定性的推断是反面求同。

运用求同思维可以按照以下步骤进行。

第一步:在各种不同的场合中找出两个或者两个以上的事物。

第二步:寻找这些事物存在的共同特征或联系。

第三步：根据实际需要，从某个"结合点"出发，将这些事物进行"求同"，产生新的创意。

在欧洲中世纪，约翰·古登堡（Johann Gutenberg）发明了活版印刷机。据说，古登堡首先研究了硬币打印机，它能在金币上压出印痕，可惜印出的面积太小，没办法用来印书。接着，古登堡又看到了葡萄压榨机，那是由两块很大的平板组成的，成串的葡萄放在两块板之间便能压出葡萄汁。古登堡仔细比较了两种机械，从"求同思维"出发，把两者的长处结合起来，经过多次试验，终于发明了欧洲第一台活版印刷机，使长期被僧侣和贵族阶层垄断的文化和知识迅速传播开来，为欧洲科学技术的繁荣和整个社会的进步作出了巨大贡献。

2. 求异思维 是指对某一现象或问题，进行多起点、多方向、多角度、多原则、多层次、多结果的分析和思考，捕捉事物内部的矛盾，揭示表象下的事物本质从而选择富有创造性的观点、看法或思想的一种思维活动。

求异思维的客观依据是任何事物都有的特殊本质和规律，即特殊矛盾表现出的差异性。要进行求异思维必须积极思考和调动长期积累的社会感受，给人们带来新颖的、独创的、具有社会价值的思维成果。

求异思维的常用方法：一是新视角求异法，是指对一个事物或问题，要力争从众多的新角度去观察和思考它，以求获得更多的对事物的新认识，萌生和提出更多解决问题的新方法。二是要素变换求异法，是指从解决某一问题的需要出发，思考如何通过采取措施改变事物所包含的要素，从而使事物随之发生符合人的需要的某种变化。三是问题转换求异法，是指在思考过程中，把不可能办到的问题转换为可以办到的问题或者把复杂困难的问题转换为简单容易的问题，或者把生疏的问题转换为熟悉的问题，从而找到解决问题的恰当可行或效率更高、效果更好的办法。

在日本，松下电器的熨斗事业部很有权威性，因为它在20世纪40年代发明了日本第一台电熨斗。但到了20世纪80年代，电熨斗进入滞销行列，如何开发新品，是当时该部门很头痛的一件事。一天，事业部部长召集了几十名年龄不同的家庭主妇，请她们从使用者的角度来提要求。一位家庭主妇说："熨斗要是没有电线就方便多了。""妙，无线熨斗！"部长兴奋地叫起来，马上成立了攻关小组研究该项目。攻关小组首先想到用蓄电池，但研制出来的熨斗很笨重，不方便使用，于是研发人员又观察、研究妇女的熨衣过程，发现妇女熨衣并非总拿着熨斗一直熨，整理衣物时，就把熨斗竖立一边。经过统计发现，一次熨烫的最长时间为23.7秒，平均为15秒，竖立的时间为8秒。于是根据实际操作情况对蓄电熨斗进行了改进，设计了一个充电槽，每次熨后将熨斗放进充电槽充电，8秒即可充足，这样使得熨斗重量大大减轻。新型无线熨斗终于诞生了，成为当年最畅销的产品。这个简单的例子告诉我们求异思维经常会带来意想不到的收获。

四、正向思维与逆向思维

1. 正向思维 就是人们在思维活动中，从目前的一步为起点，以每一步的目标为方向，按事物发展的进程进行思考、推测，一步一步深入达到最终目标的思维；正向思维是沿袭某些常规去分析问题，是一种从已知进到未知，通过已知来揭示事物本质的思维方法。

人们解决问题时，习惯于按照熟悉的常规的思维路径去思考，即采用正向思维，有时能找到解决问题的方法，收到令人满意的效果。正向思维是从自己身处现状和手头现有的资源出发，按照自己能力和资源的规定，正向推进，稳打稳扎，步步为营的思维。了解事物发展的内在逻辑、环境条件、性能、规律等，是获得预见能力和保证预测思维；是基于现状和资源为导向的思维模式。正确的条件，也是正向思维法的基本要求。正向思维属于逻辑思维。

2. 逆向思维　它的思维取向与常人的思维取向相反,是"反其道而行之"的思维方式。通俗而言,逆向思维就是我们通常所说的"倒着想""反过来想一想"或"非常规地想"的思维,是指和正向思维方向相反、相左,而又相互联系的思维过程。逆向思维常常是摆脱常规思维羁绊的一种具有创造性的思维方式。

逆向思维的方法有几种表现形式,常见的有方向反转型逆向思维法、角度转化型逆向思维法、化弊为利型逆向思维法等。

逆向思维并不是主张人们在思考时违逆常规,不受限制地胡思乱想,而是主张在思维活动中关注小概率可能性的思维。逆向思维是发现问题、分析问题和解决问题的重要手段,有助于克服思维定式的局限性,是决策思维的重要方式。

世界上不存在绝对的逆向思维模式,正向与逆向是相对的,是可以互相转换的,当一种公认的逆向思维模式被大多数人掌握并应用时,它也就变成了正向思维模式。

在小学大家都学过"司马光砸缸"的故事。小孩落水会淹死,要救出落入水缸的小孩,常规方式是把人拉出水面。把一个小孩拉出水缸,对大人不成问题,但对仍是少年的司马光来讲,要把同伴从水缸拉出却不是一件易事,弄不好自己还可能被对方拉下水。司马光考虑的不是常人想的"人离水能活"这种方式,而是反过来考虑"水离人,人也能活"这种思维方式,结果砸破水缸救出小孩,这就是一种逆向思维。

第四节　创新思维的障碍

在创新的思维道路上,肯定有诸多障碍。这与我们的生活方式、习惯性的思维方式、原生家庭成员思维方式和受教育方式等息息相关。下面就列举说明几种创新思维道路上的"绊脚石"。

一、习惯思维定式

习惯思维定式,是指人们按习惯的、比较固定的思路去分析问题和解决问题。表现为在具体行为过程中做自己倾向性的加工准备。它阻碍了思维开放性和灵活性,造成思维的僵化和呆板。这使得人们不能灵活运用知识,创造性思维的发展受到阻碍。

自西方解剖学开始发展,心脏的功能就开始逐步被人们所认识,特别是血液循环系统知识逐渐被完善以后,心脏的功能就被比喻成一个"泵站"。这个似乎永不疲倦的"泵站",不断地把血液"泵"向周身,去往肺部的血液携带着细胞排放出来的二氧化碳废气,在肺部排出,并把新鲜的氧气输送回到心脏,心脏再把携带着新鲜氧气的血液再送往全身,为所有工作着的细胞带去生命的能量。正因为如此,心脏在我们普通人眼中成为生命的象征,有力的心跳使人感到安慰,而微弱的心跳则令人不安,当心脏停止跳动时,意味着一个鲜活的生命离开了这个世界。可是这个已经被公认的观点后来被认为是不完善的,因为有人发现,心脏除了不知疲倦地跳动以外,还有一个很重要的功能,那就是内分泌功能。

心脏能够分泌一种具有利钠、利尿、舒张血管和抗细胞增殖效应的多肽,这种多肽被称为心房钠尿肽(atrial natriuretic peptide,ANP),是 1981 年由 de Bold 等人发现的。他们通过对大鼠的实验证明,ANP 具有利尿和降血压的作用,可是我们一直把心脏当作一个机械般的"泵站",从来没有意识到心脏还有内分泌的作用,而且分泌出来的物质具有多种作用,对现在的很多慢性疾病都有重要的意义。

科学家们已经在 1984 年就证实了 ANP 的结构,现在这种物质已经与类似的脑利尿钠肽(brain natriuretic peptide,BNP)、C 型利尿钠肽(C-type natriuretic peptide,CNP)一起成为一些生物技术公司的常规业务。在动物实验中,人们进一步挖掘它们的作用及机制,在临床上也已经重视它们的意义。这就是突破了习惯思维定式的一个实例。

二、权威思维定式

有人群的地方总会有权威,权威是任何时代、任何社会都存在的现象,人们对权威普遍怀有尊崇之情,甚至有的人对权威有盲从的心态。一般来说,权威有利于指导人们向着正确的方向去努力,带领人们披荆斩棘向着未来前进。但一旦权威存在误差甚至是错误,哪怕只是权威的某个方面或细节发生失误,都可能导致无条件服从权威的人误入歧途,发生错误甚至失败。

罗伯特·科赫(Robert Koch,1843—1910)是德国的一位医生,同时也是一名细菌学家,是世界病原细菌学的奠基人和开拓者。他在 1873 年至 1882 年之间发现了炭疽杆菌、伤寒杆菌、结核分枝杆菌、霍乱弧菌、结膜炎嗜血杆菌等许多传染病菌。这些病菌是通过他发明的观察方法——细菌的固体培养技术、细菌染色法及显微照相等方法培养出来的。

在当时的社会,肺结核病是一种可怕的疾病,就像今天的癌症一样令人生畏,只有少数人能够捡回性命,大多数患了肺结核病的患者都会死去,医生对此也束手无策。1880 年,罗伯特·科赫利用显微照相技术和微生物分离技术开始对肺结核病进行研究。1881 年 8 月,科赫开始对肺结核分枝杆菌进行分离,通过各种染色方法,他才确切地证明了在感染的肺部组织中的确有细菌存在,而他在实验室中培养了这种细菌后,用这种细菌感染健康的豚鼠,使之染上肺结核病。于是,他得出结论,肺结核病是由于结核分枝杆菌侵染了肺部组织而导致的,并且患者的痰中也含有这种致病菌,所以肺结核病是互相传染的。

1882 年,科赫发表了他的研究成果,并引起巨大反响。科赫没有就此止步,他决定找到可以预防结核病的疫苗。科赫采用了巴斯德发明的制备疫苗的方法,通过培养结核分枝杆菌,他得到了结核菌素,结核菌素可以作为疫苗抑制结核分枝杆菌。可遗憾的是,他的"结核病疫苗"在实际应用中完全没有效果,许多医生用结核菌素治疗结核病,反倒延误了患者的治疗。一时间,反对意见骤起。后来,细菌学家阿尔贝特·卡尔梅特(Albert Calmette,1863—1933)和他的搭档利用牛胆汁培养出了毒性减弱了的牛结核分枝杆菌,把这种杆菌注射给新生儿就可以有效地预防结核病的发生,这就是卡介苗。卡介苗的发明极大地降低了结核病的发病率。

"结核事件"给科赫的声誉带来了很大的负面影响。尽管如此,科赫还是因为发现了结核分枝杆菌而于 1905 年获得了诺贝尔生理学或医学奖。科赫从发现结核分枝杆菌到获奖等了23 年。在当时,几乎所有人都承认科赫获得诺贝尔奖是实至名归,但是不应该以发现结核分枝杆菌而作为获奖理由。

我们可以看到,罗伯特·科赫无疑是一位天才,但是他在结核病疫苗的制备上还是没有跳出权威思维的禁锢,出现了比较严重的失误。如果科赫在当时能够突破权威的束缚,或许就能够避免"结核事件"的发生,其获得诺贝尔奖的时间也许会大大提前。在这里,我们只是吸取科赫经历的一些教训,但科赫对人类健康的贡献是毋庸置疑的。

大师也会犯错,即使权威也不一定在任何时候、任何条件下都是正确的。所以,破除内心对权威的盲目认可和追随,遇事从多个角度去思考,可能会帮助我们少走弯路甚至走出新路。

三、从众思维定式

"是药三分毒",现在的医生通常会告诉患者按说明书服用。这样在安全范围内的行医,无可厚非,在医治过程中医生没有犯任何错误。一些令医患关系紧张的行为也让很多医生"不敢越雷池一步",只能按照大众方法行医开药。然而"大病须用大药""急病重症,非大剂无以拯其危""唯能用毒药者,方为良医"等却被抛诸脑后。宁波名医范文甫却是一位另类的医生,其以善用猛药而著称。除了"不杀人不足为名医"这句有点表述夸张之外,他还说了一句比较理性的话:"用药如用兵,将在谋而不在勇,兵贵精而不在多,乌合之众,虽多何用!"范文甫辨证准确,用药果断,敢用猛药,用药独特且效果显著,久之成名。

所谓峻药,含义大概有三种,一者为大毒之药,亦称"虎狼药";二者虽无大毒,但药性偏峻,可称"霸道药";三者,性虽平和,但若用量特重,则亦可视为峻药,这些药一般的医生不敢用或者使用得相当谨慎。实际上,对于峻药,如果打破常规,运用得当的话,会得到意想不到的效果。在我国的传统医学中,并非禁用峻药,凡读医书之人,也并非不了解峻药的功效。然而在了解峻药功效的同时,大家也都了解使用峻药伴随的风险。在功效与风险之间,稳妥起见,很多的医生往往偏于保守的治疗方法。

然而,大胆而必要的用药,确实能救人于膏肓之时。叶天士在向金山寺老僧学医期间,曾遇一患者腹胀如鼓,已是"垂毙之人"。叶天士诊为"虫鼓",拟用砒霜(信石)三分杀虫。老僧说:"汝所不及我者,谨慎太过。此方需用砒霜一钱,起死回生,永除病根矣"。叶天士骇然曰:"此人患虫蛊,以信石三分,死其虫足矣,多则何人能堪?"僧曰:"汝既知虫,可知虫之大小乎?此虫已长二十余寸矣。试以三分,只能使虫昏迷。苏醒后再投药,虫即不受,人必死。"老僧用药一钱,打下二尺长的赤虫,患者获救。

人类以群居生活,且在长期的生存竞争中产生了很强烈的社会认同感,久而久之,人们形成了对多数人的意见选择服从的习惯,会自觉或不自觉地认为多数人认同的事情就是正确的事情,这就是从众思维定式。

从众思维定式固然对我们的日常生活起到一定的保护作用,但在创新活动中,我们要有意识地避免从众思维对我们的制约,甚至我们应该对人们日常的思考方式和结论进行批判性地分析,使自己始终保持独立的见解和清醒的头脑。

四、经验思维定式

有一个笑话大家可能都非常熟悉:小王要出国旅游,请邻居帮忙看家,照顾自己养的藏獒和鹦鹉。临行前,小王特意叮嘱邻居:"藏獒能逗,但鹦鹉不能逗。"小王走后,邻居想起小王的叮嘱,便只去逗藏獒。时间长了,他觉得:"藏獒我都敢逗,一只小小的鹦鹉怕什么?"于是,他去逗鹦鹉。结果,鹦鹉只说了一句话:"咬死他!"于是,藏獒扑向了小王的邻居。

此虽为一个笑话,但也不免说明一个道理:有些事情根据自己的以往经验去判断,结果不一定正确。正如小王的邻居,经验告诉他鹦鹉很小,无法伤害他。于是,他不顾小王的警告而最终自食苦果。

经验是通过长期实践摸索而积累下来的,具有一定的借鉴价值和参考价值。但是,我们不能迷信经验,更不能唯经验论。正所谓时移世易,在科技飞速发展的时代,原来可能正确的经验,现在可能变成错误的;原来无法想象的事情,现在可能已经变成了现实。

相对于知识来说,经验只是人们对实践过程中取得的感性认识的初步概括和总结,比较粗糙、朴素和表面化,没有深刻反映出事物内在的、本质的特点和规律。创新活动要求我们从以往积累的经验中摆脱出来,看到以往经验适用的时空环境,找到面对对象与以往的不同之处,客观地看待和研究,从而得到新的结论,掌握新的方法,提出新的理论,创造新的产品。

综上所述,在创新的道路上,习惯思维定式、权威思维定式、从众思维定式和经验思维定式都有可能在自觉或不自觉中发挥作用,成为我们寻找新思路、新方法的"绊脚石"。学习过这一节后,同学们应该在日常的思维活动中,有意识地进行自我反思,随时提醒自己可能被哪块"绊脚石"绊倒了。

第五节　创新思维的培养

医学是一门严谨的学科,如何激励医学生在严谨与创新中找寻突破,却是一件不易之事。下面介绍几种创新思维方法,希望同学们能够通过掌握这些思维方法,并且有意识地训练自己,以达到活跃思维、拓展思路的目的。

一、联想思维

1. 什么是联想思维　医学及医学相关专业的学生对伊拉·梅契尼柯夫(Elie Metchnikoff,1845—1916)这个名字应该并不陌生。他是一位微生物学家、免疫学家、诺贝尔奖获得者。他的第一位夫人罹患肺结核病去世,再加上他视力衰退、患有心脏疾病和工作上的一些烦扰,他当时十分悲观甚至试图吞服鸦片自杀。这次以后,他前往意大利的西西里岛上的墨西拿,在那里建立了自己的私人实验室,研究海洋生物。

有一天,他观察透明的海星幼虫的消化食物的方式,发现海星的幼虫体内含有一种类似于变形虫的细胞,这种细胞能够自由地游向食物,然后自我变形并把食物包裹起来吞下去。同样透明的水蚤体内也能观察到游走细胞,实验证明它们可吞噬消化酵母菌芽孢。由此,他联想到,其他生物的细胞,比如人的细胞能否可以吞噬细菌呢?他开始了进一步的探索。他试着把小木刺刺入海星体内,第二天,他发现木刺的周围充满了游走细胞。现在我们知道这种细胞就是循环系统中的白细胞的一种,当身体的某些部分发生炎症时,这些白细胞就从血管内逸出,在发生炎症的部位吞噬并消化侵入到人体内的细菌。

1883 年,在维也纳动物学教授克劳斯的建议下,梅契尼柯夫在论文中用"巨噬细胞"来描述具有吞噬细菌功能的细胞,并阐述了其活动方式。巨噬细胞及其活动方式的发现,不仅对于人类免疫学的发展具有重要的影响,而且对梅契尼柯夫本人的影响也是巨大的。当梅契尼柯夫看到显微镜下这些小小的细胞面对细菌并不畏惧,而是游走到细菌的周围,把细菌包围起来吞入细胞质内的时候,梅契尼柯夫改变了他对人生的消极态度,变得积极起来,他决心更深入地认识这小小的吞噬细胞。不久,他发现侵袭水蚤的真菌孢子本身又反过来受到水蚤巨噬细胞的攻击;还有就是致病能力较强的炭疽杆菌不受巨噬细胞的攻击,而致病力较弱的菌株则相反。梅契尼柯夫的观点发展成为细胞免疫学说,与体液免疫学说共同构成了免疫学理论。

梅契尼柯夫观察到了海星幼虫的吞噬行为,如果单纯就此现象发表论文也是一种发现,但是梅契尼柯夫并没有就此止步,而是联想到了其他细胞是否具有这种功能,联想到其他生物体内是否也存在着这种能够吞噬细菌的细胞。这样,他一步一步地找到了细胞免疫的规律,这就是联想思维带来的创新成果。

联想是人们从一种事物出发想到与之有关联的另一种或几种事物。人们在生活、工作中获得了很多知识和实践经验,它们都储存在我们的头脑之中。随着时间的推移,有些记忆逐渐淡化甚至在我们的头脑中"消失"了,但这并不意味着这些记忆完全与我们脱离了关系。如果我们遇到了与这些记忆相似、相关联的事物,或者运用某种相似过程来进行刺激,原有的记忆就可以恢复重现。

如果我们有意识地运用联想的手段,把已有的事物或现象进行相互串联或者给"甲"事物赋予原本自身不具备而"乙"事物具备的特征,从而创造出新事物,这也是创新的手段之一。这种思维模式就是联想思维。

2. 联想思维的训练 联想思维的运用往往来自灵光一现,可是我们总不能依赖无法掌控而不知何时会来的灵机一动吧? 所以我们需要适当地训练。

(1)查阅产品样本法:把两个以上、一般看来彼此无关的产品或设想强制联系起来,用以产生独特设想的方法就是查阅产品样本法。随意拿出两个词语、句子、产品、项目、题目等,然后任意组合,看看结合的结果会有什么新的事物产生。平时,我们容易被习惯性的或是经验性的思维所束缚,而把彼此毫不相关的东西放在一起,就迫使我们找到这两者之间是否存在着我们日常不曾注意或未曾深入研究的联系;或者尽管两者仍然没有联系,但是两者结合起来会有意想不到的效果。这实际上是一个克服个人经验的束缚并启发人的灵感的训练方法。

(2)二元坐标联想法:这种方法也叫矩阵联想法。接受过初等数学训练的同学们一定知道直角坐标系,也就是由横竖两根相互垂直的直线组成的一个平面度量系统,横向的直线为横轴,通常计为 x 轴,垂直的直线为纵轴,通常计为 y 轴。在这里不需要像数学那样复杂,我们只需要第一象限,也就是右上角的位置。我们可以把很多不同的词语、句子、产品、项目、题目等东西分别代替数轴上的数字摆在横轴和纵轴上。然后,把这些东西两两组合,看看组合出来的是什么。剔除确实没有意义的新组合,把有潜质的新组合留下来,进行进一步的研究。在生活中,我们可以把联想作为一个游戏,经常想一想、试一试,让联想成为一种习惯,一种培养自己摆脱束缚的习惯。

二、想象思维

1. 什么是想象思维 想象力是人类特有的能力。从古至今,人类从不缺少想象力,这尤其体现在文学作品中。说到这儿,我们不免想到一个以想象而闻名世界的人物,他就是儒勒·凡尔纳(Jules Verne,1828—1905)。凡尔纳是一位文学家,被誉为"科幻小说之父"。在文学作品中,他的想象力自由驰骋,从广袤的陆地到浩瀚的海洋,从辽远的太空到深邃的地心。

凡尔纳的主要作品出版于 19 世纪末,其科幻小说中的许多设想和描述在 20 世纪成为现实,所以他的一些作品现在读起来感觉并不"天马行空",然而在当时却是异想天开,引人遐思。其中最著名的当属在《海底两万里》中尼莫船长驾驶的具有超常续航能力的巨型潜水艇"鹦鹉螺号"。美国建造的世界第一艘核动力潜艇"鹦鹉螺号"虽然名字来源于一艘 1803 年时的美国海军多桅纵帆船(schooner)及之后袭名的两艘传统动力潜艇,但由于核动力潜艇拥有如小说中虚构的鹦鹉螺号般超长的续航力,使用此名多少带有影射小说中鹦鹉螺号的双关意味。另外,法国的无人驾驶机器人潜水艇也以此命名,用以纪念他们的大师。

想象力与我们的思维方式、文化传统、价值观念等有紧密的联系,实际上这些往往是在无声地影响进行想象的人,这就是"润物细无声"。从另外一个方面来讲,想象也要在一个具体的社会中进行检验,如果社会不能接受,那么这个想象就是无价值的。但是,想象的价值会伴随着时空环境的不同而有所差异,在东方行得通的,在西方不一定能行得通;在过去行不通的,在现代或许就行得通,要辩证地来看。

2. 想象思维的训练方法

(1)原型启发,取类比项:世界上的万事万物无不包含着一定的规律,我们要认真观察生活,从日常生活中的事物引发创造想象;也可以根据两个或两类事物之间某些方面的相同或相似之处而推出它们在其他方面也可能相同或相似的地方。著名发明家瓦特看到水壶中水沸腾后,蒸汽顶翻了壶盖受到启发,想象将水壶扩大,那种蒸汽的力量会是多么大! 由此发明了蒸汽机。中国古代的鲁班从带齿的草叶能划破皮肉开始想象进而发明了锯。

(2)由果溯因,环环相扣:对任何事物的好奇,善于由一事物联想到另一事物,一环紧扣一环,穷追不舍,是创新想象的另一重要方法。阿基米德在洗澡时发现,走进装满水的浴盆后,身体上浮并有水溢出,于是他开始思考"为什么我会上浮?""为什么浴缸里的水会溢出?""上浮与溢水有什么联系?"等一系列问题。一连串的求因联想,使他终于想出了浮力与溢水的关系,得出浮力定律;贝尔在发明电话的过程中发现把音叉的端部放在带铁芯的线圈前面,让音叉振动,线圈中会产生感应电流,通过电线把这电流送到另一只同样的线圈中,这时放在另一线圈前面的音叉也会振动并发出与前一音叉一样的声音,由此,他想到是否可用金属弹簧片代替音叉,进一步他又联想到是否可用薄铁片代替金属弹簧片,联想的最终结果使他获得了成功。我们在做化学试验时就可以出色地运用求因法,如钠放入水中,会有气体冒出,这是为什么? 放出的气体是什么? 钠块为何消失了? 最后你会将消失的钠与放出的气体联系起来,得出钠的置换反应。以后进行类似的试验,如钾、钙等,你便可联想出试验的情景。

(3)去伪存真,见微知著:抽取一般事物所具有的共性,然后进行概括,形成一个新的形象。文艺创作就是在头脑中塑造形象,这就是想象的过程。鲁迅先生是这样做的:从许许多多的不同人物、不同的嘴、不同的鼻子、不同的眼睛等抽象出具有典型代表意义的成分,重新组合,概括出一个新的形象。特别是个性的塑造更是如此,比如你在写关于人的说明文时,你就要首先对你周围所熟悉的人,包括你的父母、兄弟姐妹、亲戚邻居、老师和同学等进行抽象,得出共有的东西——头、四肢、躯干、五官等,再找到不同之处——每个人都有自己的思想、个性等,经过一系列的抽象,然后作出概括,人的形象自然就在你的脑海和笔下创造出来了。

三、逆向思维

1. 什么是逆向思维　基本内容见本章第三节。

2. 逆向思维的训练方法

(1)反转型逆向思维法:这种方法是指从已知事物的相反方向进行思考,产生发明构思的途径。"事物的相反方向"常常从事物的功能、结构、因果关系等三个方面作反向思维。比如,市场上出售的无烟煎鱼锅就是把原有煎鱼锅的热源由锅的下面安装到锅的上面。这就是利用逆向思维,对结构进行反转型思考的产物。

(2)转换型逆向思维法:这种方法是指在研究问题时,由于解决该问题的手段受阻,而转换成另一种手段,或转换思考角度思考,以使问题顺利解决。如历史上被传为佳话的司马光砸缸的故事,实质上就是一个用转换型逆向思维法的例子。由于司马光不能通过爬进缸中救人的手段解决问题,因而他就转换为另一种手段——砸缸救人,进而顺利地解决了问题。

(3)缺点逆向思维法:这是一种利用事物的缺点,将缺点变为可利用的东西,化被动为主动,化不利为有利的思维方法。这种方法并不以克服事物的缺点为目的,相反,它是将缺点化弊为利找到解决方法。例如,金属腐蚀是一种坏事,但人们利用金属腐蚀原理进行金属粉末的生产,或进行电镀等其他用途,无疑是缺点逆向思维法的一种应用。

四、发散思维

1. 什么是发散思维　基本内容见本章第三节。

对症下药是常识,然而在我们的历史上却留下许多"不药而愈"的佳话。例如,以画治悲。南北朝时,鄱阳王被人杀害后,其王妃悲痛欲绝、茶饭不思、神情恍惚。访遍名医,百般调治,终不见效,眼看王妃卧床不起,奄奄一息。她的哥哥邀请名画家殷蒨作了一幅画,却使患者起死回生。原来画中描绘的是鄱阳王生前和一位宠姬在镜前调笑的丑态,形象逼真,虚实难辨。结果,王妃一见,怒发冲冠,指着画中的鄱阳王大骂,忧愁哀思一扫而空,从此断绝了思夫之苦,病也渐渐痊愈。再如,明代湖北罗田县有一胡姓财主,年近40岁,先后娶了一妻一妾,两人每次怀孕,孩子都因难产而夭折。于是他又纳一妾,该名姜室也怀了孕,于是这位胡财主差专人侍候,顿顿鸡鸭鱼肉。眼看着妾室的肚子渐渐大起来了,可忧愁也随之而来,财主害怕这个也难产,于是一面烧香拜佛,一面求医问药,请了名医万密斋到家询诊。万密斋看了以后,叹了一口气说:"恐怕也可能难产。"胡财主急了,再三请求设法保胎。万密斋沉思半晌说:"要想不再难产,必须做到两条:一是要多吃青菜、豆腐,少吃大鱼大肉;二是要找一味名为'达生草'的药物。"胡财主说:"这不难,只要世上有的,我就能找到。"可万密斋却说:"虽然这达生草就在5里开外的山上,但一定要妇人自己去找方才灵验。"胡财主挠头了:"她平时不出门,又挺着大肚子,怎么能爬山呢?"万密斋说:"那就没有办法了,还是另请高明吧。"胡财主无奈,问了达生草的形状,让怀孕的姜室每天上山去采药。这下可把这姜室折腾苦了,可是为了顺利生下孩子,她还是咬牙坚持。日复一日,几个月过去了,达生草根本没有找到,可身子骨倒硬实了。眼看即将临盆,达生草还是没有找到,胡财主可着急了,派人找来万密斋。万密斋笑曰:"达生草已经找到啦!"胡财主疑惑地问道:"在哪里呢?"万密斋回答说:"上次我看到夫人身体肥胖,顿顿荤腥不断,什么活儿也不干,整天不是睡觉就是坐着,导致气血不调,胎体沉滞,势必难产。可是如果我直言相告,恐怕你们难以接受,故而出此下策,让夫人每天活动活动。"过不多久,该妾室顺产一个男婴,胡财主非常高兴。

这些例子说明医疗的过程绝不仅仅是开个药方那么简单。医疗是一个大概念,要从多方面多角度去考察患者的具体情况,然后根据病症采取恰当的治疗手段,而药物只是其中的一个方面。作为患者,也要有一定的心理准备,就是要明白药不能治百病而病也不必都须药来医。只要对症,就可以有很多恰当,甚至有趣的治疗方案。这就是发散思维的体现。

2. 发散思维的训练方法　发散思维包括了平面思维、逆向思维、立体思维、侧向思维、横向思维、多路思维、组合思维等。训练方法可以参考以下两种。

(1)假设推测法:假设的问题不论是任意选取的,还是有所限定的,所涉及的都应当是与事实相反的情况,是暂时不可能的或是现实不存在的事物对象和状态。由假设推测法得出的观念可能大多是不切实际的、荒谬的、不可行的,这并不重要,重要的是有些观念在经过转换后,可以成为合理的有用的思想。

(2)集体发散思维:发散思维不仅需要用上我们自己的全部大脑,有时候还需要用上我们身边的无限资源,集思广益。集体发散思维就是这样的一种思维方法,比如我们常常戏称的"诸葛亮会"。在设计方面,我们通常要采用的"头脑风暴",每个人不论可能性地说出自己的想法,只要自己能说通了,都可以被大家认同且被采纳,最后总结出结论。这个方法就叫作"头脑风暴"。

五、直觉思维

1. 什么是直觉思维　直觉思维是在早已获得的经验、知识的基础上,对事物发展变化没有经过精细地、有条不紊地逻辑推理就直观地作出推断的心理过程。按照直觉依赖基础的不同,可以将直觉思维分为本能直觉、感性直觉和理性直觉三种。

有的时候,直觉来自我们的本能。这种直觉是基于条件反射的生理性的直觉。这种直觉要么是人与生俱来的本能,要么就是由于长期多次的重复而产生的条件反射。本能直觉更多地基于人的生理基础,虽然对人的生存和安全能够起到积极作用,但是对于创新则没有很大帮助。以知识与能力为基础的直觉是理性直觉。这种直觉是建立在对事物的本质有了深刻认识的基础上形成的直觉。这种直觉避免了经验的桎梏,不仅包含直接的感受,还包含了长期理性思维的训练后得到的对事物本质的敏感、洞察和透视。理性直觉是把思维的过程进行浓缩、跳跃后才能够产生的,所以需要较长时间的积累和训练。

鸡内金俗称"鸡嗉子",是一味常用的中药,因具有消食的功效,故通常用来治疗食积。近代名医张锡纯除了按照传统方法使用鸡内金外,还按照中医的思维方法对鸡内金的功效进行了仔细地研究。他在《医学衷中参西录》中写道:"鸡内金:鸡之脾胃也……中有瓷、石、铜、铁皆能消化,其善化淤积可知。"也就是说,张锡纯认为,鸡内金作为鸡的消化器官除可以消化食物以外,还可以把瓷、石、铜、铁的碎片都消化掉,所以鸡内金不仅能够消化食积,还能消化人体的其他淤积。于是张锡纯开始把鸡内金应用于治疗血瘀癥瘕,认为"是以男子痃癖、女之癥瘕,久久服之皆能治愈。"他还认为"女子干血劳之症,最为难治之症也,是以愈者恒少。惟善用鸡内金者,则治之多能奏效。"一次,张锡纯接待了一位姓韩的妇人,她患有产后癥瘕,多方求医未果。张锡纯按照自己的观点,除三棱、莪术、水蛭外,还用鸡内金消瘀,开了处方,患者服用十五六剂后,"下紫黑血块若干,病遂痊愈"。

应该说,张锡纯对鸡内金的创新使用是直觉思维的结果。但我们不能否认,其中包含着他对中医理论的深入了解和领会。

人们在创造性的活动中积累了丰富的经验和知识,所以面对既有的新现象或新事物时不一定非要经过严格的逻辑程序,而是以直觉的推断来作出判断。与直觉判断类似的,从事物以往的变化状况和现在的状况对事物或现象的未来发展作出的预测;或者从事物或现象的部分情况推定事物或现象的全部,如果这种预测或推定不是经过严密的逻辑论证而作出的,那么就是直觉猜测。有经验的名医往往很快就能对病患的情况作出判断。在学术上卓有成就的人,往往就是对自己研究领域的发展趋势能够作出迅速的推测才把握住了先机。

直觉思维能够进行预测,这一点不言而喻。它的预测能力,也就是预测的准确程度与直觉的水平高低有关。换句话说,与人们日常的积累有关,也与科学家的世界观有关。直觉高度发达的科学家具有远大而敏锐的眼光,能正确地预测科学发展的趋势,有独到的见解。

捅破最"后"(或者"厚")一层窗户纸的往往是直觉。在科学研究中往往会遇到瓶颈的问题,这些问题制约了研究活动的进程。很多时候,一个直觉使人们找到了突破瓶颈的方法或途径,从而迅速地解决了问题,为今后的研究打下良好的基础。

2. 直觉思维的训练方法　直觉是不可言传的预感,有人称之为"第六感"。它像人的肌肉一样,可以因锻炼而发达。直觉思维能力的强化可从以下四点入手。

(1)获取广博的知识和丰富的生活经验:直觉的产生不是无缘无故、毫无根基的,它是凭借人们已有的知识和经验才得以出现的,因此,直觉往往比较偏爱知识渊博、经验丰富的人。从这种意义上说,获取广博的知识和丰富的生活经验是直觉强化的基础。

(2)学会接收直觉的信号：直觉思维凭的是"直接的感觉"，但又不是感性认识。人们平常说的"跟着感觉走"，其中除去表面的成分以外，剩下的就是直觉的因素。直觉需要你去细心体会、领悟，去敏感地接收它发出的转瞬即逝的信号。当直觉出现时，你不必迟疑，更不能压抑，要顺其自然，顺水推舟，作出判断、得出结论，最起码，你也要立即在手机的"备忘录"中记下这宝贵的直觉信号。

(3)要培养敏锐的观察力和洞察力：直觉突出的特点是它本身的洞察力和穿透力。因此，直觉与人们的观察力及视角息息相关。观察力敏锐的人，其直觉出现的概率更高，直抵事物本质的效果更强。因此，要有意识地培养自己的观察力，特别是提高对那些不太明显的软事实，如印象、感觉、趋势、情绪等无形事物的观察力。

(4)真诚、客观地对待直觉：直觉虽然是凭借人们已有的知识及经验，凭"直接的感觉"产生，但常常会受到客观环境的影响及个人情感的干扰。特别是后者，当一个人处在某种情感如猜忌、埋怨、愤怒等的困扰中时，直觉的判断就有可能失去客观性。因此，我们要真诚地对待直觉，产生直觉的过程要尽量排除各种影响和干扰，出现直觉以后，还要回过头来冷静地分析其客观性。

【创业实践】

1. 下面是有关思维定式测试的五个小问题，你不妨来试一下。

(1)在荒无人迹的河边停着一只小船，这只小船只能容纳一个人。这时有两个人同时来到河边，两个人都乘这只船过了河。请问：他们是怎样过河的？

(2)篮子里有4个苹果，由4个小孩平均分。分到最后，篮子里还有一个苹果。请问：他们是怎样分的？

(3)一位公安局局长在茶馆里与一位老头下棋。正难分难解之时，跑来了一个小孩，小孩着急地对公安局局长说："你爸爸和我爸爸吵起来了。"老头问："这孩子是你的什么人？"公安局局长答道："是我的儿子。"请问：这两个吵架的人与公安局局长是什么关系？

(4)现已将一枚硬币任意抛掷了9次，掉下后都是正面朝上。你再试一次，假定不受任何外来因素的影响，那么硬币正面朝上的可能性是几分之几？

(5)有人不拔开瓶塞，就可以喝到酒，你能做到吗？（注意：不能将瓶子弄破，也不能在瓶塞上钻孔。）

2. 思维拓展：肠道菌群与肥胖发生

过去的几十年，随着环境和生活水平的改变，肥胖病的发病率大幅增加，已经成为威胁人类健康的重要疾病。肥胖能产生一系列健康问题，如高血压、2型糖尿病、心血管疾病、非酒精性脂肪性肝病、阻塞性睡眠呼吸暂停和癌症等。

成人胃肠道微生物的生物多样性极其复杂，包括1 000~1 500种细菌，其中绝大多数为严格厌氧菌。如此数量庞大的肠道菌群和宿主形成一个超级生物体，相互作用，实现生态共享，肠道菌群影响着人体的生理代谢，并为宿主提供不具备的酶和生化代谢通路。

请同学们对肠道菌群和肥胖在对象、调节、年龄和并发症四个方面进行发散想象，分析它们之间的关系。

第九章 创新思维锻造技法

【创新金语】

打破原有序列重新组合,便有了无限的创造可能。

——爱迪生

【案例】

头脑风暴法在医疗管理中的作用

随着医疗模式的不断转变以及社会文化的不断进步,住院患者对医疗护理服务模式及方法提出了越来越高的要求。但是,目前医疗体制,医疗环境条件,医务人员的业务水平、素质等诸多因素参差不齐,使得医患/护患之间的关系无法真正和谐发展。针对这一现状,某医院于某年5月逐步在全院36个病区推行头脑风暴法,进一步强化医疗护理安全工作,持续提高护理质量,收到了良好的效果。

1. 成立质量改进领导小组及相应的基础护理、专科护理、护理文书、技术操作、病房管理及感染管理、患者服务满意度等护理质控督导组。

2. 确定议题。根据护理部—科护士长—护士长三级护理管理体系的组织结构特点,找出护理部业务、行政查房及护士长夜查房、周末查房反馈的共性问题、热点问题等作为会议商讨议题,就现存的和潜在的护理风险因素,查找相关因素,对问题形成的原因进行分析及对策探讨。

3. 护理部每月初将上月质量监控中反馈存在的问题,列举出来,再次组织抽查,对反复出现的问题,护理部到病区现场调研,听取意见和建议,从不同角度、不同层次、不同方面分析护理差错缺陷出现的原因、应对方法及整改措施,分析临床护理及管理过程中的护理差错隐患,讨论改进措施,并与科室护士共同寻找解决办法,直到该问题解决。同时采取现场数码相机随机拍照,将不规范的现象曝光,图文并茂进行对比,将各病区数据指标量化排序,并制作成幻灯片,坚持每月完成1次全院护理质量通报反馈。

4. 分级讨论研究。存在问题的科室利用晨会时间,由护士长将问题反馈给每一个护士,让每位护士充分发表自己的见解,找出发生问题的原因,寻求解决问题的方法,由护士长记录备案,时间控制在30分钟内。

护士长将备案的会议记录反馈到科护士长处,由科护士长召开片区会议,从各科护士长反馈的原因及解决问题的方法中再次筛选出共性问题,同时运用头脑风暴法进行讨论研究,找出分析合理、可行性强的解决办法。

科护士长将各片区讨论研究的结果,在每周进行的护理部碰头会上进行反馈,由护理部根据医院相关规章制度,立足于各项护理工作的原则性,讨论研究各种方法的可操作性及有效性,最终将结果反馈到科护士长处或通过全院护士长例会进行反馈,同时给出相关建议及意见,由各科室根据护理部建议及意见结合自身实际情况,进行全面整改。

5. 评价方法。依据《医院评审标准实施细则》(2018 年通用版)及相关要求,自制 8 个护理质量量化评分标准进行考核,根据各表质量监控点分值有 5 分、10 分、15 分不等,总分 100 分。采取护士长夜查房、节假日周末查房、护理部行政查房、科护士长抽查进行评分,取各项平均值得出病区当月护理质量总分,并在次月全院护理质量通报反馈会上,将数据制作成直观的柱状图、饼图进行反馈,以此评价实施头脑风暴法后的实际效果。

6. 结果。头脑风暴法在护理质量持续改进管理中应用后,该院从护士长夜查房评分、护理缺陷事故统计、患者投诉情况、护士对工作的态度等几个方面进行了调研,结果发现,实施头脑风暴法后和实施前对比,各项指标均有明显优化,经统计学分析,$P < 0.01$,具有统计学意义。

通过近 2 年实施头脑风暴法的综合效果反馈,该院护士责任心明显增强,风险防范意识不断提高,护理文书质量实行"时间—行为—位点"管理,也得到进一步提高和规范。病区环境、药品和设备仪器等实施"6S"管理,妥善规范管理,提高了护士工作效率,帮助其养成了良好的工作习惯,将"被动工作"转化为"主动工作"。形成具有特色的医院护理文化,创造良好的工作环境,从而提升护士整体素质。由于护士素质的不断提升,该院护理质量也逐年得到提高,医护配合度逐渐增强,从而医护工作压力感均有所减轻,共同为患者提供了一个安全有效的就医环境。

【解析】

头脑风暴法能充分发挥人的聪明才智、发掘人的潜能,让人考虑问题更详细,解决问题更具体、明确、有效,在本案例中从根本上提高了护理人员的工作积极性。由于能够畅所欲言,增强了各级护理人员对科室管理的参与意识,促使各级护理人员在观察患者情况、护理文书记录、护患沟通、健康教育宣教等方面更加主动细致。同时,对管理层而言,头脑风暴法的应用,有效激发了各级护理管理人员,特别是护士长对自己科室各种情况的调研热情,对护理质量管理、护理质量改进,乃至护理教学、护患沟通等方面均起到了良好的促进作用。

头脑风暴法的实施,为医护人员提供了一个畅所欲言的环境,对缓解护理人员压力、缓解工作中的紧张情绪有很好的作用,同时还能增强护理人员主人翁意识、激发其工作热情。同时,管理者邀请护士共同商讨对策,护士能够感觉到管理者对自己的重视及自身的价值,从而更加配合管理工作,并且可培养和增强他们的质量意识、问题意识、改进意识和主动参与意识,对医疗质量的持续改进具有重要意义。

第一节　头脑风暴法

一、头脑风暴法概述

头脑风暴法的发明者是美国 BBDO 广告公司的创始人之一亚历克斯·奥斯本,他于 1939 年首次提出头脑风暴法,并于 1953 年在《应用想象力》一书中正式发表了这种激发创造性思维的方法。

头脑风暴是各行各业的人用一种相对快速有组织的方法来产生创意的一种手段。头脑风暴并不仅仅能产生一般的想法,它也是能用来产生全新的、创造性的、革新性的创意的。切记,所有的头脑风暴会议最终的目的都是产生创意,而不是评价它们。头脑风暴一旦运转起来,你会发现你的创意会源源不断。因为你的大脑会自动开始形成联系并进行联想,有一些好的创意就可能基于你那些匪夷所思的怪异想法而发展起来。

我们可以通过一系列的活动和联系来促使你的大脑开启一些平时很少进行的思维方式。在进行头脑风暴时,我们必须确保参加头脑风暴会议的人都有纸和笔,可以写下他们的想法、主意和概念等,一旦开始头脑风暴,创意就会非常快速地出现。

二、头脑风暴法的组织

头脑风暴法也称为智力激励法、自由思考法或"诸葛亮"会议法,通常指一群人开动脑筋,进行自由且具有创造性特点地思考与联想,并各抒己见,在短暂的时间内提出解决问题的大量构想的一种方法。这种方法是当今最负盛名的,同时可以说是极具实用性的一种集体创造性解决问题的方法。"头脑风暴"一词最初源于精神病理学,原意是"突发性精神错乱",用来表示精神病患者处于大脑失常的状态,其最大特征是在发病时无视他人的存在,言语与肢体行为随心所欲。这虽然不合乎社会行为礼节的规范,但是,从创造思考的启导与引发的目标来看,摆脱世俗礼教与旧观念的束缚而使期望构想能无拘无束地涌现,还是有必要的,这正是头脑风暴法的精义所在。当下"头脑风暴"作为一种创意激发方法,成为了一种被广泛使用的集体讨论方式。从形式上来看,头脑风暴法是将少数人召集在一起,以会议的形式,对某一问题进行自由地思考和联想,同时提出各自的设想和提案。头脑风暴法是一种发挥集体创造精神的有效方法,与会者可以在没有任何约束的情况下发表个人想法,提出自己的创意,甚至可以提出看起来异想天开的想法。

现代发明创新课题涉及技术领域日趋广泛,因而靠个别发明家"单枪匹马式"地冥思苦想来求得问题解决的方法将变得收效甚微。相比之下,类似头脑风暴法这种群体式的发明战术则会显得效果更好。

三、头脑风暴法的原则

我们通常在使用头脑风暴法的时候是针对团队形式来进行的。团队头脑风暴的主要作用是收集创意。经验证明,使一个头脑风暴会议呈现出较好效果的最有效方法是让团队中的每一个人都参与某种类型的创意十足的有趣的练习或者活动。那么在应用头脑风暴法的时候要遵循以下 10 个原则,这 10 个原则会帮助你成功完成活动。

(一)明确目的,弄清楚你的问题

你只有真正理解了为什么要进行头脑风暴和通过头脑风暴想要达到一个什么样的目的,才有可能产生创意。

(二)制定规则,并坚持下去

例如,坚决杜绝对新创意作出评价,任何想法都无好坏之分,禁止批评他人的想法,不论这个想法有多么荒谬、多么错误、多么幼稚。

(三)目标限制

对头脑风暴会议设立的限制可以是关于这个会议要持续多久或是要想出多少个创意。千万不要在创意过程中出现了最初的一两个瓶颈就放弃了。一旦开始头脑风暴会议,在达到目的之前绝对不要放弃或者分心。如果你想要得到 10 个新创意,不要得到了一两个好的创意后就放弃。

(四)尊重创意

勇敢一点! 这是头脑风暴的金科玉律之一。大家可能会想出一个完全不现实的怪异的点子,但是如果你想想这个怪异点子的积极方面,你会发现你的思路就会到达一个前所未有的开阔境地。

(五)不能操之过急

产生新创意并不是一场比赛,你不能给自己限定说要在 30 分钟或是 1 小时内想出一个绝妙的创意来。一旦头脑风暴过程开始了,就让你的创意自由流动。然后在原有创意的基础上不断改进,直到你有了足够的创意。而且相信可以从里面选出最合适的一个创意,这个创意能对手头的问题提供一个完美的解决方案,实施它能达到你所期望的目的。

(六)结论不要着急下

头脑风暴会议是为了产生新创意而不是分析那些创意的,把分析留到以后吧。

(七)过程中要充满激情

人们只有在积极的思想状态下才能富有创意。团队领袖的作用就是让团队成员们对提出的问题主动、乐观、积极以及专注。

(八)在别人创意的基础上进行改进

全新的、独创的创意是非常好的,但是有时候对现有问题的最好解决方法仅仅是需要对原有创意进行改进。在头脑风暴的时候不需要担心太过独创性或者缺少独创性,只需要专注于产生创意即可。

(九)头脑风暴的时候创意的数量也是很重要的

从 10 个、20 个、30 个甚至更多的创意当中挑选出一个好创意,总比从很少的几个创意当中挑选来得容易。就算你想出来的创意当中有 99% 都被证明是不可行的,但产生创意的过程至少让你的思维朝不同的方向运转而且强迫你从不同的角度考虑事情。

(十)从不同的视角看待事物

使用所有必要的工具,包括自己的 5 种感官,从不同的角度看待问题。自己的教育背景、经历和知识也可以被利用起来。有时候头脑会自动做一些奇怪的联想,从而想出不可思议的创意。

四、头脑风暴会议成员

实施头脑风暴法时要组织由 5~10 人参加的小型会议。在实施过程中,对头脑风暴会议成员和会议主持人的要求如下。

(一)头脑风暴会议人数的确定

奥斯本认为,参加人数以 5~10 人为宜,包含主持人和记录员在内以 6~7 人为最佳。头脑风暴会议参与人数的多少取决于主持人风格、会议成员个体情况等因素。

(二)会议中不宜有过多专家

在进行头脑风暴的过程中,如果专家太多,就很难做到暂缓评价。权威在场必定会对与会者产生“威慑”作用,带给与会者一定的心理压力,因此难以形成自由的发言氛围。然而,在实际实施头脑风暴的时候,与会者往往都是从企业的各个部门汇聚而来的各专业领域的行家里手。在这种场合中,无论是主持人还是与会者,都应注意不要从专业角度发表评论,否则会引起争议,打破暂缓评价的和谐局面,产生不良效果。

(三)会议成员最好具有不同学科背景

如果会议成员具有相同的学科背景,他们都是同一方面的专家,那么,很可能会沿着固有专业方向的常规思路来开发思维、产生观念。这样,同学科或相近学科的成员所产生的构想范围就会有所局限,而不能发挥头脑风暴的优势。相反,如果会议成员背景不同,他们就有可能从不同层面、方向和角度提出千差万别的观点,从而更有利于获得头脑风暴的成果。

(四) 参与者应具备较强的联想能力

这是头脑风暴法获得良好效果的重要保证。在进行头脑风暴时,组织者应尽可能提供一个有助于把注意力高度集中于问题讨论的环境。在头脑风暴会议上,有的人提出的设想可能是其他准备发言的人已经思考过的设想。其中一些极具价值的设想,往往是在已提出设想的基础上,经过头脑风暴迅速发展起来的,或对两个或多个设想进行综合所得到的。因此,头脑风暴法产生的结果是成员集体创造的成果,是头脑风暴会议成员互相感染和激励、互相补充和完善的总体效果。

五、头脑风暴法的实施与使用技巧

(一) 头脑风暴法的实施

头脑风暴法的实施可分为会前准备、会中讨论和创意评价三个阶段。

1. 会前准备

(1)确定讨论主题。讨论主题应尽可能具体,最好是实际工作中遇到的亟待解决的问题,目的是进行有效联想和激发创意。

(2)如有可能,应提前对提出初始问题的个人、集体或部门进行访谈调研,了解解决该问题的限制条件、制约因素、阻力与障碍以及任务的最终目标。

(3)确定参加会议人选。将之前了解到的问题写成问题分析材料,在召开头脑风暴会议之前的几天内,连同会议程序及注意事项一起发给各位与会人员。

(4)举行热身会。在正式会议之前召开预备会议,这是因为在多数情况下,会议成员缺乏参加头脑风暴会议的经验,同时,要让他们做到遵守"延迟评价"原则也比较困难。所确定的讨论主题的涉及面不宜太宽。主持人将讨论主题告诉会议参加者,并附加必要的说明,使参加者能够收集确切的资料,并且按正确的方向思考问题。在热身会上,要向与会人员说明头脑风暴法的基本规则,解释创意激发方法的基本技术,并对成员所做的任何有助于发挥创造力的尝试都予以肯定和鼓励,从而让参与者形成一种思维习惯来适应头脑风暴法,并尽快适应头脑风暴法的气氛。

2. 会中讨论

(1)由会议主持人重新叙述议题,要求会议成员讲出与该议题有关的创意或思路。

(2)与会者想发言时必须先举手,由主持人指名后方可开始发表设想。发言力求简明扼要,一句话的设想也可以,其他与会者注意不要做任何评价。发言者需要首先提出自己事先准备好的设想,然后提出受别人的启发而得出的思路。从这一阶段开始,就存在着头脑风暴的创造性思维方法。

(3)若利用头脑风暴法进行的讨论已到达尾声,那么主持人必须设法使讨论再持续一段时间,务必使每个人尽力想出妙计,因为奇思妙计往往是在挖空心思的情况下产生的。主持人在遇到会议陷于停滞时可采取其他创意激发方法。

(4)创意收集阶段实际上是与创意激发和生成阶段同时进行的。执行记录任务的是组员,也可以是其他组织成员。每一个设想必须以数字注明顺序,以便查找。必要时,可以用录音辅助记录,但不可以取代笔录。记录下来的创意是后续进行综合和改善所需的素材,所以应该放在全体参加者都能看到的地方。在与会人员提出设想的时候,主持人必须善于运用激发创意的方法。主持人必须充分掌握时间,时间过短,设想太少,时间过长,容易疲劳。最好的设想往往是在会议快要结束时提出的。会议结束时间可延后5分钟,因为这段时间里人们容易提出非常好的设想。

3. 创意评价　先确定创意的评价和选取的标准,通用的标准有可行性、效用性、经济性、大众性等。在头脑风暴会议之后,要对创意进行评价和选择,以便对要解决的问题找到最佳解决办法。对设想的评价不要在实施头脑风暴法的同一天进行,最好过几天再进行。

(二) 头脑风暴法的使用技巧

经过多年的研究和实践,人们总结出了大量简单、有效的头脑风暴法的常用技巧,这些技巧可以帮助人们在实际操作中得到更好的实施效果。

1. 讨论问题的确定非常重要。因为问题设置不当,头脑风暴会议难以获得成功。在讨论内容的问题设置方面,应做到以下 4 点:①在设置问题时,必须注意头脑风暴法的适用范围;②讨论的问题要具体、明确,不要过大;③讨论问题也不宜过小或限制性太强,如不要讨论"A 方案与 B 方案哪个更好"之类的问题;④不要将两个或两个以上的议题同时拿出来讨论。主持人要对那些首次参加头脑风暴会议的人给予关注,让新参加者熟悉该类会议的特点,并能遵守基本规则。

2. "停停走走"是实施头脑风暴法的一个常用技巧。即先用 3 分钟提出设想,再用 5 分钟进行考虑,如此反复,形成有行有停的节奏。

3. "一个接一个"是实施头脑风暴法的又一个常用技巧。即与会者根据座位顺序一个接一个地提出观点,如果轮到的人没有新构想,就跳到下一个人。如此循环,直至会议结束。

4. 参加会议的成员应当定期更换。应在不同部门、不同领域挑选不同的人参加,这样才能防止群体形成固定思维。

5. 会议成员的构成应当考虑男女性别搭配比例。适当的比例会极大地提高产生构想的数目。

第二节　奥斯本检核表法

一、奥斯本检核表法概述

(一) 奥斯本检核表法的定义

奥斯本检核表法又称设问检查型技法,是一种针对某种特定要求制定的检核表,主要用于新产品的研制开发。奥斯本检核表法以该技法的发明者奥斯本命名,是通过引导主体在创造过程中对照九个检核项目进行思考,以便启迪思路,开拓思维想象的空间,促进人们产生新设想、新方案的方法。

(二) 奥斯本检核表法的主要内容

奥斯本检核表法主要针对现有事物的特性从九个方面着手进行提问,即能否替代、能否组合、能否借用、能否放大、能否修改、能否他用、能否消除、能否重排、能否颠倒。逐一检核,就可以批量产生创意。

1. 能否替代　能否由别人、别物、别法代替? 例如,用液压传动来替代金属齿轮。

2. 能否组合　是否可以混合、融合、整合? 例如,把铅笔和橡皮组合在一起,成为带橡皮的铅笔。

3. 能否借用　能否借用别处的经验或者发明? 例如,电灯最开始只用来照明,后来出现紫外线灯、红外线加热灯、灭菌灯等各种灯。

4. 能否放大　能否添加部件、拉长时间、增加长度、提高强度、延长寿命？例如，牙膏中加入某种配料，成为具有某种附加功能的牙膏。

5. 能否修改　能否改变一下形状、颜色、声音、味道、形式？例如，面包裹上一层芳香包装，提高嗅觉诱惑力。

6. 能否他用　现有发明、材料、方法等东西，有无其他用途？例如，橡胶有成千上万种用途设想，包括床毯、浴盆、衣夹、鸟笼、门扶手等。

7. 能否消除　能否缩小体积、减轻重量、降低高度、压缩、变薄？例如，袖珍式收音机、微型计算机、折叠伞、没有内胎的轮胎。

8. 能否重排　能否更换一下先后顺序？例如，商店柜台的重新安排、电视节目的顺序变化、机器设备的布局调整等，都有可能导致更好的结果。

9. 能否颠倒　上下、左右、前后、里外、正反是否可以颠倒？例如，飞机螺旋桨一开始在头部，后来装到顶部，成为直升机。

在考虑某一问题时，先制成一览表，对每个项目逐一进行检查，以免遗漏要点，这是我们经常做的事情。例如，准备去长途旅行，我们可以预先列出需要携带的物品清单，在出发之前，按照清单逐项检查核对物品。这就是我们日常应用的"检核表法"。用于创新活动的奥斯本检核表法，不仅限于用来防止考虑不周造成的遗漏，还要用检核表逐项核对，得到利于创新的新设想。奥斯本检核表法是对需要创新的事物进行分析、展开，以明确问题的性质、程度、范围、目的、理由、场所、责任等，从而使问题具体化，缩小到需要创新和探索的范围。奥斯本检核表法引导人们根据检核项目的一条条思路来求解问题，以达到周密思考的目的。也就是说，我们根据研究对象的特点列出有关问题，形成检核表，然后一个一个地来核对讨论，从而发掘出解决问题的大量创新设想。

二、奥斯本检核表法的应用

(一) 奥斯本检核表法的实施步骤

奥斯本检核表法在改良产品方面具有非常优秀的效果，其实施步骤主要有以下三个方面。

1. 明确问题　根据研究对象的有关知识明确需要解决的问题。

2. 检核讨论　按照检核表的事项，运用丰富的想象力，强制性地对需要解决的问题进行核对、讨论，写出新设想。

3. 筛选评估　对新设想进行筛选，将最有价值和创新性的设想筛选出来。

(二) 奥斯本检核表法的注意事项

运用奥斯本检核表法进行创造性设想时，还应注意以下四个方面。

1. 不遗漏　要联系实际一条一条地进行检核，不要遗漏。

2. 多检核　多检核几遍，效果会更好，或许会更准确地选出所需创新、发明的设想。

3. 多创想　在检核每项内容时，要尽可能发挥自己的想象力和联想力，产生更多的创造性设想。进行检索思考时，可以将每大类问题作为一种单独的创新方法来运用。

4. 选择适当的检核方式　根据需要，一人检核也可以，多人共同检核也可以。集体检核可以互相激励，产生头脑风暴，更有希望创新。

(三) 奥斯本检核法的应用场景

奥斯本检核表法的应用场景广泛，以下是几个主要的应用领域：

1. 商业领域

(1)应用背景：商业环境中，企业和管理者需要创造性的解决方案来应对竞争和变革。

（2）作用：奥斯本检核表法通过提供系统化的思考和分析框架，帮助企业发现新的商业机会并制订实施计划。

（3）效果：能够突破传统思维模式，激发团队的创造力，提高企业的竞争力。

2.教育领域

（1）应用背景：教育机构和教育者需要培养学生的创造力和解决问题的能力。

（2）作用：奥斯本检核表法提供一种结构化的方法来教授学生创造性问题的解决技巧。

（3）效果：学生通过学习这种方法，能够培养批判性思维和创新思维，提高解决问题的能力，并在学术和职业生涯中取得成功。

3.艺术和设计领域

（1）应用背景：艺术家和设计师需要从创造性的角度来解决问题和提供创新的设计方案。

（2）作用：奥斯本检核表法提供一个系统化的框架，帮助艺术家和设计师挖掘并开发新的创作灵感。

（3）效果：促进艺术和设计作品的独创性和创新性，激发艺术家和设计师的创造力和想象力。

4.科学和技术领域

（1）应用背景：科学家和工程师在研究和开发过程中常需解决复杂问题和面临技术挑战。

（2）作用：奥斯本检核表法提供一个有序的思考框架，帮助科学家和工程师系统地分析问题并找到新的解决方案。

（3）效果：激发科学家和工程师的创造力，促使他们提出更加创新的解决方案。

5.其他

（1）创意产生：奥斯本检核表法常用于激发创意和思维产生的过程。通过提供一系列问题，刺激创造性思考和头脑风暴，从而找到创造性解决问题的方法。

（2）问题解决：适用于解决个人、团队或组织中遇到的问题。通过提供一系列有针对性的问题，帮助思考和分析问题，找出可能的解决方案。

（3）决策分析：在决策分析领域，奥斯本检核表法可以用来辅助决策者评估各种选择。通过提供一系列相关问题，帮助决策者全面分析和评估不同选项的优缺点，从而做出明智的决策。

综上所述，奥斯本检核表法通过提供一个结构化的思考框架，帮助人们在不同领域中解决问题和发展创造性思维。无论是在解决实际问题还是在培养个人创造力方面，它都发挥着重要作用。

三、奥斯本检核表法运用案例

奥斯本检核表法的逐项提问思考有利于突破人们不愿提问的心理障碍，可以使创新者尽量集中精力朝提示的目标进行有序思考。使用奥斯本检核表法进行创新的方式可以灵活多样，检核内容可做适当改变。虽然奥斯本的检核表包含九大内容，但具体使用时应灵活掌握，要根据创新活动的主要目的，结合创新对象的具体特点以及已发现的难题来设计检核表。检核表的设计应具体些，除了将设想填写在检核表上外，还应附有详细的说明，必要时应画图，以便于筛选者能够了解创新者的本意。

下面以玻璃杯的改进为例，介绍检核表的使用方法，如表9-1所示。

表 9-1　检核表的使用方法

序号	检核项目	创新设想	初选方案
1	能否他用	做灯罩、可食用、当盆景、做装饰、当火罐……	装饰品
2	能否借用	自热杯、磁疗杯、保温杯、电热杯、防爆杯……	自热磁疗杯
3	能否改变	塔形杯、动物杯、防溢杯、自洁杯、香味杯……	香味幻影杯
4	能否扩大	不倒杯、防碎杯、消防杯、报警杯、过滤杯……	多层杯
5	能否缩小	微型杯、超薄杯、耐伸缩杯、扁平杯、勺形杯……	可伸缩杯
6	能否替代	纸杯、一次性杯、竹木制杯、可食质杯……	可环保杯
7	能否调整	系列装饰杯、系列牙杯、口杯、酒杯、咖啡杯……	系列高脚杯
8	能否颠倒	透明 - 不透明、雕花 - 非雕花、有嘴 - 无嘴……	彩雕杯
9	能否组合	与温度计组合、与山草药组合、与加热器组合……	与加热器组合

四、奥斯本检核表法的优势

奥斯本检核表法是一种多向发散的思考方法,使人的思维角度、思维目标更丰富。另外检核表提供了创新活动最基本的思路,可以使创新者尽快集中精力,朝提示的目标方向去构想、创造和创新。奥斯本检核表法有利于提高创新的成功率。创新发明最大的敌人是思维惰性,大部分人的思维总是自觉或不自觉地沿着长期形成的思维模式来看待事物,对问题不敏感,即使看出了事物的缺陷和毛病,也懒于进一步思索,不爱动脑筋、不积极思考,因而难以有所创新。

奥斯本检核表法的优势很突出,其应用范围广、容易学、使思考问题的角度具体化,深受人们的欢迎,是一种效果比较理想的方法。运用此方法时,还要注意几个问题。第一,它要和具体的知识经验相结合;第二,它只是提示了思考的一般角度和思路,思路的发展还要依赖人们的具体思考;第三,运用此方法时还要结合创新对象(方案或产品)来进行思考;第四,运用此方法,还可以自行设计大量的问题来提问,提出的问题越新颖,得到的设想越有创意。奥斯本检核表法也有缺点,它是改进型的创意产生方法,即人们必须先选定一个有待改进的对象,然后在此基础上再设法加以改进。

奥斯本检核表法产生的内容不是原创性的,但有时候,它也能够产生原创性的创意。比如,把一个产品的原理引入另一个领域,就可能产生原创性的创新。

在这里介绍一个案例。1914 年 10 月,斯温顿和他的坦克在第一次世界大战中的欧洲战场遭遇了僵局。英军迫切需要制造一种能够在遍布铁丝网的战场上开辟道路、翻越壕沟并能摧毁和压制机枪火力的装甲车来打破西部前线的这种沉闷僵局。正在英国远征部队服役的厄内斯特·D. 斯温顿(1868—1951)中校运用了组合原理,建议英国陆军部制造一种装有大炮和机枪的重型履带式拖拉机。他的这一建议被迅速采纳,英国利用汽车、拖拉机、枪炮制造和冶金技术,生产了"马克 I 型"坦克。1916 年 9 月 15 日,有 60 辆"马克 I 型"坦克首次投入索姆河战役。坦克作为新的陆军武器,首次在战场上发挥了巨大的作用,一举突破了德军的防线。当时为了保密,英国将这种新式武器说成是为前线送水的"水箱"(英文"tank"),结果这一名称被沿用至今,"坦克"就是这个单词的音译。

第三节 5W2H 分析法

一、5W2H 分析法概述

5W2H 分析法又称七问分析法：

1. What 指目的是什么？做什么？
2. Why 为什么要做？可不可以不做？有没有替代方案？
3. Who 谁？由谁来做？
4. When 何时？什么时间做？什么时机最适宜？
5. Where 何处？在哪里做？
6. How 怎么做？如何实施？方法是什么？
7. How much 成本是多少？

这个思考法由多个英文单词的首字母缩写而成，用 5 个以 W 开头的英语单词和 2 个以 H 开头的英语单词进行提问，可以帮助大家发现解决问题的线索和思路，是全面分析事物所具备的基础思维结构。

例如，团队拍大合影形象照，5W2H 分别是什么呢？为了展示团队风采，体现专业度（Why），团队的各个成员（Who）要在约定的时间（When）到达拍照地点（Where）拍摄团队大合影（What）。请带上白衬衣、西装裤、黑皮鞋，女士皮肤只打底，不要化妆（How）。本次拍摄费用公司承担，若想单独拍摄个人形象照，100 元 / 张（How much），可自行选择。通过这个例子不难发现，5W2H 的思考方法非常全面和实用，能帮助我们厘清思路，抓住事情的主要脉络。我们要先理解 5W2H 的具体含义，才能理解每个子结构的意义，方便记忆和灵活运用，而不是死记硬背。

二、5W2H 的内容剖析

（一）谁来做（Who）和做什么（What）

在处理任何事情时，第一步不应是如何做（How），而是谁来做（Who）、做什么（What）。假设某企业领导让部分员工去参加一次培训，但具体的他什么都没说，大家会是什么样的状态呢？大家把自己当学员是很好的状态，会认真听课、做笔记。如果领导强调：培训回来把学到的知识传授给其他人。这个时候，员工们不仅会认真听，而且会一边听一边想：回去怎样传授？怎样说得清楚？甚至担心自己会忘记，想尽办法录音、录像等。如果领导强调：去看看培训老师实力如何，能不能请回来给公司内部员工培训。这时，员工们还会着重考察培训讲师的从业经验、授课风格，还会思考授课内容与所在公司现在的需求是否一致，甚至培训后还会与讲师单独沟通并交换联系方式。

通过这个例子，我们可以看到，谁来做、做什么是非常关键的。我们大部分人只会专注于自己的职责，如果不明确职责，我们难免会认为这是别人的事。我们只有明确要做什么，才能慎重对待。因为我们清楚地知道如果不负责、不完成，我们是需要付出代价的，比如失去面子，甚至失去奖励、失去机会。明确谁来做和关键人物是谁，以及明确做什么，是确保结果的第一步，这就是 Who 和 What 的重要意义。

(二) 何时完成(When)和在哪里做(Where)

我们知道了谁来做、做什么,但是如果没有时间期限,就会变成那句客套、敷衍的话,比如"下次一起吃饭",可是"下次"是什么时候呢? 至于何时兑现、能否保证有充足的时间完成,都会变成悬而未决的谜题。所以在知道做什么之后,紧接着就是何时完成(When)。有了时间因素,自然也会有空间因素(Where)。狭义的空间可以指地点,比如哪条街、哪栋楼、哪家店、哪个标志建筑物。在我们需要见面洽谈、面试、签约等当面核对、沟通的场景里,空间因素尤为重要。随着网络发展,空间扩展到了哪个网站、哪个小程序(app)、哪个按钮、哪个群。广义的空间不仅仅指地点,还包括产品中的某个部分(如手机的屏幕、背包的背带、衣服的拉链等),或者工作中的某一个环节(如销售中的录单、举办活动中的搭建展台等)。有些人不知道自己所负责的工作在整个项目中处于什么位置、有什么价值,或者对整个项目或者其他环节有什么推动作用,就是不清楚空间的意义。例如,A 和 B 对接工作,A 负责一个培训项目的宣传工作,给 B 看了一个宣传进度表,内容有物料品类、设计时间、成品时间和培训前的宣传安排。虽然宣传步骤很清晰,也很详细,可是 B 却不满意。原因有两点:第一,缺失线上宣传的部分。这个培训是线下 5 天 4 晚 + 线上 21 天训练营打卡。宣传表里只有针对线下的部分,没有针对线上宣传的部分,这说明 A 不清楚线上宣传的重要性,甚至也不清楚自己的宣传工作对整个项目的作用。第二,没有培训中和培训后的宣传安排。这说明 A 不清楚宣传应安排在培训中的哪个环节,也不清楚在不同环节宣传的意义是什么。以上两点也是我们在处理事情时容易出现的问题,所以,我们不要太快地沉迷细节,而是要了解整个项目和各个环节,搞清楚自己负责的部分是哪个环节。这样在操作中,我们就可以随时调整细节和方法,推动工作进展,达到效益最大化。(先了解整体事项和各个环节,再明确自己负责的部分,这个工作方式可能不适合刚毕业的没有经验的大学生们,面对完全陌生的事项,大部分人无法短时间内接受很大的信息量,了解得越多,可能越有负担。)

(三) 为什么做(Why)

在知道谁来做、做什么、什么时候完成,以及在哪里做之后,我们已经了解了事情的大概,对事情有了初步的认知,接下来还要解决意愿性问题,就是"为什么做"(Why)。我们只有理解了原因,才会心甘情愿地去做,并且做好。如培训师在培训时经常说的"讲这个内容对他有什么好处",我们或者对方做这件事有什么好处呢? 是成长进步,还是荣誉利益? 具体的好处是什么呢? 做过销售的人都会有一个习惯,就是把好处具体到数字或者用案例来打动对方。"和我们合作吧!""和我们合作是很好的选择,××店和你们店是一样的客户定位和价位,通过我们的小程序,他们的店上个月成交了 100 单,交易额超过 20 000 元,租金、水电费就解决了。"对比以上两个对话,如果你是店家,是不是愿意和后者合作? 也许合作的公司、内容并没有变,只是一个人提出需求,另一个人还告诉我们好处而已。"为什么"就是做这件事的理由,说服每个人的理由。

(四) 如何做(How)

我们有了做一件事的原因,知道了自己手头上这件事情的重要性之后,接下来就是如何着手去做(How)。"如何做"的部分往往是最费时间和精力的,这一部分直接决定了我们能否完成目标。所以"如何做"不仅要写出实施的多种解决方案,还要把解决方案对应的关键步骤梳理清楚并罗列出来,确保大脑对整个事项有着清晰的认知,从而在执行的时候不至于丢三落四、虎头蛇尾。这里举两个行动步骤的例子。

第一个例子:如何从低效努力转变为高效努力?

(1)认清事实。

(2)找回初心。

(3)重新行动。

第二个例子：如何用提问帮助别人找到答案？

(1)克制表达的本能，先不说。

(2)用封闭式提问确认对方的问题。

(3)表示自己不知道答案，但是愿意一起探讨。

(4)连续提问。

看完两个例子以后，你知道该如何行动了吗？如何认清事实？如何找到初心？如何重新行动？怎样克制表达的本能？如何连续提问？问到什么样的结果才算是帮助别人找到了答案呢？很多时候，解决方案看上去完美无缺，却没有行动的抓手，无法落地。这是因为我们没有考虑到执行方案的人的焦虑、困惑和难处，只是一味地从自身的角度出发，用一些冠冕堂皇的步骤把问题分解掉。

举一个例子。

某公司某部门一直都在宣传公司开发的学习小程序，让经销商在小程序上学习课程。员工每次都会告诉经销商这个课程如何如何好，让他们购买和学习。某次，A员工在微信群中分享资料的时候，很多人提问："小程序在哪里找？""在哪里看？"A员工突然醒悟了，经销商可能根本就不知道小程序在哪里、如何进入小程序，那么，何谈让他们来听课和落地培训呢？紧接着，公司举办万人大会，该部门的员工对来参加万人大会的经销商进行询问，果不其然，除了20%的优秀经销商，大部分人根本就不知道小程序从哪里进，也不知道如何听课。

经过这个教训之后，该企业明白了可落实的"如何做"有三个关键点：

第一，谁来行动，要因人制宜。"如何做"的详略、深浅由执行的人决定，他的教育背景、经验、工作习惯决定了他能否理解行动的各个环节，也决定了每一步细化到何种程度，所以首先要明确执行的人。虽然前文已经有Who，但是我们常常拿自己的标准去衡量别人，"自以为"写得很清晰，"自以为"沟通到位了，这样的情况有很多，所以有必要再次强调。

第二，行动能实施，不是空中楼阁。假设我们想要减肥，给自己制订的行动方案是1天做1 000个俯卧撑，我们能做到吗？如果做不到，这样的行动方案就会被丢在一旁。所以行动的每一步应该都是能够实现的，在过往执行力的基础上增加20%的难度或者数量是正常的设置，但是难度或者数量增加到200%，该行动方案就是形同虚设。

第三，行动步骤具体、翔实，让执行的人看完步骤后就能知道如何行动。在行为科学中有一条MORS法则，也称具体性原则，它对行为做了明确的定义。M：measured，即可测评，可以衡量和计算出做了多少。O：observable，即可观察，无论是谁看到或者听见，都知道这事怎么做。R：reliable，即可信赖，让多个人来看，他们都会认为是在做同一件事。S：specific，即明确化，谁来做、做什么、怎么做，都很明确。同时具备以上4个要素，才能称为行为，关注行为就必须像这样彻底消除含糊性。例如："做仰卧起坐20次"，而不是"做减肚子的运动"；"不断问自己为什么要做这件事，问到得出最能说服自己的理由为止"，而不是"找到初心"；"每天安排3次与其他部门的员工交流的机会，在每周1次的部门会议上公布结果"，而不是"加强员工之间的沟通交流"；"面带微笑，正对对方，声音洪亮地说'您好'，保证5米外也能听到，同时点头示意"，而不是"好好打招呼"。不要用大而化之的概念表达，而是用动词和量词等明确的词语来定义行动。

（五）成本多少（How much）

最后还有一个常常被忽略的H，是How much（多少），指的是我们需要处理的事情的数量、价格、花费的时间，"多少"的核心理念是成本，数量多少和价格高低决定了成本，时间也是成本。成本的概念在财务和企业经营里是至关重要的，这会影响企业的生存和发展。当然，成本对于我们自身的发展也很重要，毕竟时间是有限的，用在了学习动物实验研究上，就无法用在学习临床技能操作上。成本对应的概念是收益，收益有时候无法量化，比如公司做一个广告或者举办一场有影响力的活动，对受众的影响可能长达三五年，但是我们却无法统计到这样的收益。虽然我们无法量化收益，但是我们可以精确控制成本，把成本最小化，有成本意识。

三、5W2H 分析法的应用

5W2H 分析方法是一种灵活的工具，适用于多个领域，以下是一些具体的应用场景：

（一）项目管理

在项目启动阶段，使用 5W2H 分析法能够明确项目目标、计划、关键节点等。例如，确定项目的本质是什么（What），为什么要开展这个项目（Why），项目发生在哪里（Where），项目实施的时间是什么时候（When），谁是项目的关键责任人（Who），项目的执行过程如何（How），项目所需的资源和成本有多少（How much）等。

（二）团队决策

在团队协作中，使用 5W2H 分析法可以帮助团队明确决策的目的、原因、执行地点、时间、责任人、方式，以及决策的规模和影响。这有助于团队制订明确的行动计划，确保决策的执行力和效果。

（三）问题解决

面对工作和生活中的问题，通过 5W2H 分析法可以深入了解问题的根本，迅速找到解决问题的关键。例如，通过回答问题的本质是什么（What），为什么会发生这个问题（Why），问题发生在哪里（Where），问题发生的时间是什么时候（When），谁是问题的责任人（Who），问题的发生过程是怎样的（How），问题的规模和影响有多大（How much）等问题。

（四）个人发展

在个人成长中，5W2H 分析法同样有用。通过回答自己的目标是什么（What），为什么追求这个目标（Why），追求目标的地点是哪里（Where），追求目标的时间是什么时候（When），谁是实现目标的关键责任人（Who），实现目标的方式是什么（How），实现目标需要多少资源和投入（How much）等问题，有助于规划和管理个人成长。

第四节　组合创造法

一、组合原理的概念

组合原理是通过人为的组合形成新思想、新方法、新产品的原理。将研究对象进行简单叠加，或先将对象中的各个因素进行分解，然后将分解出来的有关部分根据需要再进行重新叠加，我们把这些叠加称为组合。借用人类已有的成果，以奇特的构思，将相关的或经过改进可以利用的若干项进行一定的结合、组合或融合，使之以崭新的面貌、全新的功能出现，这是一种把多项貌似不相关的事物加以连接，从而使之变成新整体的一种创新方式。

爱因斯坦说过："组合作用似乎是创造性思维的本质特征。"有人对 1900 年以来的 480 项重大创造发明成果进行分析,发现从 20 世纪 30 年代到 40 年代是以突破型成果为主,组合型成果为辅,20 世纪 50 年代两者大致相当,从 20 世纪 60 年代起,原理突破型成果的比例开始明显降低,而组合型成果开始变成技术创新的主体。组合大致可分为异类组合、同类组合等形式。

二、异类组合创造法

把两种或两种以上的不相同的事物组织在一起,形成一个新的整体,这在发明创造学中叫作异类组合创造法。异类组合对象有产品,也有工艺或方法。不相似或者不相同的事物,不仅在各个行业、各个领域之间存在,而且在同一行业内和同一领域内都是大量存在的,不相似或者不相同的事物是没有穷尽的。因此,异类组合是最广泛的发明创造方法。

针线、日历和圆珠笔虽然不是属于同一行业的产品,但是其组合的结果却发明了带针线包的圆珠笔和内藏日历的圆珠笔。而钢笔和圆珠笔则是同一行业的产品,其组合的结果照样创造出了大家常用的两用笔——这一很好的发明。

再看,谜语和雪糕,花篮和蚊帐,风扇和帽子,音乐和医疗,也都是既不相似更非相同的事物。面对这形形色色的事物,怎样才能使组合的思想四通八达、畅通无阻呢?

创造,首先是思想上的跃进。行业之间的区别、领域之间的界线、技术之间的鸿沟、事物之间的差异,是影响组合思想的屏障。组合创造法首先要突破这层屏障,把组合创造的思想扩展到所有的行业里,渗透到所有的领域中,在各种各样的事物中寻找组合的对象,研究组合的需要性和组合的可行性。

组合不光局限在物和物的范围内,事和物、事和事亦都可以组合。风扇防热帽、花篮式蚊帐,属于物和物的组合;谜语雪糕是事和物的组合;音乐治疗法则属于事和事的组合。在物和物、事和物、事和事的组合中,以物和物的组合为多,例如,月历和天线的组合,既增添了室内的美观,又能接收电视广播;图章和头像合为一体,在书信或题词、赠语落款处盖上有自己容貌和名字的肖像图章,亲友得到之后一定感到格外亲切;铲刀和鞋连在一起,用踢的方式铲断甘蔗、豆秆、麦秆类作物,这种收割鞋可谓独具匠心。你不但可以进行跨越行业或领域的组合创造,还可以在同一行业或同一领域内施展组合创造的才华。例如牙膏和牙刷属于同类物品,推土机和铲土机属于同类物品,橘子罐头、菠萝罐头、葡萄罐头、苹果罐头、梨罐头等属于同类物品,但是将牙膏和牙刷组合起来就发明了旅行者欢迎的含牙膏的牙刷;组合设计推土机和铲土机,就研制出多功能的推土铲土机;把橘瓣、菠萝、葡萄、苹果和梨组合在一个相互隔开的容器内,就创造出复合罐头,消费者花一瓶罐头的钱,就能同时吃上几样东西。

将若干事物的功能或特点通过组合汇集成一体,达到优化事物的目的,或者实现一事多能或一物多用的目的。例如,比利时一家公司的设计师们将有轨电车、无轨电车、公共汽车所有优点组合在一起,研制出一种称作"汽车地铁无轨车"的新型交通车。它由六节舒适的小车厢组成,有宽大窗户,使用无轨电车的轮子,沿着混凝土导轨行驶。这种电车也能不靠接触电线行驶,而利用公共汽车的柴油机。

将若干事物的功能或特点通过组合汇集成一体,创造出组合前完全没有的新功能或新特点。例如,高温喷涂彩釉的发明就是这样。中国工程师邵文古将现代高温氧焊技术和陶瓷釉料的涂饰结合起来,使精细配制的硅酸盐彩釉粉剂与燃气一起,以极高的速度从喷枪口射出,形成一个 1 500~2 800℃的高温火焰,其中均匀分布着由固粒液化进而雾化后形成的微细釉料液滴。运用这支绝妙的高温和施釉画笔,可以绘制巨幅陶壁画,而用工少、成本低,改变配料后,还能用来修补搪瓷器具等。

上述两种目的的组合,前一种占的比例很大,组合后与组合前相比,具有减少机构、减少零件、减少层次、减少体积、减轻重量、降低成本、节约材料、利于管理、使用方便等优点。

组合的目的不论是前者还是后者,抑或二者兼有,组合创造出来的事物都是前所未有的,而被组合的对象却是以前就有的。比如,美国推出一种自行车气筒链锁,既是自行车车锁,又可当打气筒用。自行车气筒链锁虽然是前所未有的事物,但是被组合的对象——气筒和自行车链锁却是以前就有的产品。

一种事物可以寻觅无数组合对象。再以圆珠笔为例,和它组合的对象不光有针线和日历,还有图章、消字器、测电笔、钢笔、钥匙扣、微波型收音机、温度计、电子表、驱蚊器、香料、微型电筒、打火机,等等。例如,在圆珠笔的笔杆上端设计一个哨子,就组合创造出带哨子的圆珠笔。千差万别的事物是构造新事物的不竭源泉,扩散思维和集中思维是组合创造的思想指南。你想创造新的事物吗?那就请你眼观六路洞察万千事物,把不同的需要集合起来思考,组合出众多的新事物。

三、异类组合创造法的应用要领

1. 设法把两种或两种以上的不相同的事物组织在一起,形成一个新的整体。

2. 抓住一个"新"字,被组合的对象可以是以前就有的,但组合出来的东西必须是新的。

3. 一种事物可以寻觅无数个组合对象。可以用一种事物去与不同的事物组合,试一试,看一看有没有一种新的事物产生。

4. 不同类型的事物有很多,组合的可能也有无数种。组合的不满意也可再多次进行组合,总有一次会是一件新事物的。

5. 数学表达式为:A+B=C。A 表示一种事物,B 表示一个被组合的对象,C 表示一种新事物。"工具 + 床垫 = ?"这可能是橄榄球运动员训练阻挡技术使用的器械,是刺激做梦的"药物",抑或是练习跳高用的设备。"砂纸 + 环 = ?"这可能是打磨圆形物体的工具,也可以是一种包围一座城市,不断进行蚕食,最后予以攻占的战术。问问你自己:我能把什么设想联结到我的想法上去?

四、同类组合创造法

同类组合创造法,其基本原理是在保持产品原有功能或原有意义的前提下,通过数量的增加,来弥补功能的不足,或获取新的功能、产生新的意义,而这种新功能或新意义,是原有产品功能单独存在时所缺乏的。

刀很早就在人类生活里扮演着重要角色。早在一亿年前,人类的祖先就使用石片,也就是原始的"刀",通过砍和削的方式来做自己想要的工具。刀成了人类最早认识和最早用于创造的劳动工具和搏斗武器。在长期的实践中,人们发现,将两把刀刀刃上下相对交错使用更容易割开兽皮,于是,把两把相同的刀组合在一起,构成了新的发明创造——剪刀。事物基本功能的每一次变化都可能导致新的发明创造。人们常常通过改变某一事物的原理或结构,达到改变这一事物基本功能的目的。

我们也可以在不改变某一事物的原理或结构的前提下,将若干相同的事物组合起来,构成一个独立的事物,实现新的功能或表示新的意义,剪刀就属于这样的创造。除了剪刀,还有双股绳、双人沙发、双管枪、双头螺栓、多头螺纹等。这种通过研究某一事物数量与其功能或意义之间的关系,以谋求新的价值而进行的创造,叫作同类组合创造法。

同类组合创造法说起来很简单,可是,在人们的观念中,一把椅子和五把同样的椅子,除了数量上的差别外,似乎再没有什么奥妙可言,更少有人去想五把椅子组合在一块儿会怎么样?

因此,也就认识不到同类事物组合中蕴藏的创造。

同类组合创造法的两种分类分别是:第一种是相似的事物。例如,一个大灯泡和一个小灯泡,一只机械表和一台机械钟,一辆男式自行车、一辆女式自行车和一辆学生自行车。第二种是相同的事物。例如,一个乒乓球和另一个乒乓球,一台打字机和另一台打字机,一个放大镜和另外几个放大镜等。

相似的事物没有本质上的差别,只有程度上的不同;相同的事物既没有本质上的差别,也没有程度上的不同。相似的事物和相同的事物在世界上普遍存在着。

比如,设计妈妈的连衣裙时不考虑女儿的连衣裙,设计女儿的连衣裙时不考虑妈妈的连衣裙,这样分别设计、分别销售的两种连衣裙就属于相似的事物。一根跳绳和同样长度、同样质量的跳绳就算相同的事物。相同的事物可以组合,相似的事物也能组合。设计服装时,把妈妈的连衣裙和女儿的连衣裙有机地统一起来,同时构思,成套设计和出售,就创造出富有和谐美的母女连衣裙。把三根跳绳串接起来,就成了连环跳绳。连环跳绳还是一项运动,这项运动要求三个人必须密切配合,步调一致才能跳成。连环跳绳创造了一项有趣的体育活动。母女连衣裙及其涵盖的意义,在组合前亦是没有的。因此,同类事物组合的结果若没有新的意义或者新的功能,这种组合就成为毫无价值的数量堆积。

同类组合的最大优越性是:进一步利用已有的事物,物化过程即实现发明创造的过程比较简单。例如,衣服上的纽扣是钉死的,洗涤衣服时,搓来揉去,纽扣容易脱落,对衣服和洗衣机都没有好处。怎样将死纽扣变成活纽扣呢? 中国有位初中学生把两粒纽扣缝成一体,然后在衣服钉扣子的地方也缝了扣眼,再把这种缝成的整体纽扣扣上就行了,洗涤前,纽扣就能摘下来了,衣服干后再将它扣好。这种"活动"纽扣还有一个优点,就是人们可按自己的兴致随时更换各种纽扣。把两颗纽扣组合成一体,发明了活衣扣,该初中生因此获得了青少年发明创造比赛和科学讨论会的一等奖。

五、同类组合创造法的应用要领

1. 任何事物都有基本功能,如果把两个相同的事物组合在一起,它会有新的功能吗? 会产生新的价值吗?

2. 我们要设法把同样的事物结合在一起,并谋求一种新的功能。

3. 把自己知道的事物写出 10 种、50 种来,让它们各自组合一下,仔细想一想,反复试一试,它们组合在一起之后会有新的功能产生吗?

4. 相似的事物可以同类组合,相同的事物也可以同类组合。如果同类组合的事物没有新的意义或者新的功能,这种组合就没有价值。但几乎不可能一次组合就能找到新的功能和意义,组合一百次,就比仅试一次找到新功能的可能性大得多。所以,要多试、多想。

5. 数学表达式为: A+A=C。A 表示一种事物,C 表示一种新事物。

第五节　痛点分析法

一、痛点概述

痛点是市场不能充分满足的,而用户迫切需要满足的需求。痛点是机构、个人想解决而无法解决的难题,包括 IT 与研发、生产与工艺、战略与规划、市场与营销等方面的需求。一切困扰机构或个人的生产、经营、发展的问题,都可以成为痛点。当然,有时这种用户需求可以通过市场调查得到;有时可以深入研究产品,预测或制造出针对某种痛点或迫切需求的产品。前者主要针对已有产品的已有功能,后者主要针对新功能或新产品。把握痛点的关键在于击中要害,这就要求产品设计者要花足够的时间充分且深入地研究,并从用户的角度深入思考问题。只有比竞争对手更早地找准痛点,并设法解决好它,你才拥有更强的先发优势与竞争力;否则,你的产品设计极有可能徒劳无功,甚至遭遇失败。在理解痛点相当到位的前提下,你要做的就是将痛点解决得极为漂亮,或者说对痛点的解决尽全力做到极致,做到行业中的最高水平。唯有找准了、解决好了用户痛点,用户才会因为获得深刻、良好的体验而义无反顾地选择你的产品。

二、痛点分析概述

(一) 痛点分析的目的

它的目的在于通过分析用户的需求和痛点来设计更好的产品或服务,从而提高用户的满意度和忠诚度。痛点分析不仅适用于产品设计,也适用于营销、客户服务和战略制定等方面。

(二) 什么是痛点分析

痛点分析是一种市场营销研究技术,旨在通过寻找用户的痛点解决方案来改进产品、服务和营销策略。通常,痛点是指用户在使用产品或服务时遇到的问题或困难,这些问题或困难可能会导致用户不满意或失去购买的意愿。对痛点的分析是了解产品或服务的共性和差异的基础,是在确定目标市场和采取相应营销策略之前的必要步骤。

三、痛点分析的方法

(一) 市场调研

市场调研是一种广泛应用的方法,极大地帮助了企业对市场和用户需求的深入了解。调查可以采用问卷调查、访谈调查、焦点小组调查等方法,从不同角度了解用户的需求和痛点,进而改善产品或服务。

(二) 用户体验设计

设计过程中的用户研究是有效了解目标用户需求的方法。用户体验研究需要了解用户的意见、想法和看法等,包括使用或尝试产品或服务时遇到的困难和问题等。这样可以通过改进设计、减少痛点、优化体验等方式来提高用户满意度。

(三) 竞争分析

通过对目标市场的竞争情况进行调查、分析使企业成为领导者。这样可以掌握目标市场的需求,建立自己的竞争优势和提高自己的产品或服务的价值。

四、痛点分析的实践

(一) 提高用户参与度

提高用户参与度可使用户更具投入感、提高满意度。除此之外,也可以通过用户反馈来了解用户需求,优化产品或服务等。

(二) 降低用户成本

用户在遇到问题的时候,缩短解决问题的时间可以降低用户的成本。

（三）增加差异化

在市场竞争激烈的时候，通过提供特有的个性化服务或产品来区分自己与竞争对手，这样可以增加差异化优势。

（四）互惠合作

与目标市场的用户不断建立良好的互动和沟通，从而进一步了解其需求。互惠合作可以增加用户黏性，从而提高企业的活力。了解用户的痛点是改进产品或服务的一个关键因素。对于企业来说，只有满足用户的需求和痛点，才有可能提高销售和用户满意度，逐渐走向成功。

五、发现痛点

（一）痛点分析的四个维度

做产品/业务的人都想找到用户的痛点，也就是用户迫切需要满足的需求。只有找到痛点才能有针对性地设计产品功能，才有可能做成爆款。那么，找痛点有没有快捷高效的方法呢？我们把用户没有被满足的需求分成了四个维度。

第一维度是深度，就是本质需求。用户的本质需求不是点到为止的，是有延展性的，需要我们深挖一挖、多问几个为什么、多去想想有没有更多的可能性。比如，手机一开始的本质需求就是打电话，后来又多了听歌和拍照，现在已经成了智能移动终端了，社交、打车、点外卖，样样离不开。再比如，买锤子钉钉子的故事，用户来五金店买锤子。店家要是看清了这个本质需求，用户是想在浴室里挂毛巾，店主就可以提供上门钉钉子或者挂粘钩的服务，还可以把产品外延，比如把防滑垫或者浴缸推荐给他，这样的生意格局就大了很多。

第二维度是宽度，也叫多重拆解。拆解一般分成两层，第一层拆解可以依据用户对产品的属性需求展开，比如产品性能、价格、产地，或者是产品使用者的特征，也可以是用户购买产品的不同阶段，等等。第二层拆解，是在第一层的基础上再细分。比如汽车的性能可以拆解出操作性能、乘坐性能、安全性能，饮料的目标人群可以拆解成熬夜人群和运动人群等。如有需要还可以继续往下多重的拆解。但是多重拆解要注意使用麦肯锡的 MCME 法则（全称 mutually exclusive collectively exhaustive，意思是相互独立不重叠，完全穷尽无遗漏）。

第三维度是细度，也叫仔细挖掘。前边我们按照不同的特征，把用户的需求都拆解成一段一段，然后就要在每个分段的颗粒度里寻找，有没有用户还没被满足的需求。这里面也有很多具体的方法，比如质疑思维法，Airbnb 就使用了这种方法，它质疑现有酒店的经营方式，然后思考，提供住宿的地方还能有哪些呢？结果就开发了民宿。比如类比优化法，类比线下商场的模式，在线上开商场并优化体验等。

第四维度是强度，就是有多想要。用户有多想要，代表了需求的强烈程度，也代表了产品未来的市场空间大小。什么样的需求是用户的迫切需求呢？要是用户主动寻找解决途径、宁愿花钱也要解决，那肯定就是迫切需求。但是针对用户没有意识的需求，做产品的人就要去思考和挖掘。比如，没有苹果手机的时候，用户就描述不出来想要隐藏的键盘，或者能用手指滑动操作的手机。随着社会发展，需求也会改变。比如人们也意识不到通过手机小程序可以叫出租车，或者可以使用共享自行车。随着人们越来越离不开手机，随时随地充电又变成了强烈需求。

四个维度的方法，能帮助我们快速高效地找到用户痛点。

（二）痛点不是点，而是面

痛点是个面，痛点永远不是一个而是一群。我们常常是冲着一个用户的麻烦去的，通常我们认为这只是一个痛点。但实际上是由于我们没有显微的能力，导致我们以为那只是一个点。

如果我们把它的比例尺放大，或者说具有显微的能力，我们就会发现那不是一个点，那里包含着很多的更小的点，每个点还相互关联。本质上是一个面，看起来像一个点。所以我们要解决的其实不是一个问题，而是一系列问题。

《从优秀到卓越》里有金佰利公司成长的案例。20 世纪 80 年代，金佰利针对患者和老人的大小便失禁的问题生产了一款叫作得伴的系列产品，在细分市场上销量一直很稳定。但是事实上，50 岁以上的成年人当中，有将近 40% 都存在着或多或少的大小便失禁的问题，女性尤甚。但内心深处的尊严，使得没有任何女性愿意去购买这种俗称为纸尿裤的东西。金佰利要解决一个过去被他们忽视，但是非常重要的问题——必须去除这款产品自带的大小便失禁的污名，不要让这款产品反向成为某种痛苦的提醒。后来这款产品使用了一种看上去很薄，跟传统的内裤没有什么差别的材质。而且它采用了透明的包装，在销售的时候把它与普通的内裤摆放在同一个地方，而不是把它放在卖纸尿裤的货架上。这种透明的包装让有意图购买这款产品的人一眼就知道，它的材质、厚薄、设计，所有那些有可能给用户带来痛苦提醒的因素都被去除掉了。通过一系列这样的改进，这款产品推出后，第一年就获得了 6 000 万美元的销售额。在不影响纸尿裤销售的情况下，第二年又获得了 30% 的销售增长。

所以，痛点不只是功能本身的一个点，还涉及心理、渠道、设计、材料等整个面。

（三）按下葫芦浮起瓢

在过去解决痛点的过程中，很多痛点容易抓偏了。关于痛点，首先要解决的是，它是不是真正的痛点；其次，做任何服务，宁可简单到极致，只解决一个痛点，而不是解决了好几个痛点，又带来好几个别的痛点。抓住一个痛点，我们要马上想一下，是不是带来了别的客户不能承受的痛点。如果没有带来其他痛点，就可以拼命打到底；如果带来别的痛点，就要想办法消除。

俞敏洪说过一个观点。对于很多初创企业来说，最后出问题的企业有一个共同点：号称解决痛点的同时，出现了两个毛病。第一是找到了一个伪痛点，第二是解决了痛点之后带来了其他的痛点。比如，家教上门服务解决了家长送孩子的痛点，但同时带来了其他的几个问题。比如，上门的老师是不是好人？老师教学水平如何？老师的交通成本谁负责？

六、找到痛因

（一）找线头

20 世纪 90 年代的美国纽约简直是暗无天日，罪犯横行，光天化日杀人越货，就是这么一个乌七八糟的城市，到 90 年代后期，状况却突然就变好了。为什么？原因就是 1994 年上任了一个叫鲁迪·朱利安尼的市长，他上任之后主要干了两件事：第一件事是抓地铁逃票的，第二件事是清理城市的涂鸦——那些在城市墙壁上、地铁上的乱写乱画。

我们可能会问，这跟治安有什么关系呢？我们可以推想一下。一个城市充满了各种各样的烂仔、小流氓、犯罪分子，后来这个城市突然有一天变干净了，乱写乱画的环境没有了，地铁被重新涂刷了油漆……你会不会觉得这个环境好像对我们产生了一点约束和要求？然后为非作歹的冲动是不是就小一点？原来这些人坐地铁是从来不买票的，但是突然猛抓逃票，他突然发现自己坐地铁居然像个绅士一样买了票，他为非作歹的冲动是不是又小了一点？我今天已经展现出了一个绅士的行为，是不是接着要展现出更多绅士的行为？那么他装在兜里的小刀子、小枪是不是就不大容易掏得出来？而地铁是一个什么所在呢？是一个城市的神经系统，它通向这个城市的角角落落。所以改造地铁，让每个人身处有一点点改良的、好的环境当中，它就形成了一个正向的循环。

所以朱利安尼当纽约市市长的时候，他是抽丝剥茧地找到了业务痛点的那个线头，也找到了这个城市的灵魂,解决了痛点问题。

（二）找亮点

有一个解决问题的思路,是找亮点。有个问题学生,家里很不幸,没有父母管教,一身毛病。他在学校里总惹麻烦,专门调皮捣蛋、破坏课堂纪律。像这样一个学生,你要找他的问题太容易了,但很难帮他发生改变。学校里的心理医生就问,难道他在所有老师的课上都同样调皮吗? 有没有哪个老师的课,他表现相对较好?

还真找到一个老师,他上课,这名学生基本不调皮。那么这名老师和其他老师有什么不一样? 观察发现这个老师有三点不同。第一,他会主动和这个问题学生打招呼,而其他老师都故意不理这名学生。第二,他会在课堂上请这名学生发言,其他老师不会。第三,他会在布置完作业之后,特意走到这名问题学生身边,问他听懂了吗。找到了成功经验,学校要求其他所有老师都做到这三点,结果,这名问题学生的表现真的大大改观了。

【创业实践】

1. 有人携带一个装有奶油蛋糕的礼盒等公交车,此人挤上车后蛋糕盒被挤坏了,奶油弄脏了自己和周围人的衣服。如果你看到这一幕,运用头脑风暴法,提出你的妙招。

2. 汽车、镜片、灯、钳子、电话机、钥匙、照相机、茶杯、电筒、手机、电视机、遥控器、插头、插座、开关、热水器、饮水机、电饭锅、水龙头、电烙铁、保温杯、电冰箱、微波炉、电磁炉、电脑、键盘、鼠标、音响、钢琴、烤箱、淋浴头、水箱、花盆、自行车、电动车、饭盒、门、窗、窗帘、风扇、取暖器、耳机、行李箱、背包、马桶、雨伞、水杯。

（1）这些物品中,你想组合的物品是:

（2）想解决的现有问题是:

（3）创新之处和优点是:

第十章　TRIZ 理论创新方法

【创新金语】

创新不是偶然的产物,而是系统化方法和工具的必然结果。

——根里奇·阿奇舒勒

【案例】

基于 TRIZ 理论的一次性治疗巾更换装置

随着医疗技术的不断进步,提高手术效率和患者舒适度成为医学界持续关注的焦点。在传统手术过程中,治疗巾的更换往往是一个烦琐且耗时的环节,不仅增加了手术风险,还可能影响患者的术后恢复。针对这一问题,第二届中国 TRIZ 杯大学生创新方法大赛中,来自某医科大学医技学院的作品《基于 TRIZ 理论的一次性治疗巾更换装置》脱颖而出,荣获二等奖,充分展示了 TRIZ 理论在医学领域的应用潜力。

作品简介:该作品设计了一种基于 TRIZ 理论的一次性治疗巾更换装置,旨在通过技术创新简化手术过程中治疗巾的更换流程,提高手术效率和安全性。团队深入分析了现有治疗巾更换过程中存在的矛盾与冲突,如快速更换与保持无菌环境的矛盾,以及操作复杂性与医护人员工作效率的矛盾。

【解析】

1. 解决矛盾时运用的 TRIZ 理论中的核心原理

(1)分割原理:将治疗巾更换装置设计成模块化结构,每个模块独立包装,确保无菌状态。在需要更换时,只需替换相应模块,大大简化了操作流程,减少了交叉感染的风险。

(2)嵌套原理:装置内部采用嵌套式设计,使得治疗巾能够迅速而稳定地固定在手术区域,同时便于快速拆卸和更换。这种设计不仅提高了更换效率,还保证了手术区域的持续无菌状态。

(3)预先作用原理:在装置设计之初,就考虑到治疗巾的预展开和定位问题,通过机械结构实现治疗巾的自动预展开,减少了医护人员手动铺展的时间和精力消耗。

(4)动态性原理:装置设计时考虑了手术过程中可能遇到的各种动态变化,如患者的体位调整、手术器械的频繁移动等,通过灵活的连接机构和可调节的固定装置,确保治疗巾在不同手术场景下都能保持稳定和有效。

2. 创新点与技术优势

(1)提高手术效率:一次性治疗巾更换装置显著缩短了治疗巾更换时间,减少了手术过程中的中断,提高了整体手术效率。

(2)保障无菌环境:模块化设计和独立包装确保了治疗巾的无菌状态,减少了交叉感染的风险,提升了手术安全性。

(3)简化操作流程：装置设计符合人体工程学原理，操作简便快捷，减轻了医护人员的工作负担。

(4)适应性强：通过灵活的连接机构和可调节的固定装置，装置能够适应不同手术场景和患者需求，具有广泛的适用性。

3. 成果与影响　该作品不仅在大赛中荣获二等奖，更在医学界引起了广泛关注。多家医院表示对该装置有浓厚的兴趣，并希望进一步合作推广。此外，该作品的成功也激发了更多医学领域的研究者和创新团队对 TRIZ 理论的兴趣和应用探索，为推动医学技术的进步和创新发展提供了新的思路和方法。《基于 TRIZ 理论的一次性治疗巾更换装置》的案例充分展示了 TRIZ 理论在医学领域的应用价值和创新潜力。通过系统的分析和创新性的设计，团队成功解决了手术过程中治疗巾更换的难题，提高了手术效率和安全性。这一案例不仅为医学创新提供了宝贵的经验，也为图书编辑在策划相关主题图书时提供了丰富的素材和灵感来源。

第一节　TRIZ 理论概述

一、学习 TRIZ 理论的意义

学习 TRIZ 理论的核心目的在于建立一套与时俱进的创新方法论，以提高个人或组织在解决各类问题上的能力，包括但不限于技术问题、管理问题、社会问题等。TRIZ 理论(theory of inventive problem solving，发明问题解决理论)由苏联海军部专利专家根里奇·阿奇舒勒(Genrich Altshuller)创立，自其诞生以来，便致力于通过系统分析大量专利文献，提炼出解决复杂问题的通用模式和规律。学习 TRIZ 理论，旨在帮助学习者掌握一套科学的创新工具和方法，以快速、高效地应对各种挑战，推动创新实践的发展。

(1)提升创新思维能力：TRIZ 理论强调创新思维的重要性，通过提供一系列独特的思维工具和方法，如矛盾矩阵、物 - 场分析法等，帮助学习者打破传统思维定式，以全新的视角审视问题，从而激发创新思维，提升创新能力。

(2)加速问题解决过程：面对复杂问题时，传统方法往往耗时耗力且效果不佳。TRIZ 理论则提供了一套系统化的解决流程，包括问题分析、矛盾识别、原理应用、方案生成等步骤，能够显著加速问题解决过程，提高问题解决效率。

(3)提高创新产品质量：TRIZ 理论不仅关注问题解决的速度，更关注解决方案的质量。通过运用 TRIZ 原理和创新算法，学习者能够设计出更加理想化、高效、环保的创新产品，满足市场需求，提升企业竞争力。

(4)预测技术发展趋势：TRIZ 理论揭示了技术系统的进化规律，这些规律有助于预测未来技术发展趋势。学习者可以基于这些规律，提前布局研发方向，抢占市场先机，实现可持续发展。

(5)促进跨学科融合：TRIZ 理论具有广泛的适用性，不仅适用于技术领域，还可以应用于管理、经济等非技术领域。通过学习 TRIZ 理论，可以促进不同学科之间的融合与交流，推动跨学科创新实践的发展。

二、TRIZ 理论的核心

TRIZ 理论的核心思想体现在对技术系统进化规律的深刻洞察、对冲突解决的高度重视、对理想化目标的不断追求,以及系统化的创新问题解决流程和知识库的支撑。这些思想共同构成了 TRIZ 理论的核心框架和理论体系,为创新设计提供了有力的支持和指导。在现代社会中,随着科技的飞速发展和竞争的日益激烈,TRIZ 理论的应用范围不断拓展,已经成为推动技术创新和产业升级的重要工具之一。

(一) 技术系统的客观进化规律和模式

TRIZ 理论认为,无论是简单产品还是复杂的技术系统,其核心技术的发展都遵循着客观的规律发展演变,即具有客观的进化规律和模式。这些规律包括但不限于技术系统的生命周期(产生、成长、成熟和衰退)、增加理想度、子系统不均衡演变导致的冲突、增加动态性和可控制性、复杂性增加后的集成简化、零部件匹配和失配、从宏观系统向微观系统演变,以及增加自动化降低人类参与等。这些进化规律和模式为技术系统的创新设计提供了指导方向。

(二) 冲突解决是推动技术进化的动力

TRIZ 理论强调,技术难题、冲突和矛盾的不断解决是推动技术进化过程的动力。阿奇舒勒通过对大量专利的研究发现,发明创造的过程往往伴随着冲突的解决。冲突可以表现为技术参数之间的相互制约,例如提高产品性能的同时可能增加成本或降低可靠性。TRIZ 理论提供了多种工具和方法来识别和解决这些冲突,如矛盾矩阵、40 个发明原理等,从而推动技术系统的进化和发展。

(三) 理想化是技术系统发展的目标

TRIZ 理论认为,技术系统发展的理想状态是用最少的资源实现最大的功能,即追求系统的理想化。理想化是 TRIZ 理论中的一个核心概念,它指的是在系统设计过程中,尽可能减少系统的有害结果(如成本、能耗、污染等),同时最大化系统的有用结果(如性能、可靠性、安全性等)。通过不断追求系统的理想化,可以推动技术系统的持续改进和创新。

(四) 系统化的创新问题解决流程

TRIZ 理论提供了一套系统化的创新问题解决流程,包括识别问题、定义冲突、分析问题模型、寻找解决方案等步骤。这些步骤通过一系列标准化的工具和方法来实现,如物 - 场分析法、最终理想解(ideal final result,IFR)、发明原理、标准解等。这些工具和方法为创新设计提供了有力的支持,使得创新过程更加高效和可控。

(五) 知识库的支撑

TRIZ 理论还建立了一个庞大的知识库,包括物理学、化学、生物学等效应对应的分类知识库以及数百万项发明专利的分析结果。这些知识库为创新设计提供了丰富的方案来源和灵感启发,有助于设计师在解决问题时快速找到可行的解决方案。

三、TRIZ 理论对现代社会的影响

TRIZ 理论对现代社会产生了广泛而深远的影响。它不仅能提升创新效率与质量、推动技术进步与产业升级,还能培养创新思维与人才、促进国际合作与交流,并能为我们应对复杂挑战与不确定性提供有力支持。随着科技的不断进步和社会的持续发展,TRIZ 理论的应用前景将更加广阔。

(一) 提升创新效率与质量

TRIZ 理论通过提供系统化的创新方法和工具,帮助人们更加高效地解决创新问题。它强调对技术系统进化规律的把握,以及对冲突和矛盾的深入分析,从而引导人们找到更有效的解决方案。这种方法论不仅缩短了创新周期,还提高了创新成果的质量和实用性。在现代社会中,无论是企业还是科研机构,都在积极应用 TRIZ 理论来提升自身的创新能力。

（二）推动技术进步与产业升级

TRIZ 理论鼓励人们从全局和系统的角度审视问题,通过解决技术冲突和矛盾来推动技术进步。它提供了一系列创新原理和标准解,为技术难题的攻克提供了新思路和新方法。在现代产业中,TRIZ 理论的应用范围不断拓展,涵盖了制造业、能源、交通、医疗等多个领域。通过应用 TRIZ 理论,企业能够开发出更具竞争力的产品,推动产业升级和转型。

（三）培养创新思维与人才

TRIZ 理论不仅是一套解决问题的工具,更是一种培养创新思维的方法论。它强调跳出常规思维惯性,从多个角度审视问题,寻找创新性的解决方案。在现代教育中,越来越多的高校和培训机构开始引入 TRIZ 理论,将其融入课程设计和教学实践中。通过学习和应用 TRIZ 理论,学生能够培养独立思考、勇于创新的能力,为未来的职业发展打下坚实基础。

（四）促进国际合作与交流

TRIZ 理论起源于苏联,但随着全球化进程的加速,它已经成为一种国际通用的创新方法论。不同国家和地区的专家学者通过 TRIZ 理论进行交流和合作,共同推动创新事业的发展。在现代社会中,TRIZ 理论的应用已经跨越了国界和领域,成为连接不同文化和科技背景人们的桥梁。

（五）应对复杂挑战与不确定性

面对现代社会的复杂挑战和不确定性,TRIZ 理论提供了一种系统性的应对思路。它鼓励人们从问题的本质出发,通过深入分析和科学推理来找到解决方案。这种方法论不仅适用于技术创新领域,还可以应用于组织管理、市场营销等多个方面。通过应用 TRIZ 理论,人们能够更加从容地应对各种挑战和不确定性,推动社会持续稳定发展。

四、TRIZ 理论的应用场景

TRIZ 理论的应用场景非常广泛,无论是产品设计与开发、生产工艺优化、新技术研发,还是问题解决与决策支持、创新管理与培训、跨学科研究与合作以及政策制定与战略规划等方面,都可以应用 TRIZ 理论来推动创新和发展。

（一）产品设计与开发

在产品设计初期,TRIZ 理论可以帮助设计师识别和解决设计中的技术矛盾,优化产品性能,提高市场竞争力。通过应用 TRIZ 理论的创新原理和标准解,设计师可以开发出更具创新性和实用性的产品。

（二）生产工艺优化

TRIZ 理论可以用于改进生产工艺流程,提高生产效率,降低成本。通过分析生产过程中的技术冲突,应用 TRIZ 理论的解决方案,企业可以实现生产过程的优化和自动化。

（三）新技术研发

在新技术研发过程中,TRIZ 理论可以帮助科研人员系统地分析问题,提出创新性的解决方案通过应用 TRIZ 理论的进化规律和理想化目标,科研人员可以推动技术的持续改进和创新。

（四）问题解决与决策支持

TRIZ 理论提供了一套系统化的问题解决流程,可以帮助企业和个人更加高效地解决问题。在决策过程中,应用 TRIZ 理论的分析工具和方法,可以更加准确地识别问题本质,提出可行的解决方案。

（五）创新管理与培训

TRIZ 理论可以作为一种创新管理工具，帮助企业建立创新体系，提升整体创新能力。通过 TRIZ 理论的培训和教育，企业可以培养员工的创新思维和问题解决能力，为企业的持续发展提供人才支持。

（六）跨学科研究与合作

TRIZ 理论的应用不局限于某一特定领域，而是可以跨学科应用。不同领域的专家学者可以通过 TRIZ 理论进行交流和合作，共同推动跨学科的创新与发展。

（七）政策制定与战略规划

TRIZ 理论可以帮助政府和企业制定更加科学合理的政策和战略规划。通过应用 TRIZ 理论的进化规律和理想化目标，可以更加准确地预测未来发展趋势，制定适应性的战略计划。

第二节　TRIZ 理论的体系

一、技术系统进化法则

TRIZ 理论的基础之一是技术系统进化法则，这些法则揭示了技术系统发展的内在规律，对于指导产品创新具有重要意义。阿奇舒勒通过对大量专利文献的分析，总结出了以下八个基本进化法则。

（一）S 曲线进化法则

技术系统的发展遵循 S 形曲线，包括产生期、成长期、成熟期和衰退期。了解这一规律有助于预测技术系统的发展趋势，制定合理的研发策略。

（二）提高理想度法则

理想度是 TRIZ 理论中的一个核心概念，指系统有用结果（如功能、性能等）与有害结果（如成本、能耗、污染等）的比值。提高理想度是技术系统进化的主要方向之一，即通过减少有害结果、增加有用结果来优化系统性能。

（三）子系统不均衡进化法则

技术系统中的各个子系统往往以不同的速度进化，这种不均衡性会导致系统内部产生冲突。解决这些冲突是推动系统整体进化的关键。

（四）动态性和可控性进化法则

技术系统的发展趋向于增加动态性和可控性，以便更好地适应外部环境的变化和满足用户需求。

（五）增加集成度再进行简化法则

随着技术的发展，系统往往趋向于增加集成度以提高性能，但过度集成又会导致复杂性增加。因此，在增加集成度的同时，还需要通过优化设计来简化系统结构。

（六）子系统协调性进化法则

为了提高系统整体性能，各子系统之间需要保持良好的协调性。通过优化子系统间的相互作用关系，可以实现系统整体性能的提升。

（七）向微观级进化和增加场应用的法则

随着纳米技术等微观技术的发展，技术系统趋向于向微观级进化；同时，通过增加场（如电磁场、温度场等)的应用来优化系统性能。

(八) 减少人工介入的进化法则

自动化是技术系统发展的一个重要方向。通过减少人工介入,可以降低劳动强度、提高生产效率和质量稳定性。

二、矛盾解决原理

TRIZ 理论认为任何技术矛盾都可以通过一定的方式来解决。为了指导实践中的矛盾解决过程,TRIZ 提供了一套矛盾矩阵和 40 个发明原理。矛盾矩阵将技术矛盾分为 39 个通用参数(如物体的重量、速度、强度等),并为每个参数提供了相应的解决原理。这些原理是通过对大量专利文献的分析总结得出的,具有广泛的适用性和实用性。

例如,当面临"提高物体的强度"与"减轻物体的重量"这一对矛盾时,可以通过矛盾矩阵找到相应的解决原理,如"分割原理"或"嵌套原理"。分割原理建议将物体分成独立的部分或使其可分,从而在不增加总重量的前提下提高某一部分的强度;嵌套原理则建议将一个物体放入另一个物体中以实现结构上的优化和轻量化。

三、发明原理与创新算法

除了矛盾解决原理外,TRIZ 理论还总结了 40 个发明原理作为解决发明性问题的有力工具(见表 10-1)。这些原理涵盖了分割、抽取、局部质量、非对称、合并/组合、多用性等多个方面,为创新实践提供了丰富的灵感来源和解决方案。例如,"分割原理"不仅适用于物理对象的分割,还可以应用于功能、时间、空间等多个维度的分割;"合并/组合原理"则鼓励将不同的元素或系统组合在一起以产生新的功能和性能。

此外,TRIZ 还提供了一系列创新算法如 ARIZ(algorithm for inventive-problem solving,发明问题解决算法)等,用于指导复杂问题情境下的创新问题解决过程。ARIZ 是一个对初始问题进行一系列变形及再定义等非计算性的逻辑过程,通过逐步深入分析、问题转化直至最终解决。

表 10-1　TRIZ 发明原理

序号	原理名称	原理描述	实际应用
1	分割原理	将一个物体分成相互独立的部分	在医疗设备设计中,将大型设备分割成多个模块,便于运输和安装。手术器械设计成可拆卸式,便于清洗和消毒
2	抽取原理	从物体中抽取关键部分(有害或有利)	在药物研发中,提取植物中的有效成分制成药物。医疗器械中抽取不必要的部件,减轻重量,提高便携性
3	局部质量原理	改变物体的均匀结构,使其各部分功能最大化	医疗器械(如手术刀)的刀身和刀刃采用不同材料,以提高耐用性和切割效率。医用植入物(如人工关节)的局部优化设计,提高与人体组织的相容性
4	非对称原理	将对称物体变为不对称,或增加不对称程度	医用导管设计成非对称形状,以便更好地插入体内并减少创伤。矫形器械(如支具)的非对称设计,可更好地适应患者身体的特定形状
5	合并/组合原理	将相似的物体或操作在空间或时间上合并	在医院设计中,将多个科室合并在同一楼层,提高患者就诊效率。医疗影像设备(如 PET-CT)将两种成像技术合并,提供更全面的诊断信息

续表

序号	原理名称	原理描述	实际应用
6	多用性原理	使一个物体具有多种功能	多功能手术床,可调节高度、角度和位置,适应不同的手术需求。便携式医疗工具箱,包含多种常用医疗工具,便于急救和野外医疗
7	套装原理	将一个物体放入另一个物体内,以节省空间或重量	医疗急救包,包含多种急救用品,便于快速响应急救事件。药品套装,将多种药物组合在一起,方便患者按时按量服用
8	重量补偿原理	通过添加额外部分来补偿物体的重量	在假肢设计中,通过重量补偿机制,使假肢的重量分布更加均匀,提高佩戴舒适度。医疗设备的配重设计,可减少振动和不稳定因素
9	增加反作用原理	预先施加反操作以抵消有害作用	心脏起搏器:设计具有反作用力调节功能的起搏器,以应对心脏跳动过程中的异常变化,如心律失常时自动调整起搏频率或强度。人工关节:在人工关节设计中增加反作用力机制,以模拟自然关节的减震效果,减少磨损和患者的不适感
10	预操作原理	预先对物体进行特殊处理,以便后续操作	在医疗器械设计中,通过优化结构使设备在操作过程中保持平稳,减少振动和噪声。医用输液架设计成可调节高度和角度,以适应不同患者的输液需求并保持输液管路的等置状态
11	预先应急措施原理	采用预先准备的应急措施,提高系统的可靠性	在手术室准备应急预案,以应对手术过程中可能出现的突发情况。医疗设备配备备用电源和紧急停机装置,确保设备在突发情况下仍能正常工作或安全停机
12	等势性原理	在潜在领域中限制位置改变,使对象无需升降	在医疗器械设计中,确保设备在操作过程中的稳定性和平衡性,如手术床、轮椅等的设计,以减少患者的不适感。在人工关节等植入物设计中,通过优化形状和结构,使其与人体骨骼的接触面保持等势,减少磨损和疼痛
13	逆向思维原理	将操作或运动方向反转	在药物治疗中,通过逆向思维寻找新的治疗方法,如针对某些疾病,传统的治疗方法效果不佳时,尝试反向抑制相关生理过程。在手术操作中,逆向思维可能促使医生采用非传统的手术入路或技术,以减少创伤和并发症
14	曲面化原理	用曲线或曲面代替直线或平面	在医疗器械设计中,采用曲面设计以提高舒适度和减少摩擦,如导尿管、内窥镜等的设计。在人工器官和植入物的设计中,曲面化可以提高与人体组织的相容性,减少排斥反应
15	动态化原理	使物体或其部分具有可移动性	在康复医疗设备中,设计动态化的训练器械,帮助患者进行关节活动和肌肉锻炼。在手术机器人等高精度医疗设备中,通过动态化设计提高操作的灵活性和准确性
16	不足或超额行动原理	通过增加或减少一点来实现功能	在药物治疗中,采用不足剂量的药物进行预防性治疗,或在某些情况下采用超额剂量的药物以快速控制病情。在康复训练中,根据患者的实际情况调整训练强度和时间,避免过度训练或训练不足

续表

序号	原理名称	原理描述	实际应用
17	维数变化原理	改变物体的维度或方向	在医疗设备的三维打印技术中,通过维数变化实现复杂结构的精确制造,如人工骨骼、牙齿等。在医学影像处理中,将二维图像转化为三维模型,帮助医生更直观地了解病情和制定治疗方案
18	机械振动原理	增加物体的振动频率、运用共振等	在物理治疗中,利用机械振动设备帮助患者进行肌肉放松和血液循环改善。在牙科治疗中,使用超声波振动器进行洁牙和根管治疗等操作,提高治疗效果和患者舒适度
19	周期性动作原理	改变或增加物体的周期性运动	在激光治疗、电疗等物理治疗中,采用周期性脉冲作用以减少对正常组织的损伤并提高治疗效果。在药物输送系统中,利用周期性脉冲释放药物以维持稳定的血药浓度
20	有效运动的连续性原理	使物体所有元件同时满负荷工作,消除空闲	在医疗设备的设计和使用中,确保设备各部件的有效运动连续性以提高工作效率和稳定性。在手术操作中,医生应持续保持高效的工作状态以缩短手术时间和减少并发症
21	快速动作原理	以最快速度完成有关操作	在紧急医疗救治中,快速动作可以挽救生命,如心肺复苏、止血等。在手术过程中,快速准确地完成关键步骤可以减少出血和感染的风险。在药物输送系统中,采用快速释放技术使药物迅速达到有效浓度,提高治疗效果
22	变害为利原理	利用有害因素获得有益效果	在放射治疗中,利用放射性物质对肿瘤细胞的杀伤作用来治疗癌症。在疫苗研发中,将病毒或细菌的有害成分经过处理制成疫苗,激发人体免疫系统产生抗体,从而预防疾病。在某些情况下,利用患者的自身免疫系统攻击癌细胞(如免疫疗法)来治疗癌症
23	反馈原理	引入反馈机制,改进操作或行为	在远程手术中,通过引入实时反馈机制(如触觉反馈、视觉反馈等),医生可以更加精确地控制手术机器人,提高手术的成功率和安全性。在医疗设备的设计中,引入故障检测和报警系统,以便在设备出现问题时及时提醒操作人员采取相应措施
24	中介物原理	使用中介物传递或完成动作	在药物输送系统中,使用中介物(如脂质体、纳米颗粒等)将药物包裹起来,提高药物的稳定性和靶向性,减少副作用。在手术过程中,使用各种手术器械和辅助设备作为中介物,帮助医生完成复杂的手术操作。在康复治疗中,使用矫形器、助行器等中介物帮助患者恢复运动功能
25	自服务原理	使物体具有自补充、自恢复功能,利用废弃材料	在医疗设备的设计中,引入自动化和智能化技术,使设备能够自动完成某些任务(如校准、清洗、消毒等),减少人工干预和降低交叉感染的风险
26	复制原理	用简单、便宜的复制品代替复杂、昂贵的原件	在医疗设备的维护和维修中,使用复制品(如备用零件、消耗品等)替换损坏或老化的元件,降低维修成本和缩短停机时间。在医学研究和实验中,使用复制品(如细胞培养物、动物模型等)进行大规模实验和筛选,提高研究效率和降低成本

续表

序号	原理名称	原理描述	实际应用
27	廉价替代品原理	用低成本物体代替昂贵物体,降低某些质量要求	在医疗资源匮乏的地区,使用廉价替代品(如当地草药、传统疗法等)代替昂贵的医疗设备和药品进行治疗。在医疗设备的设计和制造中,采用低成本材料和工艺来降低生产成本和售价,使更多患者能够负担得起高质量的医疗服务
28	机械系统的替代原理	用视觉、听觉、嗅觉系统或电磁场等代替机械系统	在医疗设备的设计中,采用非接触式传感器和成像技术(如光学相干断层扫描、超声成像等)来代替传统的机械接触式传感器和成像方法,提高测量的准确性和安全性
29	气动与液压结构原理	用气动与液压结构代替固体部件	在医疗设备的设计中,采用气动或液压传动系统来实现精确的力传递和运动控制(如气压止血带、液压手术床等)。在康复医疗设备中,利用气动或液压阻力训练系统来模拟不同的运动负荷和阻力模式,帮助患者进行肌肉力量和耐力的训练
30	柔性壳体或薄膜原理	使用柔性壳体或薄膜代替传统结构,隔离环境	可植入医疗器械:如可弯曲心脏起搏器、可伸缩血管支架,利用柔性外壳或薄膜的柔韧性和适应性,减少对周围组织的刺激和损伤。生物传感器:用于监测生物体内的数据,如心率、血压等,柔性薄膜传感器能够贴合皮肤,提高监测的准确性
31	多孔材料原理	使物体多孔,或利用多孔引入有用物质	药物输送系统:利用多孔材料的吸附和释放特性,实现药物的缓慢释放,提高治疗效果并减少副作用。组织工程支架:作为细胞生长和组织再生的支架,多孔结构有利于细胞的附着和营养物质的交换
32	改变颜色原理	改变物体或其环境的颜色、透明度	医疗诊断:某些生物标记物或化学反应的颜色变化可用于疾病的快速诊断,如 pH 试纸的变色反应。手术标记:在手术过程中,使用可变色墨水标记关键解剖结构,提高手术精度
33	同质性原理	使用相同或相似材料制造相互作用的物体	人工器官材料:要求与人体组织具有相似的物理和化学性质,以减少排斥反应,提高人工器官的长期存活率
34	抛弃与恢复原理	抛弃已完成功能的部分,或在工作过程中恢复消耗的部分	一次性医疗器械:使用后即抛弃,避免交叉感染,如一次性注射器、输液器等。可降解植入物:如可降解骨折固定钉,在完成其支持作用后逐渐降解,无需二次手术取出
35	参数变化原理	改变物体的物理或化学参数(如浓度、柔度、温度)	个性化医疗设备:根据患者的具体参数(如体重、身高、生理指标等)调整设备设置,以达到最佳治疗效果。动态治疗系统:如胰岛素泵,根据患者的血糖水平自动调整胰岛素的输注量
36	相变原理	利用物质相变时的效应(如体积改变、吸热或放热)	冷热敷治疗:利用物质的相变(如冰融化、水蒸发)过程吸收或释放热量,实现局部冷敷或热敷治疗。温控药物释放:通过相变材料控制药物释放的温度,实现药物的定时定量释放
37	热膨胀原理	利用材料的热膨胀或热收缩性质	血管支架设计:利用热膨胀材料的特性,在低温下压缩支架,通过体温使其膨胀并固定在血管壁上,减少手术创伤

续表

序号	原理名称	原理描述	实际应用
38	加速强氧化原理	使用富氧空气、纯氧或臭氧等加速氧化过程	医疗器械消毒:利用强氧化剂加速杀灭细菌、病毒等微生物,提高医疗器械的卫生标准。伤口处理:在某些情况下,使用强氧化剂加速伤口的清洁和愈合过程,但需注意控制浓度和时间,避免对组织造成损伤
39	惰性环境原理	用惰性气体环境代替通常环境,防止化学反应	药品包装:采用惰性气体(如氮气)填充药品包装,减少药品与氧气的接触,延长药品保质期。手术器械保护:在手术器械的存储和运输过程中,创造惰性环境以防止腐蚀和污染
40	复合材料原理	使用复合材料代替单一材料,提高性能	人工骨骼和关节:结合不同材料的优点(如强度、韧性、生物相容性等),制造高性能的人工骨骼和关节。医疗植入物涂层:在植入物表面涂覆复合材料,提高植入物的耐磨性、耐腐蚀性和生物相容性

四、物-场分析法与标准解法

物-场分析法是 TRIZ 理论中另一种重要的问题分析工具。它将任何功能都分解为三个基本元素:两个物质(S1 和 S2)和一个场(F)。通过分析物-场分析法中各元素间的相互作用关系以及存在的问题点(如不足作用、有害作用等),可以快速地识别出问题的核心所在并找到相应的解决方案。

针对物-场分析法的不同特征和问题类型,TRIZ 理论还提供了 76 个标准解法作为指导实践的工具。这些标准解法包括模型的修整、转换、物质与场的添加等多种操作方式,旨在通过系统化的方法快速生成高质量的解决方案。

五、知识库与效应库

为了支持创新实践的发展,TRIZ 理论还建立了一个庞大的知识库和效应库。知识库包含了大量的创新案例和解决方案供人们参考和学习;效应库则整理了基于物理、化学、几何学等领域的数百万项发明专利的分析结果作为技术创新设计的灵感来源。这些资源不仅有助于拓宽创新思路,还可以提供具体的实现路径和技术支持。

【创业实践】

"科技改善生活"工作坊:运用 TRIZ 理论打造可持续发展的科技解决方案。

1. 作业描述　要求学生结合所学专业知识,融入 TRIZ 理论(发明问题解决理论),设计并制作一个能够解决实际生活问题且具有可持续发展潜力的科技小发明或应用。这可以是硬件装置,如智能家居节能系统,可以是软件程序,如环保监测小程序等。除了功能性,项目还需考虑其经济可行性、社会接受度以及长期环境影响。

2. 具体实践要求

(1)TRIZ 理论应用:学生须至少识别并应用 TRIZ 理论中的三个核心原理或工具(如矛盾矩阵、物-场分析等)来指导他们的项目设计。在项目报告中,详细阐述如何运用 TRIZ 理论解决设计过程中的具体问题或挑战。至少进行一次用户测试或原型演示,收集反馈,并运用 TRIZ 理论进行迭代改进。记录测试过程中的问题、解决方案以及 TRIZ 理论在其中的应用。

（2）长期规划与可持续性：制订一份包含至少六个月的项目维护和更新计划，确保项目的持续运行和优化。在计划中考虑项目的长期环境影响，并运用 TRIZ 理论探索可持续发展的策略。展示如何运用 TRIZ 理论使项目更具创新性和实用性。

3. 实践能力提升　学生将面对从概念到原型，再到考虑市场推广和可持续发展的全方位挑战。这将锻炼他们的创新思维、技术实现能力、用户调研技巧、产品迭代策略以及长期规划能力。通过运用 TRIZ 理论，学生将学会如何将理论知识转化为具有实际社会价值的技术解决方案，同时考虑项目的经济、社会和环境可持续性。

【拓展资源】

龙江 TRIZ 微信公众号：微信公众号搜索龙江 TRIZ

第四篇

创新创业实训

第十一章　创新创业项目的挖掘与培育

【创新金语】

　　在激烈的国际竞争中,我们要开辟发展新领域新赛道、塑造发展新动能新优势,从根本上说,还是要依靠科技创新。我们能不能如期全面建成社会主义现代化强国,关键看科技自立自强。

——习近平在参加十四届全国人大一次会议江苏代表团审议时的讲话

【案例】

医学需要创新,需要"离经叛道"

　　人类社会的发展离不开创新,与人类生命健康息息相关的医学发展同样需要突破常规和"离经叛道"。在相当长的历史阶段里,心脏被认为是医学的禁区,正是医学先驱们一次次突破禁区,大胆创新,心脏疾病对人类的危害才被大大降低。在中国科学院院士、国际著名心血管病专家葛均波教授看来,创新可以为医学带来更大的发展潜力,为患者解除更多的病痛。

"我做了中国第一例 TAVI 手术"

　　1989 年,丹麦医生安德森发现,很多患有瓣膜病的老年人,同时患有一些其他基础疾病,不能承受外科主动脉瓣置换术(surgical aortic valve replacement,SAVR)。于是他想到,能不能把瓣膜在外面先做好,就像门坏了以后,我们在体外把门框和门安装在一起,然后直接把瓣膜放进体内?他做了动物实验,并把相关文章投给很多杂志,但一直不被认可。

　　13 年后的 2002 年,法国医生阿兰·可莱比(Alain Cribier)遇到了一位主动脉重度狭窄的患者,这位患者心脏功能衰弱,生活质量极低。经患者同意,2002 年 4 月 16 日,可莱比在他身上实施了世界上第一例经皮导管主动脉瓣置入术(transcatheter aortic valve implantation,TAVI),并取得了成功,这一天因此被载入史册,TAVI 被认为是继球囊、裸金属支架、药物洗脱支架后,介入心脏病学的第四次革命。它具有微创、恢复快、痛苦低、安全性高等优点,给不适合外科手术的高危重度主动脉瓣狭窄患者提供了新的治疗选择。

　　2002 年 7 月,葛均波教授和可莱比医生在毛里求斯的一次会议上相识。葛教授请求他帮助在中国开展 TAVI 手术。"我告诉他,中国病人对于开胸手术非常恐惧,因为我们认为这会'伤元气'。虽然他不太理解我说的'元气'是什么意思,但是他表示:'我现在做的手术只是"样品",等我实现商品化了,我再来帮你。'"

　　为了把 TAVI 手术引入中国,葛均波教授先后去了三次欧洲,去做动物实验、去观摩。2006 年,我国提出了自主创新、建设创新型国家战略。乘着这个东风,葛均波教授提出了在上海进行探索性的 TAVI 手术的申请。2010 年 9 月 29 日申请被批准了,当然,前提是一定要保证患者的安全。

　　2010 年 10 月 3 日,葛均波教授做了中国第一例 TAVI 手术。手术当天,葛均波教授还请来了十几位全国有名的心血管医生站在他的身后,就是为了确保患者的万全无虞。

手术成功后,他开始思考接下来的问题:手术用的瓣膜是用猪心包或牛心包做的,由于不停地开关,差不多经过 10 年的时间就会坏掉。到时候怎么办?

这位患者在 2020 年 6 月再次发生心衰,他当时已经是 88 岁高龄了。经过检查,果然是瓣膜坏了。我们想:既然"门框"还在,只是"门"坏了,那么我们再把"门框"和"门"安装好,放回到原来的位置。这就是 2020 年 6 月 3 日实施的中国第一例 TAVI 手术 10 年后的瓣中瓣手术。如今,这位患者已经 90 多岁了,自己骑三轮车买菜都没问题。

【解析】

葛均波教授的故事告诉我们,医学有时候充满了很多的不确定性,但就是因为不确定性才让人觉得有意思,才能成为我们创新的动力。医学的进步一定是充满风险和不确定性的,而我们能做的就是不断创新,做好准备,去迎接新的挑战。

第一节 创新创业项目的来源与选择

一、创新创业项目的来源

(一)来源于学生自发创造的创新创业项目

自发创造主要指基于学生对行业研究和市场洞察,自发创意、自主创新、发现商机。项目核心团队成员(如创始人、联合创始人等)依靠自身对行业、对市场的研究、洞察和思考,然后"白手起家"。随着高等教育改革的深入,学科交叉与融合愈来愈紧密与频繁,这在一定程度上促使学生对未知领域具有强烈探索兴趣和创造欲望,形成创造性思维,为创新创业奠定良好的基础。绝大多数第一次参赛学生的项目就来源于自发创造。这一类创新创业项目诞生速度快、门槛低、创作难度小,往往与学生的兴趣爱好有关,受到日常生活环境的启发。如云南大学滇池学院的"罗小馒"项目。罗三长作为创业发起人,他最大的创业动力是迫切想改变家庭经济状况。他从初中开始就一直利用假期,从事餐饮行业的学习和相关工作,所以对于餐饮行业比较熟悉,同时发现在消费升级的大背景下,传统行业蕴藏着巨大的变革商机。

(二)来源于学校特色专业和优势学科的创新创业项目

紧密结合学校专业与学科特色,二者互相促进。通过创新创业,促进学校特色的打造,促进特色专业与学科建设。充分发挥专业优势和运用优势学科进行项目的创意和实践,这也是创新创业大赛一直提倡的"专创融合"的大赛精神。如哈尔滨医科大学的第四届中国国际"互联网+"大学生创新创业大赛黑龙江赛区金奖"新型安全头皮针"项目。护理专业的护创团队师生就是依托学校特色专业——护理学,结合临床实践发现的痛点问题,开展项目研究,解决了临床上常出现的"针刺伤"问题,提升了医护人员工作的效率,增强了对医患的安全保护和避免了针刺所带来的感染风险。

(三)来源于"互联网+"、人工智能等新医科的创新创业项目

不断涌现的新技术激发了大学生创新创业的热情,促进基于"互联网+"的技术创新与应用创新。互联网是人类在技术领域的巨大进步,将重新建构世界的连接方式,重新配置社会资源。VR、AI 技术已经成为医疗行业的新增长点,前景广阔。辅助医学影像、虚拟医生、药物

分析都是可行的方向。在创新创业大赛中,出现了很多与 VR(虚拟现实)、AI(人工智能)、物联网、大数据、云计算深入结合的创新创业项目。

（四）来源于师生同创＋校友(大手拉小手)的创新创业项目

高校的老师有很多好的想法和科研项目,同时也有着丰富的社会资源,这将会成为大学生创新创业项目的重要来源。毕业的校友在社会各个行业已经走上重要的岗位,且与母校有着很深的情感,通过校友"大手拉小手",也会成为大学生创新创业项目校外导师的重要来源。

（五）来源于校企合作、产教融合协同创新的创新创业项目

近年来,高校为谋求自身发展,采取与企业合作的方式针对性地为企业培养人才。这类项目的特点非常鲜明,项目成立初期,就有非常稳定的客户群体,并且与群体建立了较为稳定的合作关系。高校和当地的产业紧密结合,快速地获得产业需求信息,并实现资源对接。通过大学生创新创业项目帮助当地企业转型升级,帮助当地产业与企业实现"互联网＋"。

（六）来源于学校师生科技成果转化的创新创业项目

高校的教学、科研与大学生创新创业三合一,在促进大学生创新创业的同时,进行科研成果产业化,创造更大的价值。这类项目是高校师生智力资源的集中体现,往往与老师的课题相关。高校师生的科技成果转化类项目具有项目成型快、项目技术好、项目前景远的相对优势。在此类选题当中,很多项目有较为成熟的科技成果,研究的领域和方向具有一定的前瞻性和市场性。

这种基于一定科技成果并予以落地转化的项目,从具体执行情况来看可分为三种情况。第一种是项目的主要科研成果来自老师的科研项目,这一类项目往往科技含量较高、成果较为丰富,需要老师充分调动学生的科研潜能,引导学生进一步深入研究。第二种是项目核心成果来自学生自身的科研项目,这就需要老师帮助学生获取更多的资源支持以及寻找更多的市场需求对接机会。第三种是学生本身不具备科研成果,但是项目侧重于技术改良、应用性优化以及民生类创意等。

（七）来源于电子商务的创新创业项目

利用电子商务平台创新创业,创业门槛相对较低,可以发挥大学生熟悉互联网的优势,帮助线下传统企业进行电商运营,实现线下商品资源的电子商务化。电子商务平台数量众多、资源丰富,可以为大学生提供创新创业机会,包括"淘宝""天猫""京东商城""微信微店"等。

（八）来源于家族产业与产权的创新创业项目

中国越来越多的家族产业与拥有的知识产权面临传承接班问题,需要"创二代"们更好发展家族事业,实现家庭产业与互联网对接,实现升级跨越发展。

（九）来源于志愿服务公益创业的创新创业项目

高校大学生志愿者奉献自己的时间,服务社会,虽然不获取报酬,但能获得精神上的愉悦和提升。志愿服务公益创业是广大青年以解决、补全公共服务需求为使命,将志愿精神与创新创业精神相融合,开展的具有可持续发展导向的志愿服务行为。所以,从本质上讲,志愿服务公益创业具有志愿服务性,但追求的是可持续发展。

二、创新创业项目的选择

在如今竞争激烈的市场环境下,选择一个适合的创新创业项目是迈向成功创业和获得竞赛胜利的第一步。一个好的创新创业项目不仅需要满足市场需求,还需要与创业者(团队成员)的兴趣、能力和资源相匹配。我们在选择创新创业项目时,首先要考虑项目是否符合优势原则、政策原则、需求原则、价值原则、竞争性原则、投资性原则这六大原则。如果项目符合这六大原则,就可以重点锁定这个项目了。

（一）优势原则

优势原则指的是你选择创新创业项目时要能突出你的优势，要做你自己最擅长的事、做你自己最熟悉的领域、做你自己资源最多和优势最明显的项目。也就是你做这个项目时最有优势，最能突出你在专业知识、专业技能、人脉关系、市场资源、行业经验等方面的优势。

（二）政策原则

政策原则指的是你选择的创新创业项目一定要符合国家政策、产业政策和地方政策。在国家、产业和地方扶持政策背后都有资金和税收等方面的支持，如果你选择的这个项目在政策的风口里，就有机会获得政策的扶持，就有可能借力政策发展自己的创新创业项目。

（三）需求原则

需求原则指的是你所选择的创新创业项目一定要有市场需求，最好是有刚性需求和紧迫性需求，同时还有一定的潜在服务需求，而且这个市场容量要足够大。

（四）价值原则

价值原则指的是你所要选择的创新创业项目一定要有价值，不仅要能挣钱、能产生利润，还要对社会有贡献价值，并且这种项目产品与服务创造的附加值越高越好。你要去寻找产品销售后净利润和毛利润高的项目产品。

（五）竞争性原则

竞争性原则指的是你所选择的创新创业项目市场竞争对手数量不能太多、竞争对手的实力不要太强，这样你才有赢得市场份额的机会。如果你进入一个红海市场，竞争对手林立，甚至有一些很强的竞争对手，市场竞争早就已经很残酷、很激烈，你很难在市场中占有一席之地，你的创业项目会做得很吃力、很费劲；而如果你进入一个行业细分的蓝海市场，竞争者很少，竞争对手的市场竞争力也不强，你就有机会迅速抢占市场，把项目做大做强，让项目快速成长起来。

（六）投资性原则

投资性原则指的是你所要做的项目要满足投资规模不大、投资周期不长、投资回报率高、投资回收期短、投资风险还比较小的要求。投资规模不大意味着项目容易启动，投资周期不长意味着项目可以很快上马，投资回报率高意味着项目的风险小。

第二节　项目的前期准备与资源整合

一、项目的前期准备

良好的开端是成功的一半，作为创新创业项目的基础，前期准备工作的具体与否往往影响着后续整个项目的开展。所以，同学们在进行前期准备工作时一定不能盲目追求速度，而是要理性思考，通过多方面搜集资料、询问意见，组建强有力的团队、挖掘适合自己的团队项目，找到能为项目提供支持与帮助的指导老师，深入掌握各类竞赛的规则与要求。

（一）组建高效的团队

组建一个高效的团队是成功的基础。项目团队由三类人组成，分别是学生团队、指导教师、专家顾问团队。首先，我们需要找到一群有共同目标和激情的学生，组建一个高效的学生团队（项目负责人、项目组成员）。项目负责人要有决策力、有商业头脑与手段；项目组成员应是能力互补、专业融合的领域人才,有擅长的领域(常见的有财务、技术、写作、路演等),这样才能更好地开发、设计、推广和销售项目。此外,团队成员之间的良好沟通也是非常重要的。团队合作是完成项目必不可少的先决条件,可以本专业、本学院进行组队,也可以跨专业、跨学院进行组队,进行精细分工,找到每个人擅长的地方和闪光点,然后各自完成相应任务,团队成员各司其职,同心协力才能做好一个项目。其次,我们要找到专业化程度较高、具有指导经验的学院内或学校内的老师做项目的指导教师。在创赛中,导师的指导和支持对于项目和团队的成功也非常重要。团队要结合项目的性质明确寻找指导老师的方向和标准,以便选择合适的导师。一般来说,导师需要具有和项目相关的经验和知识,能够给予团队专业的指导和建议。最后就是专家顾问团队,就是项目相关领域资深学者、业内知名人士等,专家一定跟项目有高匹配度、相关性,有经验还要有资源。

（二）确定团队的创新创业项目

团队组建成功后,要不断地进行团建及研讨,结合指导教师的研究方向,确定团队的研究方向及项目。团队可针对某个实时问题、热点话题、所读专业或者个人兴趣进行调研,它可以来源于上课时对某一知识点的拓展思考,还可以来源于最新热点问题或国家政策,团队可根据自己的需要进行选题,立项后也会有继续做下去的动力;另外,也可以上网查阅往年的项目,通过发现这些项目的不足,再对它们进行改造或者改进;除此之外,也可以加入专业(指导)老师相关课题下的项目,这种项目一般来说获奖的概率都是比较大的。项目一定具有极强的创新性,有潜力解决现实中的问题。团队一定要对研究的项目有深入的理解,包括项目的市场潜力、竞争优势、受益群体等。

（三）寻求指导与反馈

在项目准备过程中,积极寻求老师、高年级同学和行业专家的建议与反馈,能帮助项目团队及时发现不足,为团队提供新的思路和方向。这些经验丰富的前辈的建议与指导是一盏明灯,指引项目团队避免走弯路、避免犯错、提升项目质量。

（四）获取足够的资源

1. 团队资源　包括跨专业跨学科的能力各异的学生、指导教师及专家顾问等。

2. 能力资源　包括与项目相关的技术资源、财务分析、研发渠道等。

3. 项目资源　包括项目开展的实验实践、获取的专利、临床应用试用证明、伦理审查报告、实物制作、企业对接等。

4. 经费资源　包括项目研发费用、专利申请费、实验试用费、实物制作费等。

（五）制定完善的商业计划书

商业计划书是一份展示项目全貌的蓝图,全面反映项目的理念、策略、市场分析和组织结构。它需要对每一个细节进行精心打磨,确保清晰、美观并富有说服力。每一部分都不可缺失,同时须结合权威数据、事例和图表,以增强论据可信度。正如俗语所说:"工欲善其事,必先利其器。"一份翔实的商业计划书将提高团队在比赛中的竞争力。

（六）深入掌握各级各类竞赛的规则与要求

各级各类大学生创新创业大赛不仅是一项竞争激烈的赛事,更是一个锻炼自身能力的平台。想要在比赛中脱颖而出,深入了解规则与要求就是首要任务。首先,要熟悉不同赛道的类型和特点;其次,要了解竞赛的时间与须提供的材料;最后,要了解竞赛的方式和竞赛成果使用。

（七）参加校内选拔和各类创新创业赛事

积极参加学校举办的选拔赛和相关赛事是积累经验的重要方式,可以提高团队协作和解决问题的能力。同时通过各类竞赛的打磨和总结,团队将不断完善和改进项目,使得项目日渐成熟,助力项目在未来的更高级别赛事中取得更好的成绩。

二、项目的资源整合

项目资源清单包括资金、渠道、设备、技术、顾客、人脉等,真正有价值的资源是别人没有的,而不是你有别人也有的东西。别人如果有,你就对别人没有价值。在这里,资源整合就是一种交换,即资源的交换、共享,目的就是创造与合作者的共同利益,产生"1+1>2"的结果,即共赢。大学生创新创业,往往受限于自己一穷二白,没钱、没地、没人脉。而创新创业是不拘泥于当前资源约束、寻求机会、进行价值创造的行为过程。大学生创新创业就是基于创新,打破资源束缚,捕捉机会,进行价值创造的行为过程。资源的整合能力决定了你能否真正将机会转化为现实,这就需要发掘团队自身的创造性,用有限的资源创造尽可能大的价值。此时,善用资源整合技巧的重要性就显现出来了。

(一) 做好资源整合须遵守的原则

1. 内外部资源协同　在资源整合过程中,团队不仅需要关注内部资源的利用和优化,还需要积极寻找和利用外部资源。通过内外部资源的协同作用,可以实现资源的优势互补和互利共赢,提高项目的竞争力和创新能力。

2. 优化资源配置　团队需要对内外部资源进行合理的配置和利用,以实现资源的最大价值。团队需要根据自身情况和市场需求,对资源进行分类和评估,并制定相应的资源配置方案,以提高资源的利用效率和项目的经济效益。

3. 动态调整资源　随着市场环境的变化和项目进展的需要,团队需要不断地对资源进行动态调整。通过及时调整资源配置、更新和升级资源,项目可更好地适应市场变化和满足客户需求,提高项目的应变能力和竞争力。

(二) 项目资源整合的方法

在进行项目管理过程中,有效地整合和利用项目资源是取得成功的关键因素之一。通过合理地整合项目中的各种资源,可以提升项目的执行效率、降低成本,并最终实现项目目标。高效地整合项目资源的方法和技巧,可以帮助团队在项目管理中取得更好的成果。

1. 要充分了解项目中的资源情况,包括人力资源、物资资源、技术资源等。通过对项目需求和资源供给的分析,找到资源之间的联系和依赖关系,为资源整合打下基础。

2. 要善于寻找和发掘项目资源。除了已有的内部资源之外,还可以通过外部渠道来获取额外的资源支持。可以与合作伙伴、供应商或其他相关组织进行资源交流和共享,以扩大资源范围。

3. 要制定资源整合的具体方案。根据项目需求和资源的特点,确定资源的配置方式和使用策略。可以通过优化资源分配、合理安排资源利用时间等方式,提高资源利用效率。

4. 要注重沟通和协调工作。在整合项目资源的过程中,需要与相关人员进行有效的沟通和协调,确保资源的正常使用和优化配置。可以通过团队会议、进度报告等方式,及时了解资源使用情况,并及时调整和优化资源配置方案。

5. 要不断优化和改进资源整合的方法和策略。项目资源整合是一个动态的过程,随着项目的进展和变化,需要不断地进行优化和调整。可以通过总结经验教训、开展反馈和评估等方式,改进资源整合的方法和策略,提升项目管理的效果。

第三节　项目的挖掘与培育

一、如何进行项目挖掘

最常见的问题是在寻找项目的初始阶段,多数学生对于创新创业大赛的认识主要还是停留在"创新"的字面意义上,即认为要寻找的项目是从未出现过的项目,因而产生较大的畏难情绪。但事实并非如此。在进行项目挖掘时,学生首先要找到与自己兴趣或是专业方向相关的行业领域,做好调研工作,包括发展现状、现存问题、未来前景等,进而找到亟待解决的问题,最后针对该问题提出妥善的解决方案,该方案也就是项目本身。

（一）项目挖掘的方向

创业项目的来源非常广泛,只要你有敏锐的洞察力和创新思维,就能从生活中的点滴细节中发现新商机。

1. 关注身边的需求　你是否注意到身边的人或社区有某种需求未被满足？满足这些需求,或许就是你的创业机会。商机,就是及早发现供需关系的失衡,做出及时的需求供应关系布局。

2. 行业趋势发展　在当今快速发展的社会中,行业发展趋势日新月异,各种新兴行业如雨后春笋般涌现。对于企业来说,抓住这些新兴行业的机遇,迅速适应市场变化,才能在激烈的市场竞争中立于不败之地。特别是在健康意识日益提高的背景下,绿色食品、健康生活方式等产业呈现出前所未有的发展潜力。人们越来越关注食品安全、健康饮食和生活方式,这为绿色食品、健康生活方式等相关产业提供了广阔的市场空间。政府应当出台相关政策,提供资金支持,降低企业成本,以促进这些行业的快速发展。

3. 加强技术创新　新技术的发展往往能带来新的商业机会,这是创业者们所熟知的事实。随着科技的飞速发展,各种新兴技术不断涌现,为市场带来前所未有的机遇。其中,人工智能、物联网、区块链等技术的快速发展,为创业者提供了无数可能性。人工智能技术可以帮助企业提高效率、降低成本、提升竞争力,利用人工智能技术,可以开发出智能家居、智能安防等产品,满足人们对于智能化生活的需求；物联网技术可以将各种设备、传感器等连接在一起,实现智能化、远程化的管理,利用物联网技术,可以开发出智能农业、智能工业等产品,提高生产效率和降低成本；区块链技术则可以提供安全、可靠、不可篡改的数据记录和交易验证,利用区块链技术,可以开发出数字货币、智能合约等产品,提高交易的安全性和透明度。这些技术的发展,使得创业者们可以开发出更多具有创新性和实用性的产品和服务。

4. 关注海外市场　随着全球化的发展,海外市场已成为创业者的新机遇。了解海外市场需求,将为我们带来更多商机。海外市场具有广阔的发展空间和巨大的潜力,为创业者提供了无限的可能性。通过深入了解海外市场的需求和趋势,我们可以开发出符合当地消费者需求的产品和服务,进而在市场中获得成功。要了解海外市场需求,创业者需要采取一系列措施。

首先,要对当地消费者的文化、习惯、喜好等方面进行深入调研,以了解他们的真实需求和偏好。其次,要关注当地市场的竞争情况,了解竞争对手的产品和服务,以寻找差异化竞争优势。最后,还要了解当地的法律法规、市场规则等方面的规定,以确保合规经营。

5. 老龄化服务 中国的老龄化程度逐年升高,为老年人开发服务或产品,不仅具有巨大的市场前景,更能解决社会的痛点需求。给大家推荐几个项目:养老服务、健康产品开发、健康膳食、居家监测、老年性娱乐产品。

6. 乡村振兴 根据我国战略发展规划,未来五年是属于乡村产业振兴发展的五年,乡村产业存在巨大的机会,可以切入的点非常多,如乡村旅游、农产品加工和销售等。

7. 非物质文化遗产的传承和保护 很多情况下这类项目可以和乡村振兴联系起来,获得双倍的社会效益加成。传统的技艺、手工艺品、医药、美食甚至美术元素,都可以作为项目的出发点。

8. 公益项目 公益项目的方向很多,如留守儿童和特殊群体保护、帮扶,这些方向很有现实意义,在历年比赛中评委也比较认可。

9. 校园创业项目 避免重复率高且缺乏创新、毫无成果的项目,如果你能切实解决大学生群体的痛点需求,那么并不失为一个好项目。只有切实、合理地解决了特定需求,你的项目才有价值。

(二)竞赛项目挖掘的方法

1. 找到一批创客、极客 找到一群"不安分""爱折腾"的创业人,如创业社团的精英,创过业或者参加过立项、竞赛的学长学姐,他们知道什么是创新创业,了解创新创业大赛,懂方法、会行动、做过实践。

2. 和"有经验"的人交流 和"有经验"的人交流,包括参加过竞赛的学生、指导过竞赛的老师、学校负责创新创业教育工作的管理人员,向他们了解规则、流程及相关注意事项。

3. 找到志同道合的队友 找到和自己有相同需求和志向的队友,以"多专多能融合"组建项目师生团队。构建以专业技术、商务营销和校内外创新创业导师等构成的多元化指导老师团队;重视学科渗透,吸收不同学科背景的学生进入项目,如专业技术、销售、经贸、文案和播音,为项目的最后参赛做好队伍建设。在项目的落地过程中,依托学校和团队自身的资源,发掘潜在客户。可以跨学院、跨学科、跨专业组建,团队成员一定要能力各异,能力包括组织管理、言语交流、专业技能、文字整理、计算机使用等。

4. 讨论项目点子 师生项目团队通过线上线下方式定期开展项目研讨或团建,在掌握赛事规则的基础上,通过头脑风暴、痛点分析等方法找到所做项目的痛点或者需求点,做好团队成员分工,开展项目研究和挖掘。

二、创新创业项目的培育要点

(一)读规则

竞赛取得好成绩的诀窍和关键就是熟悉竞赛规则。项目团队应了解各项比赛的竞赛规则,清楚竞赛流程,做到有的放矢;并根据时事热点的不同,及时调整对项目竞赛赛道的选择,要灵活转变思路,积极调整,迎合时代的发展变化。

(二)深研究

要大量阅读文献,开展市场调研和产品实践,理清项目计划书的行文思路,掌握计划书的撰写技巧,开拓视野,把握国内外研究发展动态;深入挖掘项目创新点,形成合理的逻辑关系,增强项目竞争力。

(三)找亮点

分析历年来各类竞赛获奖项目特点,围绕着科技高、团队强、市场广、潜力大、增长快等方面找出项目的亮点和特色。

（四）聚资源

寻找并链接一切可以助力项目发展的资源,促进项目成型和发展。项目资源包括人力资源,国家、省、学校的相关政策资源,导师专家以及社会的一些公益服务平台资源,社会和学校的实践实习基地资源,等等。

（五）强路演

1. 制作好项目展示 VCR（1 分钟之内） 项目展示 VCR 主要通过视频,将项目的重点及核心进行罗列展示。相比起文字及图片描述,视频更容易吸引评委注意,做好项目展示 VCR 对项目而言也是一大加分项。项目 VCR 除了是网评的重要材料之外,还经常在路演时配合PPT 使用,有的放在 PPT 播放之前,有的放到 PPT 内容之中。

2. 设计好路演 PPT 根据项目计划书撰写好路演稿,根据路演稿,在 PPT 里填充能佐证路演稿内容的关键信息即可,如关键事例、模型、数据、图片等。PPT 上不要放大段的文字,路演 PPT 重在展示,而不是详细说明,主要是对项目的各要素的简述及核心竞争力的描述,讲故事。内容出来后,根据你项目的定位,去设计或找一个适合的 PPT 模板,对路演 PPT 进行美化。不用做到精美,但至少要排版清晰整齐,评委看着舒服。

3. 掌控好现场答辩 创新创业竞赛现场评审一般由路演呈现与现场答辩两个环节组成。团队在进行项目现场路演答辩前,要反复熟悉项目并针对项目可能遇到的问题提前准备一些答案。回答问题时确保回答简洁,避免冗长和回避问题,同时使用通俗易懂的语言,避免行业术语过多。在回答评委问题时,先确认问题的核心再作答,若遇到不清楚的问题,应保持冷静,并诚实地表明愿意后续研究跟进。

【创业实践】

1. 以项目组为单位开展一次项目研讨会,挖掘项目痛点和核心竞争力。

2. 深入分析项目团队专业与能力,列出团队成员所具备的能力,同时针对项目做好任务分工。

3. 结合团队项目情况,分析中国国际大学生创新大赛高教主赛道、"青年红色筑梦之旅"赛道的评审规则。

第十二章　创新创业团队组建与管理

【创新金语】

找到一个好的团队,比找到一个好的商业模式更重要。一个优秀的团队,可以创造出一个优秀的商业模式。

——雷军(小米科技有限责任公司创始人)

【案例】

精益求精——全球首创精神疾病诊疗仪团队

精神障碍类疾病为人类疾病负担之首,现阶段精神疾病难识别和易误诊,治疗价格昂贵、效率低。华西磁共振研究中心研究生潘南方作为负责人带领"精影求精——全球首创精神疾病诊疗仪"项目团队,研发出全球首创精神疾病诊疗仪,该项目产品转化于国家仪器重大项目,以精神影像学技术链为主线,配备国际首创神经立体导航经颅磁刺激装置实现患者的精准定位治疗。诊疗仪瞄准精神疾病亚型诊断和治疗方面,亚型诊断采用精神影像分型技术,治疗采用神经立体导航经颅磁刺激装置,能够同时实现精准诊断、亚型分类以及精准无创治疗。该项目荣获第七届"互联网+"创新创业大赛国家级金奖。

【解析】

该项目团队成员极具交叉学科特色,兼有高水平技术人员和专业的运营、市场、财务等方面的人员,学科优势互补,实践经验丰富。指导教师龚启勇为"长江学者"特聘教授,相关领域国际顶尖教授,中国放射学领域最具有影响力的专家之一。公司依托风投机构资金支持、四川大学华西医院技术支撑、供应商设备建造、政府机关政策助力,同时借助媒体推广、客户反馈,从分级诊疗角度出发,以大型医院和基层医院为目标群体。通过引入不同设备,向患者提供针对性服务从而实现盈利。

第一节　创新创业团队的组成要素与角色分配

一、创新创业团队

创业团队是指一群拥有共同愿景、目标和责任的人,他们共同合作,利用各自的技能和资源,以创新的方式解决问题,追求商业成功。

创业团队通常由创始人、核心成员以及可能的顾问和早期员工组成。以下是创业团队的几个关键特征:

（一）共同愿景

团队成员对创业的目标和使命有共同的认识和热情。这种愿景驱动他们共同努力,克服挑战。

（二）技能互补

团队成员各自拥有不同的技能和专业知识,这些技能互补,有助于团队在多个领域取得成功。例如,有人负责技术开发,有人负责市场营销,还有人负责财务管理。

（三）责任与承诺

每个团队成员都对自己的角色和对团队的贡献有明确的责任感。他们承诺为实现共同目标而努力工作。

（四）沟通与协作

团队成员之间有开放、诚实沟通,能够有效地分享信息、意见和反馈。协作是团队成功的关键,能使成员们共同解决问题和决策。

（五）灵活性与适应性

面对不断变化的市场环境和挑战,创业团队需要展现出高度的灵活性和适应性,能够快速调整策略和行动计划。

（六）领导力

团队中可能有一个或多个领导者,他们负责指导方向、激励团队、管理资源和决策。领导力对于推动团队前进至关重要。

（七）风险承受能力

创业过程充满不确定性,团队成员需要愿意承担风险,面对失败并从中学习,不断前进。

（八）共享所有权

在某些情况下,团队成员可能共同拥有公司的一部分股权,这增加了他们对团队成功和公司发展的责任感。

创业团队的成功往往取决于团队成员之间的合作、沟通、信任以及对共同目标的承诺。构建一个高效、互补的创业团队是实现商业目标的关键步骤。

二、团队组成要素与角色分配

在构建一个创新创业团队时,合理的组成要素和角色分配是成功的关键。以下是主要的组成要素和各个角色的划分:

（一）组成要素

1. **多样性** 团队成员应具备不同的专业背景、经验和技能,包括技术、市场、财务等多个领域,以确保思维的多样性和创新能力。

2. **共识和愿景** 团队成员须达成统一的目标和愿景,确保大家在同一个方向上努力,增强团队凝聚力。

3. **清晰的组织结构** 明确的结构使得每个成员知道自己的职责和角色,避免职责混淆和重复工作。

4. **有效的沟通机制** 建立良好的沟通渠道,促进信息的透明传递和资源的有效共享。

5. **创新文化** 鼓励尝试新想法,形成一个允许失败、支持冒险的文化,激发创意。

（二）角色分配

1. **团队领导／项目经理** 负责整体项目规划与协调,领导团队达成目标,管理进度和风险,确保团队的有效沟通和积极性。

2. **技术开发人员**　具备专业的技术能力,负责产品的设计、开发和测试,确保技术的可行性与创新性。

3. **市场营销专员**　负责市场调研、需求分析和营销策略制定,确保产品能够有效地触达目标客户并提升市场竞争力。

4. **财务/业务分析师**　处理财务预测、预算管理以及进行商业模式的可行性分析,为团队提供财务支持和决策依据。

5. **客户服务/用户体验专家**　直接与用户沟通,收集反馈,改善产品的用户体验,确保产品能满足用户需求。

6. **创意及内容制作人员**　负责创意的挖掘和内容的制作,包括品牌构建、宣传材料和社交媒体的管理。

创业团队的意义:创业团队的意义在于优势互补。人非全才,且无全能,各自为战的结果是心力不足。个人主义在实际工作中一方面体现出力量的紧缺,另一方面是工作的延误。每个人的能力、性格和品质都会有一些不足的地方,这就需要找到相互可以取长补短的一群人,再经过整合磨砺,从而达到接近完美的状态。创业团队的意义还反映在企业人才组合的凝聚力上。团队不是人力资源的简单组合,它本质上是一种共同理想、共同目标、共同理念和共同价值的统一和再现。创业团队的本质意义在于集体的创造力。创新是企业的灵魂,拥有优秀团队是创新的前提和动力。一个好的创业团队对企业的成功起着举足轻重的作用。团队能把互补的技能和经验组织到一起,超过了个人的努力;团队对待变化中的事物和需求是灵活而敏感的;团队能力为加强组织发展和管理工作提供独特的社会角度;团队有利于营造更轻松愉快的心理环境。没有团队的创业并不一定失败,但是创建一个没有团队而有较高成长性的企业却极其困难。成功企业中70%有多名创始人,大多数创始人在3位以上。

三、如何选择优质团队成员

当今社会,随着知识经济时代的到来,各种知识、技术不断推陈出新,竞争日趋紧张激烈,社会需求越来越多样化,人们在工作学习中面临的情况和环境极其复杂。在很多情况下,单靠个人能力已很难完全处理各种错综复杂的问题并采取切实有效的行动。俗话说,独木难成林。创业过程中,不管创业者个人能力有多强,如果背后没有一支具有超强执行力的团队去落地,那么一切也只是水中月,镜中花而已。那么如何选择优质团队成员,组建高效的创业团队呢?

(一)思维互补

不同思维方式的组合有利于系统地看问题,而不会陷入片面和单一的视角。思维方式不同源于不同的年龄、学习经历、工作经验、生长环境,这些思维方式的差异化对于理解个性化的客户和用户都具有重要意义。

(二)技能互补

所有的想法都要通过行动落实下来,技术是将精神转化为物质的重要载体,技能代表着某个人在某个领域的深度积累,是一种经验,也是一种职业态度。如果说思维代表着看问题的格局,技能则是落实格局的细节,格局和细节都很重要。创业团队需要不同技能的人,技能有共性的一面,例如设计,设计一个组织、系统、产品、服务、流程、商业模式等,人人都需要了解设计;技能又有个性的一面,一个设计想法的落地,需要体验、沟通、创新、原型开发、测试、呈现等。

(三)资源互补

创业者永远面临着资源的稀缺,需要创业团队创造性地整合资源,将想法变成现实。资源整合首先从自己所拥有的资源开始,所以团队成员所拥有的资源也是其存在的理由。资源并不属于某一个人,而是流向价值创造最大的地方。根据六度分隔理论,平均而言,每个人最多通过 6 个人,就可以找到你想找的人,所以创业团队所有人都可以整合自己身边的资源,为团队做贡献。

(四)性格互补

一群人,一起做一件不确定的事情,是一个漫长而艰辛的过程。马云说过,"创业如同左手温暖右手。"需要不同性格的人加入创业团队,正如让俞敏洪和马云从《西游记》团队选两个人,马云选了猪八戒和沙僧,俞敏洪选了孙悟空和沙僧。大部分的创业团队可能都有类似"猪八戒"这种性格的人,他们的存在好像没有价值,但是他们在默默地贡献着创业团队所需要的氛围。创业不仅仅是一份工作,也是一种生活方式;很多创业者都因为过分关注工作和事业,而忽略了生活。创业是一个慢慢地将想法变成现实的过程,需要不同性格的人,将生活的不同层面带入创业过程,创业才能更加持久。

第二节　团队管理与管理技巧

团队管理是指组织或企业通过一系列策略、方法和过程,有效地领导和协调团队成员,以实现共同的目标。团队管理不仅涉及对团队成员的指导、激励、决策和沟通,还包括对团队的结构、流程、资源和文化进行的设计和优化。其核心目标是提高团队效率,增强团队协作,促进团队成员的成长与发展,以及最终实现组织的战略目标。

一、团队管理

团队管理包括以下几个关键方面:

1. **目标设定**　明确团队的短期和长期目标,确保这些目标与组织的整体战略相一致。

2. **团队构建**　选择合适的成员,构建互补的技能和角色组合,以实现团队的多元化和高效运作。

3. **沟通与协作**　促进团队内部的开放沟通,建立有效的沟通渠道,鼓励团队成员之间的合作与共享信息。

4. **领导与激励**　提供明确的指导,激励团队成员发挥潜力,通过正向反馈、奖励和认可来增强团队士气。

5. **绩效管理**　设定绩效标准,定期评估团队和成员的表现,提供反馈和培训,以促进持续改进。

6. **冲突管理**　识别并解决团队内部的冲突,维护团队的和谐与稳定。

7. **学习与发展**　鼓励团队成员的个人和职业发展,提供培训和学习机会,以提升团队的整体能力和适应性。

8. **文化塑造**　建立积极、包容和创新的工作文化,增强团队的凝聚力和归属感。

团队管理的成功不仅依赖管理者的能力,还取决于团队成员之间的相互信任、尊重和支持。通过有效的团队管理,可以显著提高团队的生产力、创新能力和客户满意度,从而为团队带来长期的竞争优势。

二、团队管理技巧

团队管理的重点是在维持团队稳定的前提下发挥团队多样性优势。人才的选、育、留、用都是有一定管理技巧的。

(一) 让合适的人做合适的事

"人尽其才物尽其用",让合适的人做合适的事,是科学的用人原则,这样可以调动成员的潜能,把人才的优势发挥到淋漓尽致。对团队来说,扬长避短是提高效率的最佳配置。正如世界上没有两片相同的叶子一样,世界上也没有完全一样的两个人,每个人都有自己的个性,都有自己的性格偏好和个性特征,因此,创业者作为团队的领头羊,就要熟悉团队里每个人的特点,知人善任。正确的用人之道还要充分发挥一个人的长处和优势,避开其短处和劣势。

(二) 默契的团队合作是关键

团队合作就像参加弦乐四重奏的四个人共同演奏一个曲目一样。四重奏由两个小提琴、一个中提琴和一个大提琴组成。他们每个人负责一个声部,每个人都全神贯注地听合作者的声音,准确、恰当地发出自己的声音,合奏出一曲美妙的音乐。团队也是这样,有着共同的目标:把企业做好以获得盈利。如果在团队成员之间合作不够默契,就不会有美妙的音乐。团队也要有默契的合作。有资料分析,近年来大学生创业个案,因为财务问题导致经营失败的占48%,处于失败原因的第一位;因为信息匮乏而过高估计自己产品的市场需求导致失败的占29%,居于第二位;因为团队不和而导致企业失败的占23%,居于第三位。可见,铸就一个配合默契的团队十分重要。

(三) 营造相互信任的团队氛围

在情感上互相信任是一个团队最坚实的合作基础。只有这样,才能给团队成员一种安全感。作为团队的一员,我们必须明白,只有共赢才是赢,只有互惠互利的关系才会长久,我们只有在"情感"和"利益"上实现自我超越,懂得和学会将更多的利益与人分享,才有可能成就更伟大的事业。重视团队的建设,努力尝试构建学习型组织,营造宽松的工作氛围。团队内应有良好的学习风气,要鼓励和带领团队成员加强学习先进的销售思想和经验,在进行工作总结的时候,应该同时进行广泛而有针对性的沟通和交流,共同分享经验,不断总结教训。

(四) 建立良好的约束机制

建立一个良好的约束机制对团队后续发展至关重要。随着时间的变化,团队的组合也会随机变化,为了创业而组合,或为了一个项目而组合。因此,除了团队分工明确之外,每个成员要明确权利和义务。

(五) 建立有效的沟通机制

信任和理解不是一句空话,而交流和沟通可以消除误会。有时候,员工的人心不齐或者对公司信心不足,都是上下沟通不畅导致的。

在这个"大众创业,万众创新"的大环境下,创业者面对的不仅仅是方向、人脉、资金、渠道上面的考验,更是对管理、对员工的考验。

三、创业团队三维结构管理

创业团队内的文化差异、人力资本差异、成员结构和集成化知识结构等创业团队结构特征,都会影响创业团队绩效。创业团队结构特征会在创业团队运作的全过程中表现出来,从而对创业团队决策过程、创业团队绩效产生影响。创业团队结构具有复杂性、多维度和多层次性,因此,了解创业团队结构的多维度特征对正确认识创业团队绩效是非常有益的。基于此,应以创业团队为研究对象,对其多维度特征开展深入研究。

(一)创业团队结构三维模型分析

创业团队结构作为复杂的结构变量在创业研究领域已有较为广泛的研究,但在创业团队结构的界定、维度和测度等方面,学者们尚未形成共识。蒂蒙斯(Timmons)研究认为创业团队成员职能分工必须明晰并且完整,要有技术、市场和生产方面的技能人才,即在成员技能等方面达到互补,这样才能有利于创新事业的成功;Judith、Jeffrey、John 等认为形成一个有效创业团队的一个重要方面是所有权的分配;Shane 等研究提出优秀的创业团队的构成除了领导角色之外,技术专家、赞助人、项目领导者、守门员等角色也是必不可少的;Cooper 和 Daily 通过研究发现,如果创业团队成员能够平衡他们的技能、知识和能力,这样的团队是最有效的。显然,他们的研究都是从创业团队的角色结构、技能结构和权力结构等单一方面来研究创业团队结构因素对创业团队及其绩效的影响,尚未上升到创业团队结构的界定、维度和测度等方面。创业团队虽小,但是"五脏俱全"。创业团队成员不能是清一色的技术流成员,也不能全部是搞终端销售的,优秀的创业团队成员各有各的长处,大家结合在一起,正好是相互补充,相得益彰。相对来说,一个优秀的创业团队必须有这样一种人:一个创新意识非常强的人,这个人可以决定公司未来发展方向,相当于公司战略决策者。我国学者杨俊辉、宋合义等在总结国外创业团队研究时,从团队的规模与角色、关系结构、能力结构和权力结构等方面归纳了创业团队的结构特征。显然,对于创业团队而言,角色结构、技能结构和权力结构更重要。其中,创业团队关系结构是创业团队结构的重要方面,但其对创业团队绩效的影响常常是通过创业团队的角色结构、技能结构和权力结构来实现的。无论创业团队成员之间是何种社会关系,他们在创业团队内都有特定的角色、特定的权力,不可能也不应该超出其技能、角色、权力范围而影响整个创业过程及其绩效。所以,创业团队角色结构、技能结构和权力结构应是研究创业团队结构的基本视角,其中技能结构是创业团队的基础,角色结构和权力结构是创业团队技能结构发挥功效的基础和手段。由此,本文提出创业团队结构由创业团队角色结构、技能结构和权力结构三个维度构成。

(二)创业团队结构三维模型建立

创业团队结构是由创业团队内所有个体的技能差异化特质为基础构建而成的一种关系网络及其结构化分布。它由创业团队角色结构、技能结构和权力结构三个维度组成。

1. 角色结构 创业团队角色结构是指创业个体在科技型创业企业担负的不同角色而在创业团队中所呈现的结构形式。学者们研究表明,团队创业的绩效要好于拥有单一技术的创业者单独创业的成效,创新事业的成功与创业者的管理团队之完整程度呈正相关。由此可见,具有完整团队角色的创业团队具有更高的绩效。创业团队中职能分工明确具有重要意义,角色模糊性是影响团队绩效的重要因素,从中可以看出角色的明确性与创业团队绩效相关。创新企业家由于个人的工作背景,容易发生如下的角色错位:兼具技术专家和企业管理者职能却自我定位为企业中层领导者。可见角色的对位性与创业团队绩效相关。

2. 技能结构 创业团队技能结构是指创业团队中各成员的不同技能禀赋所构成的结构。创业团队成员职能分工必须明晰并且完整,要有技术、市场和生产方面的技能人才。这也就暗示了团队中各个方面的技能人才都不能缺少,如果存在某一方面技能人才的缺失,便可能降低团队的绩效。而且,成员专长异质性通过交互记忆系统对团队绩效有影响作用,创业团队成员在技能、知识和能力方面实现互补能够促进创业团队实现高效。这表明创业团队成员技能的异质性、互补性对创业团队绩效有影响作用,对于创业团队,这种影响作用更加明显。实质上还有一个重要的因素影响着创业团队成员技能的发挥,那就是其扮演的角色及被赋予的权力,如果技能与角色、权力相互匹配,就能实现才有所用,即创业团队成员技能的对位性也是影响创业团队绩效的因素。所以,创业团队技能结构的完整性、异质性(或互补性)、对位性是创业团队绩效的重要影响因素。

3. 权力结构　决策权力在创业团队成员中的分布称为创业团队权力结构。领导者是团队权力的中心,领导者和团队中普通成员的角色不同,因为团队工作效率更有赖于领导者的角色,造成领导者成为团队中权力的中心,这暗示创业团队成员权力与角色相匹配有利于创业团队绩效的改善。权力分配的准则是成员的能力而不是"兼顾公平",由此可以看出,对创业团队成员的权力分配要与成员的自身能力相一致。Dooryards 认为团队领导与成员之间的责任与权利如何分配影响着团队的绩效,这表明权责对等与否也会影响到团队的绩效。所以,创业团队权力结构的角色匹配性、技能匹配性、权责对等性等都是影响创业团队绩效的重要因素。

角色结构、技能结构和权力结构是创业团队结构的三个重要维度,其中创业团队角色结构的完整性、明确性和对位性影响创业团队绩效;创业团队技能结构的完整性、异质性(或互补性)和对位性影响创业团队绩效;创业团队权力结构的角色匹配性、技能匹配性和权责对等性影响创业团队绩效。

第三节　如何打造高效协作的创新创业团队

创业团队是任何一个公司人力资源的核心,在建立创业团队的时候,"主内"与"主外"的不同人才,耐心的"总管"和具有战略眼光的"领袖",技术与市场等方面的人才都应该尽可能地考虑进来,保证团队成员的异质性。创业团队的组织还要注意个人的性格与看问题的角度。如果一个团队里能够有总能提出建设性的可行性建议的和一个能不断地发现问题的批判性的成员,对于创业过程将大有裨益。作为创业企业核心成员的领导者还有一点需要特别注意,那就是一定要选择对团队项目有热情的人加入团队,并且要使所有人在企业初创起就要有每天长时间工作的准备。任何人才,不管他/她的专业水平多么高,如果对所创事业的信心不足,将无法适应创业的需求。

一、成功创业团队的特征

成功的创业案例大多有一个高效的创业团队,优秀的创业团队应具有良好的工作绩效,能够避免由于创业者个人认识的偏颇所造成的风险,能够给创业企业带来巨大的经济效益和社会效益。所谓成功的团队,就是"正确的人",他们在一起的时候才能保证所从事的事业能够取得较高的成功概率,虽然我们不可能将成功团队的标准制定出来,但是,许多学者还是对成功团队进行了观察并总结出许多共同特点,以下是几种代表观点。

1. 拉森和拉法斯托于 1989 年在《追求卓越的团队趋势》(*Teamwork: What Must Go Right/ What Can Go Wrong*)中认为一个运作有效的团队,基本上应具有八大特性:

(1)清楚而令人振奋的目标(a clear and elevating goal):高绩效团队应有清楚易懂的目标,而且这些目标可以使成员相信最后一定能得到很有价值的成果。

(2)以结果为导向的团队结构(results-driven structure):此种结构包含清楚的角色与责任、有效的沟通系统、侦测个人绩效及提供回馈的方法、强调以事实为基础的判断。

(3)有能力胜任的成员(competent members):团队要成功,很重要的因素是成员,而成员应具有两项必备的能力——技术能力和个人能力,其中技术能力是任何团队最起码的能力要求,而个人能力则是个人沟通、陈述及解决问题的能力。

(4)一致的共识(unified commitment):成员对于团队所追求的共同目标要能达成共识,这样才能贡献出自己的热诚及努力。

(5)合作的气氛(collaborative climate):成功团队的本质就是成员之间的合作。要塑造良好的工作气氛,应该注意的要素有诚实、开放、尊重及言行一致等基本条件。

(6)卓越的标准(standards of excellence):团队绩效必须有一个明确且有意义的标准,团队的绩效靠成员的集体努力,有达到高标准的压力,才能造就卓越的团队。

(7)外界的支持与认同(external support and recognition):团队需要靠外界来提供资源及协助,同时对团队的成就予以认同,也就是在奖赏及报酬制度上要很明确。

(8)有效的领导(principled leadership):适当的领导者对团队合作会产生很大的效应,有效的领导者能使成员追随,共同为组织的愿景及目标努力,同时也能为组织的变革从事规划及设定议程。

2. 凯尔于1992年在《团队力量》(*Teampower: Lessons from Americas Top Companies on Putting Teampower to Work*)中认为一个成功的团队应具有八项特性:

(1)支持团队合作的共享价值(shared values that support teamwork):对互信、共识、尊重、合作等价值信仰不渝。

(2)清楚而有价值的目标(clear, worthwhile goals):团队的建立本就有其目标存在,而唯有此目标值得去努力时,团队才有成功的可能。

(3)每位成员的重要性(genuine need for each member of the team):团队需要每位成员贡献自己的才能,如此才能达成团队的目标,所以每位成员都很重要,而且要尽其所长。

(4)对目标的承诺(genuine commitment to the goals):成员对团队目标的承诺要去达成,这是团队行事的基础,也是团队成功的必要条件。

(5)目标明确而可衡量(specific, measurable objectives):团队目标必须明确,使成员了解如何去达成。目标要有意义,其结果必须有一个明确、可衡量的指针。

(6)直接、迅速、可靠而有效地对团队做回馈(direct, prompt, dependable, and usable feedback to the team)。

(7)团队为主的奖酬系统(rewards for the team, not just for individuals):一般都以个人绩效作为奖酬的标准,但一个成功的团队应有一套以团队绩效为衡量标准的奖酬制度,避免打击士气。

(8)强固的个人及团队的能力必须兼备(strong individual and team capabilities must be combined):团队成员本身必须具备良好的才能,具有不同技能的成员相互合作,才能累积形成团队能力,发挥团队的功效。

3. 全球最具权威,享有极高声誉的 HR 专业杂志《人力资源杂志》(*HR Magazine*)于1995年提出高效团队所具备的七大特质:

(1)目标:团队成员对于团队的任务与目标拥有共同的信念,清晰而明确。

(2)赋能授权:团队已从集权向分权的方向过渡,团队成员感觉个人拥有了某种能力,整个群体也拥有了某些能力。

(3)灵活:团队成员可根据任务的具体情况,调整执行或维持任务。每位成员的优点能经由辨识与协调而得以充分发挥。

(4)关系与沟通:团队成员可以毫无顾忌地表达意见、想法与感受。团队充满信任、接纳与共同体的感觉能使团队凝聚力提高。

(5) 最佳生产力:高效团队工作效率极高,能通过团队成员之间的默契协作产出最佳生产力。

(6) 肯定与欣赏:团队领导者或组织肯定团队全体及个别成员的贡献,团队成员对曾经身为团队一份子并能提供个人贡献的美妙经历而满怀感激。

(7) 士气:团队成员对团队工作充满热忱,每位成员皆以身为团队的一分子感到荣光。

综上所述,成功的创业团队要具有共同的创业理念,团队成员的构成要有异质性,要有合理的报酬和激励。成功团队具有的这些特质是初创团队可以学习和借鉴的。

二、如何组建最强团队

1. 扬长避短,合理用人 世上之人林林总总,而从企业的用人角度看,大致可分为三类:第一类,忠厚老实,但能力一般;第二类,有能力,但人品一般;第三类,既有本事,人品又好,但这样的人往往可遇不可求。

创业者在组建团队时势必会遇到不同类型的人,在充分识人的基础上进行合理配置,也许能最大限度地发挥他们的作用。人有所长,必有所短,取别人之长补自己之短,是团队存在的真正价值。

从另一个角度说,创业者在选人、用人时,既要看准别人的长处,也要学会包容他的短处。企业的发展要靠团队长时间的努力,有了包容的心态,团队氛围才会更加融洽。

2. 志同道合,目标明确 找创业搭档就像找对象,在共同创业的过程中,他是否愿意与你福祸同当,这一点至关重要。团队所有成员应该都是认可团队价值观的人,否则就没必要加入。团队的效率与人数无关,如果团队里有许多人,但没有共同的理想目标,那么这也不是一个有战斗力的集体,而是乌合之众,运营起来势必"乱象丛生"。因此,在明确企业发展目标后,团队负责人应以此为出发点招募团队成员,并培养大家成为有共同价值追求的创业伙伴。

3. 分工协作,相得益彰 创业团队虽小,也应"五脏俱全"。团队成员不能是清一色的技术流,也不能全都去搞终端销售。一般来说,一个优秀的创业团队应汇集以下几种人:一是创新意识强的人,这类人可以决定企业的未来发展方向,相当于战略决策者;二是策划能力强的人,这类人能全面分析企业面临的机遇与风险,设计长远规划,制订企业管理制度,这类人多为中高层管理者;三是执行力强的人,具体负责联系客户、接触终端消费者、拓展市场等,这类人大多处在企业的第一线。

另外,团队里还需要有人掌握财务、法律、审计等方面的专业知识,以提升团队的抗风险能力。值得一提的是,创业团队中不应出现核心成员位置重叠的情况,比如两个人都有决策权。这种情况是十分危险的,因为两人间容易产生矛盾,进而导致整个创业团队散伙。

4. 完善制度,共享利益 在创业初始阶段,一定要有"群做群分"意识——志同道合的一群人一起合作开创事业,团队实行清晰明了、没有争议的利益分配。创业者在企业创立时就应制订相对完善的股东协议。俗话说"亲兄弟明算账",凡涉及权利义务、利益分配等问题,要说清楚、讲明白,大家签字认可,不能感情用事,更不能避而不谈。

一定要记住,做好团队成员的股权分配工作是创业规划时的一项重要任务。商场如战场,形势瞬息万变,因此在合作运营的过程中,团队成员遇到问题、矛盾时,一定要先协商,然后达成一致意见,必要时可制订书面协议后再行动,千万不能先干了再说。因为错误、损失发生后,一般人都是从对自己有利的角度去考虑问题。"先干再说",看似高效,其实埋下了祸患的种子,将来很有可能导致矛盾激化、团队分崩离析。

【创业实践】

寻找团队成员

一、绘制你的人脉地图

用尽可能大的纸张写下所有你认识的人,要尽可能多地想和写下来,如表 12-1。

表 12-1　人脉地图的绘制

同学	家人	朋友
老师	你自己	朋友的朋友
校友	同事	陌生人

二、观察你自己绘制的人脉地图

思考以下问题,得出答案后,在图中的对应名字上标记上,如"○""☆""△",找出你的重要人力资源。

1. 谁是你最信任的人?
2. 谁是你最崇拜的人?
3. 谁是你成功时最想一起分享的人?
4. 谁是你失败时最先想到的避风港?
5. 谁是你志同道合的人?
6. 谁是你发展路上必不可少的支持力量?
7. 谁有可能为你的发展带来帮助?
8. 谁有可能成为你的团队成员?
9. 谁有可能为你的团队提供技术支持?
10. 谁有可能为你的团队提供管理支持?
11. 谁有可能为你的团队项目进行营销和公关?
12. 谁善于解决问题,化解危机?
13. 谁善于创新研发,能给你带来很多新点子?
14. 谁善于沟通交际,能帮你认识很多新朋友?
15. 谁是你的潜在客户?

三、观察标记后的人脉地图

看看哪些人被标记了很多次,立刻去找到他们,和他们分享你的团队组建和项目想法,争取他们的支持。

四、按照自己的不同发展目标所需要的资源,设计更多的相关问题

你可以经常做这个练习,尽量不要漏掉重要的人并找到他们,及时与他们交流,得到必要的和可能的帮助和支持。你会发现,其实你拥有很丰富的人力资源,他们可能帮助你走近人生梦想。不要小看人脉地图,不要低估它对你的发展的影响,更不要忘记:你自己也是非常宝贵的人力资源!

第十三章　创业融资与商业模式

【创新金语】

创新是商业成功的关键,模仿只能带来失败。

——彼得·德鲁克

【案例】

从大赛中来——农村大学生中的百万创业者

宋超,哈尔滨工程大学计算机学院网络信息安全专业硕士研究生,杭州某科技有限公司创始人,中国铁路 12306 网站图形验证码主要开发者,其公司为目前中国最大的验证码云服务商。从 2011 年到 2015 年,宋超完成了从农村大学生到创业者的华丽转变。

(一) 兴趣导向,科技创新的急先锋

在大学学习生活中,宋超对信息安全和人工智能有着浓厚兴趣,努力学习新的技术,进行开发,成为学校计算机博弈大赛和仿人机器人大赛的第一人,在第一次参加的 FIRA 国际仿人机器人大赛中获得冠军一项、季军一项。从此,他便驶上科技创新的快车道,获得国际级荣誉 2 项、国家级荣誉 30 余项。因为学习成绩和科研能力优异,宋超获得了 2011 年学校个性化免试攻读硕士研究生的资格。

(二) 以赛引资,新模式铸就创业梦

2011 年,为了尝试将科研成果产品化,宋超接手学生创业团队——某软件工作室,团队年营收达到 30 余万元。2011 年年底,宋超提出了"点触式云验证码"的概念,希望革新体验糟糕而且不安全的验证码体系。2012 年 4 月,抱着通过竞赛推动产品开发进度的目的,宋超凭借"点触验证码"和"点触云安全系统"两个项目,一举获得了浙报传媒主办的中国新媒体创业大赛北方赛区第一名、决赛二等奖。这引来了国内高科技风险投资公司的高度关注。经过与资本的频繁接触,2012 年 6 月,宋超团队获得了数百万元的天使投资。

(三) 披荆斩棘,创业路上的追梦人

2012 年年底,宋超成立杭州某科技有限公司,开始了自己的创业之路。经过不懈努力,公司初具规模并进入浙江省优秀大学生创业扶持计划。

2013 年,宋超已成功地完成了从学霸到 CEO 的转变,在远程完成学业的同时,带领团队完成了"井喷般"的成长,实现年营收 200 余万元。公司申请了"图像加密算法""专利印刷算法"等发明专利,其主营的"点触云安全系统"更是成为国内最先进、最安全的验证码技术,公司已悄然成为国内最大的第三方安全验证码服务提供商。

2014—2015 年,公司先后上线 12306 官方网站、中国邮政等,日均请求量超过 2 亿,入选浙江省雏鹰计划,完成 pre-A 轮融资,推出行为安全系统、密码安全产品等,并继续开拓市场。

宋超的路还刚刚开始,在互联网安全形势日趋严峻的今天,他将带领团队进行更多的摸索和尝试,力争进入新形态的互联网安全形势中的第一梯队,净化和捍卫互联网安全,让团队的每个人都实现自己的人生价值。

【解析】

没有钱但能创业成功,这不是不能做到,只是无法轻易做到。有经营头脑的创业者,即使没有太多投资,依然能够白手起家。创业就是一个发掘和整合资源的过程,资金是众多创业资源中的一个重要因素,尤其对于资金匮乏的大学生来说,可能成为限制项目发展的重要因素。然而,在市场中并不缺乏投资者,他们手中掌握着大量的资金,却苦于找不到合适的项目。如何将项目和资金相互连接,这就涉及我们要说的融资。

第一节　创 业 融 资

融资是指创业者为了将某种创意转化为商业现实,通过不同渠道,采用不同方式筹集资金,以建立企业的过程。融资可以理解为资金在持有者之间流动以调剂资金余缺的一种经济行为。按照资金的来源可以分为内源融资和外源融资;按照是否经过金融中介,又可以分为直接融资和间接融资。大学生自主创业的主要困境是资金不足。另外调查表明,一半以上的民营企业认为融资困难是企业发展的制约因素。总的来说,资金对于任何类型企业的生存和发展都至关重要,关键是资金从何而来,资金又在何处。

一、创业融资的渠道

融资渠道是指从哪里取得资金,即取得资金的途径。选择适宜的筹资渠道和方式,对企业的创立来说至关重要。创业融资的渠道根据融资对象,可以分为私人资本融资、机构融资和政府背景融资。

私人资本融资包括创业者自有资金投入、亲友资金融资、天使资金投资;机构融资指企业向相关机构融资,主要包括银行贷款、信贷融资、融资租赁、创业投资等;社会融资是指针对创业企业的各种扶持基金和优惠政策,主要包括政府扶持基金和众筹平台融资等。

(一) 私人资本融资

在企业初创期,企业的风险较高、不确定性较大,很难获得金融机构的关注。因此,90%以上的初创企业的资金来源都是由创业者及创业团队的家庭和亲友提供的。私人资本融资是初创期融资的主要途径。

1. 自有资金投入　创业者自有资金的投入成为新创企业资金来源的主要途径。创业者个人资金的投入对初创者来说意义重大。一方面创办新企业是捉住商业机会实现价值的过程,尽可能将资金投入其中,可以在新创企业中持有较多的股份,创业成功后可以获得较大的收益。另一方面,自我融资是一种有效的承诺,由于信息的不对称性、创业的不确定性,早期创业融资有诸多困难。如果在投身创业的过程中投入了自己的资金,这本身就是一种信号,告诉其他投资者,创业者对自己认定的商业机会十分有信心,对自己的创新企业充满信心,是全心全意、踏踏实实地干事业,而且创业者也会谨慎地使用新企业的每一分钱,因为那是自己的钱。这种信号给其他资金所有者投资新企业一种积极的暗示。

对很多创业者来说,自有资金投入虽然是创新企业融资的一种途径,但是不是根本性的解决方案。

2. 亲友资金融资　许多成功创业人士在创业初期都借过家人、朋友的资金。据统计,家人和朋友是创业者开办企业公司所有资金的第二种来源(第一种为自有资金)。绝大多数创业者靠私人借贷创建企业,因为专业的投资机构往往出于对投资项目高额回报的考虑只对那些有可能高速成长的企业投资,因而能够获得专业机构投资的创业者为数很少。

在向亲友融资时,创业者必须用现代市场经济的游戏规则、契约规则和法律形式来规范融资行为,保障各方利益,减少不必要的纠纷。所以要注意以下几点:

(1)"亲兄弟,明算账",无论是从家人还是从朋友那里借钱,都要打上一张借条,写明借款时间、地点、数目与条件。以书面的形式明确借款金额和偿还日期,把涉及的相关问题确定下来,避免将来可能的矛盾。

(2)在借款之前,向家人或朋友如实地说明你的经营情况与项目,包括投资额度、预期收入与风险,然后把资金情况和缺口告诉他们,亲友自行判断是否愿意将钱借给你,而不要让亲友陷入尴尬。当获得他们的支持和贷款后,也要注意使他们不断地获得关于你真实的经营状况的信息,尽可能地避免他们对你产生不信任的情况。

(3)在向亲友融资过程中,如果亲友对你的经营项目感兴趣,可以询问他们是否愿意合作经营。同时也要向他们说清楚,合作经营其收益可能远远大于他们将自己的钱借给你获得的利息,但是一旦失败,要承担的风险要大于将他的钱借给你的风险。

3. 天使资金投资　"天使投资"一词来源于美国百老汇,原指为公益会演提供资助的富人,人们称之为"天使"。后来这个称谓被经济领域引入,指那些资金雄厚的人士,"天使投资"指这些人在企业经营早期对一些具有发展前景的初创企业提供资金支持的行为。这些"天使"人,在投资过程中,既体验了创业的乐趣,同时还能获得丰厚的投资回报。按照是否有丰富的管理经验或创业经历,天使投资分为两类:第一类是曾经的创业者或者在大公司任职的、享受丰厚薪酬的管理精英;第二类是从事律师、医生等职业的高收入人群,或者继承大笔遗产的继承人。随着经济的发展和风险投资业的兴起,目前也有一些投资机构专门从事天使投资业务。天使投资的动机一般包括:需求冒险刺激、追求成功后的社会声望、期望获得高昂的经济回报。

天使投资的运行过程分为四步:选项、投资、投资后管理、退出。天使融资的程序相对简单,融资效率高,资金投放方式多样。天使投资人对初创企业不但可以提供资金支持,还可以提供专业知识指导。

(二) 机构融资

随着创业企业进入发展期和成熟期,许多前景明朗的企业会逐步吸引越来越多的投资机构的资金注入。初创企业的机构融资渠道主要包括银行贷款、信贷融资、融资租赁、创业投资等。

1. 银行贷款　银行贷款是指个人或企业向银行借款,该银行根据所在国家政策以一定的利率将资金贷放给有资金需求的个人或企业,并约定期限归还的一种经济行为。银行贷款按照有无担保,可以分为信用贷款和担保贷款。信用贷款是指银行依据对借款人资质的信任而发放的贷款,借贷人无须向银行提供抵押物。担保贷款是指以第三人为借款人提供相应的担保为条件发放的贷款。担保可以是人的担保或物的担保。

在向银行贷款时,银行会对创业项目进行评估,以"盈利性、安全性、流动性"为原则,进行六个要素的审查,简称为6C。

(1)品德资信(character):是指借款人的诚实守信或还款意愿,如果对此存有任何严重疑问,就不予放贷。

(2)经营能力(capacity):是指借款人——无论是企业还是个人所具有的法律地位和经营才能,这反映了其偿债的能力。从经济意义上讲,借款人的偿还能力可以用借款者的预期现金流量来测量。

(3)资本(capital):是指借款者财产的货币价值,通常用净值来衡量(总资产减去负债)。资本反映了借款者的财富积累,是体现其信用状况的重要因素,资本越雄厚,就越能承受风险损失。

(4)经营环境(condition):指借款者的行业在整个经济中的经济环境及趋势。经济周期、同行竞争、劳资关系、政局变化等都是应考虑的内容。

(5)担保物价值(collateral):借款人应提供一定的、合适的有价物作为贷款担保,它是借款者在违约情况下的还款保证。

(6)事业的连续性(continuity):指借款人经营前景的长短。

在向银行借贷前,我们可以根据银行审查的原则来评估自己,以便顺利得到贷款。

2. 信贷融资　信贷融资是指企业为满足自身生产经营的需要,同金融机构(主要是银行)或者信誉比较好的融资公司签定协议,借入一定数额的资金,在约定的期限还本付息的融资方式。

信贷融资的方式主要有:①资本融资,指企业利用资本制度、机制、手段获取资源。②品牌融资,指企业利用品牌优势融入其他资源。③产品融资,指利用产品技术或市场容量融入其他资源。

3. 融资租赁　融资租赁是一种创新的融资形式,也称金融租赁或资本性租赁,是以融通资金为目的的租赁。其一般操作程序是,由出租方融通资金,为承租方提供所需设备,是具有融资和融物双重职能的租赁交易,它主要涉及出租方、承租方和供货方三方当事人,并由两个或两个以上的合同所构成。出租方订立租赁合同,将购买的设备租给承租方使用,在租赁期内,由承租方按合同规定分期向出租方支付租金。租赁期满,承租方按合同规定选择留购、续租或退回出租方。承租人采用融资租赁方式,可以通过融物而达到融资的目的。对于缺乏资金的新创企业来说,融资租赁的好处显而易见,其中主要的是融资租赁灵活的付款安排,例如延期支付,递增或递减支付,使承租用户能够根据自己的资金安排来定制付款额;全部费用在租期内以租金方式逐期支付,减少一次性固定资产投资,大大简化了财务管理及支付手续,另外,承租方还可享受由租赁所带来的税务上的优惠。

4. 创业投资　创业投资是以支持新创事业,并为未上市企业提供股权资本的投资活动,但并不以经营产品为目的。创业投资主要是以私人股权方式从事资本经营,并以培育和辅导企业创业或再创业,来追求长期资本增值的高风险、高收益的行业。

创业投资基金主要有以下特点:一是基金的主要资助对象是一般投资者或银行不愿提供资金的高科技、产品新、成长快的风险投资企业;二是创业投资基金以获取股利与资本利得为目的,而不是以控制被投资公司所有权为目的,创业投资者甘愿承担创业投资的风险,以追求较大的投资回报;三是创业投资包含创业投资者的股权参与,其中包括直接购买股票、认股权证、可转换债券等方式;四是创业投资者并不直接参与产品的研究与开发、生产与销售等经营活动,而是间接地扶持被投资企业的发展,提供必要的财务监督与咨询,使所投资的公司能够健全经营、价值增值。创业投资机构的投资项目集中在高新技术产业,项目具有高成长性、发展速度快、高风险、高回报等特点。

(三) 社会融资

1. 政府扶持基金　国家为了鼓励人们自主创业,出台了很多鼓励政策,随着我国经济实力的增强,政府对创业的支持力度,无论从产业的覆盖面来说还是从政府对创业者支持额度来说,都有很大的发展。政府提供的扶持基金种类也在不断增加,力求有针对性对创业者及中小企业提供资助和扶持。

国家各部委设立的扶持基金有：

科技部：火炬计划、科技型中小企业技术创新基金、农业科技成果转化基金。

商务部：外资发展基金、中小企业国际市场开拓资金项目计划。

财政部：利用高新技术更新改造项目贴息基金、国家重点新产品补助。

国家发展和改革委员会：产业技术进步资金资助计划、节能产品贴息项目计划。

工业和信息化部：电子信息产业发展基金等。

各级地方政府也设立了专项资金计划支持中小企业。主要有人力资源和社会保障部门的开业贷款担保政策、中小企业担保基金专项贷款、中小企业信用担保、大学生科技创业基金、下岗再就业小额扶持贷款等。除了专项基金以外还有很多优惠政策。如政策性担保融资、国家对各地高新技术产业开发区的相关优惠政策等，这里详细介绍大学生创业优惠政策。

大学生创业优惠政策：自我国推行"大众创业、万众创新"以来，国家和地方对大学生创业在各方面推出了大量的扶持政策。

2014—2017年，在全国范围内实施大学生创业引领计划，扶持和帮助大学生创业。各地采取保障措施，确保符合条件的高校毕业生能得到创业指导、创业培训、工商登记、融资服务、税收优惠、场地扶持等各项服务和优惠政策。各地的公共就业人才服务机构要为自主创业毕业生做好人事代理、档案保管、社会保险办理和接续、职称评定、权益保障等服务。同时，鼓励各地充分利用现有资源建设大学生创业园、创业孵化基地和小企业基地，为高校毕业生提供创业经营场所支持。各银行金融机构要积极探索和创新符合高校毕业生创业实际需求的金融产品和服务，本着风险可控和方便高校毕业生享受政策的原则，降低贷款门槛，优化贷款审批流程，提升贷款审批效率，多途径为高校毕业生解决担保难问题，优化贷款银行贷款和财政贴息。

2. 众筹平台融资　在资本市场，一样可以实现人人为我，我为人人——众筹融资模式。该模式的日渐兴起，不仅仅吸引了专业投资人，更让普通大众有了参与融资、投资的机会。众筹融资，是指用"团购 + 预购"的形式，向网友募集项目资金的模式。众筹利用互联网和社交网络服务（social networking services，SNS）传播的特性，让小企业、艺术家或个人向公众展示他们的创意，争取大家的关注和支持，进而获得所需要的资金援助。相对于传统的融资方式，众筹更为开放，能否获得资金也不再是由项目的商业价值作为唯一标准。只要是网友喜欢的项目，都可以通过众筹方式获得项目启动的第一笔资金，为更多小本经营或创作的人提供了无限的可能。

众筹从某种意义而言，是一种 Web3.0，它使社交网络与"多数人资助少数人"的募资方式交叉相遇，通过 P2P 或 P2B 平台的协议机制来使不同个体之间融资筹款成为可能。构建众筹商业模式要有项目发起人（筹资人）、公众（出资人）和中介机构（众筹平台）这三个有机组成部分。筹资人是有创造能力但缺乏资金的人；出资人是对筹资人的故事和回报感兴趣的、有能力支持的人；众筹平台是连接筹资人和出资人的互联网终端。

众筹并不是一种单纯的投资行为，而是一种有资金、认知、时间盈余的精英社群成员彼此分工协作、互相提升价值的项目实操过程，最终的盈利点也是多元化的，除实实在在的金钱收益之外，社群成员之间彼此的价值互换和人脉、资源、经验等隐性提升也是关键，社群和众筹如果结合得好，会产生"1+1＞2"的双赢效果。众筹的本质在于筹人、筹智、筹力、筹钱，从梯级上来看，筹人是第一位的，筹钱是最后一位的。

二、创业融资的原则

（一）效益性原则

新创企业进行融资的目的是进行投资从而获得更大的经济效益,而通过金融吸纳进来的资金大多是要支付一定成本的(主要是利息)。不同融资方式吸收的资金,其支付的成本也不尽相同。为此在进行融资活动的时候要考虑资金成本,综合平衡资金的效益性,效益性原则一方面要保证企业能通过融资获得自己所需要的资金,另一方面也要用最低的成本来获取资金,以期将来能得到更大的经济效益。

（二）及时性原则

创业机会在市场经济条件下稍纵即逝,如果企业不能及时获得所需要的资金进行投资而致使新产品不能及时开发,有可能导致新产品过时而丧失市场机会,还有可能因竞争对手提前进入而获得时间优势率先入驻,导致自身产品丧失竞争力。及时性原则要求企业需要资金时能顺利地、及时地筹集到符合企业所要求的资金,快速进入市场。

（三）合理性原则

由于资金的使用成本和企业的风险承受能力有差异,创业企业在融资时要合理地确定融资的金额和期限,并确定合理的融资方式。在这里要特别注意一点,在进行融资的时候,融资规模过大,不仅会导致资金闲置浪费,而且会导致融资成本增加,加大企业财务的风险;融资规模过小,则导致企业资金供应紧张,影响企业正常运营和业务发展。总之,合理性原则要求企业既能合理地确定融资金额和期限,又要考虑企业的偿还能力,合理确定融资方式,降低和控制财务风险。

（四）合法性原则

要求企业在融资时,融资目的和采用的融资方式要符合国家法律法规的规定,通过合法的渠道来筹集企业所需要的资金,严禁非法集资。

第二节　商业模式

商业模式已经成为创业者和风险投资者嘴边的一个名词,几乎每个人都确信,有了一个好的商业模式就有了一半成功的保证。商业模式也日益受到了企业家、创业者和理论界的重视。它不仅可以为创业者活动提供指导,还能为既有企业的经营提供指导;它不仅是创业者活动的蓝图、工具,还是既有企业创新发展的重要指导工具。那么到底什么是商业模式? 如何设计自己企业的商业模式?

一、商业模式概述

商业模式第一次出现是在20世纪50年代,直到20世纪90年代才开始被广泛使用和传播。现代管理学之父彼得·德鲁克说过:"当今企业之间的竞争,不是产品的竞争,而是商业模式之间的竞争。"21世纪的企业竞争的最高境界,不再是产品的竞争、人才的竞争、营销的竞争、服务的竞争,而是一种商业模式(即盈利模式)的竞争。有一项调查研究表明,因为战略原因而失败的只有23%,因为执行原因而夭折的也只不过28%,但因为没有找到盈利模式走上绝路的却高达49%。

蒂蒙斯对商业模式的定义是:它是一个完整的产品、服务和信息流体系,包括每一个参与者及其在体系中起到的作用,以及每一个参与者的潜在利益和相应的收益来源和方式。在分析商业模式的过程中,主要关注一类企业在市场中与用户、供应商、其他合作伙伴的关系,尤其是彼此之间物流、信息流和资金流。

商业从根本上看就是"交易"活动,不同的角度研究交易就有不同的学科,例如,从资金流向的角度看交易就是财务学,从交易促进的角度就是营销学,从产品流动的角度就是供应链管理,从交易人员的组织角度就是管理学……而如果我们从交易的规则、方式、组成结构角度看,就是"商业模式"的研究内容。所以,商业模式就是由一系列的"交易规则"组成的规则系统。即使是同一个行业,也可能有不同的商业模式;或者虽然在不同行业,但是也有可能采用同样的商业模式。例如:同样是商业地产,万达的商业模式是开发商持有物业,租赁商铺给商户;而SOHO的商业模式是开发商出售物业给投资者,投资者再租赁商铺给商户。例如:淘宝是商户自主经营,与线下的集市或者租赁柜台的商场是一样的商业模式;京东是集中采购产品由京东统一经营,与线下的超市是一样的商业模式。所以,研究商业模式就是研究参加商业交易的各方资金是如何进行交易的。通俗地说:商业模式就是"一群人玩的有钱大家赚的游戏"。

二、商业模式构成要素

由于学者们对商业模式定义的差异,以及不同企业发展所处行业、时代背景不同,其对商业模式的探索也千差万别,目前没有形成一个统一的意见。2003年迈克·尔莫里斯通过梳理相关文献,对商业模式进行整理,总结出了商业模式构成要素。研究发现,不同的商业模式的构成要素数量为3~8个。共有25个项目作为商业模式可能的构成要素。在相关研究中,被多次提到的要素有:价值提供(12次)、经济模式(11次)、顾客界面/关系(9次)、伙伴关系(7次)、内部基础设施/活动(7次),另有目标市场、资源/能力、产品、收入来源等项目也一再被重复。这些要素可以被认为是形成商业模式的关键要素。

我国学者魏炜、朱武祥在2009年提出了魏朱六要素商业模式——业务系统、定位、盈利模式、关键资源能力、现金流结构和企业价值。如果用交易价值、交易成本和交易风险这三把标尺来看,实际上是从不同的侧面解释了"利益相关者的交易结构"。六要素简略阐述如下:业务系统是内、外部利益相关者作为行为主体形成的"网络拓扑结构+交易角色+治理关系";定位是企业为满足利益相关者需求而与其交易的方式;盈利模式指"盈利来源+计价方式(数量、时间、价值)";关键资源能力是改进效率的重点(业绩的差异);现金流结构要体现轻资产的现金流结构设计,比如充值卡("预收款+高质量服务=提高客户满意度+释放现金流压力");企业价值是商业模式的落脚点("企业价值=股票市值")。为此,魏、朱把商业模式定义为焦点企业在动荡的商业生态环境下围绕上述六要素为其利益相关者设计的一个全息交易结构,该交易结构涵盖交易价值、交易成本和交易风险。在此基础上,林伟贤先生又做出了如下诠释:商业模式就是企业家为了最大化企业价值而构建的为企业利益相关者提供服务的交易结构。

亚历山大·奥斯特瓦德在综合各种研究共同点的基础上,提出了一个商业模式参考模型,包含9个要素:客户细分、价值主张、渠道通路、客户关系、收入来源(或收益方式)、核心资源、关键业务、重要伙伴、成本结构。他认为,通过这九个要素的组合可以很好地描述并定义商业模式,清晰地解释企业创造收入的来源。他在此基础上发明了商业画布使商业模式的设计和执行更容易操作。

商业模式的构成要素虽然繁多,但并不是杂乱无章的。要素的构成有两个基本模型。一是横向列举结构,即要素之间是横向列举关系,每个要素表示企业的某个独立方面,彼此重要性相当,必须共同发挥作用;二是网状式结构,即基本要素从多维度或不同视角综合考虑,要素之间密切联系,形成层级或网络,作为一个系统在企业中发挥作用。不管是哪种要素组合方式,要素之间都具有很强的逻辑关系,体现出商业模式的系统性和整体性。因此,一个成功的商业模式肯定是其每个构成要素协调一致发挥作用的结果,其要素之间存在合理有效的逻辑关系。

三、商业模式设计工具——商业画布

商业模式是一个非常宽泛的概念,与常见的商业模式有关的说法很多,包括运营模式、盈利模式、B2B 模式、B2C 模式、"鼠标加水泥"模式、广告收益模式等。商业模式是一种简化的逻辑概括,需要用一些元素来描述这种逻辑,以下内容都是商业模式中所要体现的。

奥斯特瓦德提出的商业模式设计框架很好地回答了商业模式涉及的三个基本问题,可以帮助理清商业模式。该框架包括九个关键要素:客户细分、价值主张、渠道通路、客户关系、收入来源、核心资源、关键业务、重要伙伴、成本结构。

(一) 客户细分

客户细分用来描述一个企业想要接触和服务的不同人群或组织。主要回答以下问题:我们正在为谁创造价值?谁是我们最重要的客户?

一般来说,可以将客户细分为五种群体类型。一是大众市场,价值主张、渠道通路和客户关系全部聚集于一个大范围的客户群组,客户具有大致相同的需求和问题;二是利基市场,价值主张、渠道通路和客户关系都针对某一利基市场的特定需求定制,这种类型常常在供应商 - 采购商的关系中找到;三是区隔化市场,客户需求略有不同,细分群体之间的市场区隔有所不同;四是多元化市场,经营业务多样化,以完全不同的价值主张迎合完全不同需求的客户细分群体;五是多边平台或多边市场,服务于两个或多个相互依存的客户细分群体。

(二) 价值主张

价值主张即公司通过其产品和服务所能向消费者提供的价值。表现为:标准化 / 个性化的产品 / 服务 / 解决方案、宽 / 窄的产品范围。主要回答以下问题:我们应该向客户传递什么样的价值?我们正在帮助客户解决哪一类问题?我们正在满足客户哪些需求?我们正在提供给客户细分群体哪些系列的产品和服务?

价值主张主要包括:新颖、性能、定制化、品牌、价格、成本削减、可达性、风险抑制、可用性。

(三) 渠道通路

渠道通路用来描述企业是如何与其细分客户接触、沟通,从而传递其价值主张的。主要回答以下问题:通过哪些渠道可以接触到细分客户群体?如何接触细分客户?如何整合渠道通路?哪些渠道最有效?哪些渠道的成分效益最好?如何把渠道和与客户的接触及沟通过程进行整合?

企业可以通过自有渠道、合作伙伴渠道,或两者混合来接触客户。其中,自有渠道包括自建销售队伍和在线销售;合作伙伴渠道包括合作伙伴店铺和批发商。

(四) 客户关系

客户关系用来描述企业是如何沟通、接触客户细分群体而建立的类型。主要回答以下问题:每个客户细分群体希望我们与之建立和保持何种关系?我们已经建立了哪些关系?这些关系成本如何?如何把他们和商业模式的其余部分进行整合?

（五）收入来源

收入来源用来描述企业从每个客户群体中获取的现金收入（需要从收入中扣除成本）。主要回答以下问题：什么样的价值能让客户愿意付费？他们现在付费购买什么？他们是如何支付费用的？他们更愿意如何支付费用？每个收入来源占总收入的比例是多少？

一般来说，收入来源可以分为七大类型：资产销售，销售实体产品的所有权获得收入；使用消费，通过特定的服务收费；订购收费，通过销售重复使用的服务收费；租赁收费，通过暂时性排他使用权的授权收费；授权收费，通过知识产权授权使用收费；经济收费，提供中介服务，收取佣金；广告收费，提供宣传服务获得收入。

（六）核心资源

核心资源描述让商业模式有效运作所必需的最重要的因素。主要回答以下问题：我们的价值主张需要什么样的核心资源？我们的渠道通路需要什么样的核心资源？我们的客户关系需要什么样的核心资源？我们的收入来源需要什么样的核心资源？

一般来说，核心资源可以分为四类：实体资产，包括生产设施、不动产、系统、销售网点和分销网络等；知识资产，包括品牌、专有知识、专利和版权、合作关系和客户数据库；人力资源；金融资产。

（七）关键业务

关键业务用来描绘为了确保其商业模式可行，企业必须做的最重要的事情。主要回答以下问题：我们的价值主张需要什么样的关键业务？我们的渠道通路需要什么样的关键业务？我们的客户关系需要什么样的关键业务？我们的收入来源需要什么样的关键业务？

一般来说，关键业务有三类：制造产品，与设计、制作及交付产品有关，是企业商业模式的核心；平台/网络，网络服务、交易平台、软件甚至品牌都可看作平台，与平台管理、服务提供和平台推广有关；问题解决，为客户提供新的解决方案，需要知识管理和持续培训业务。

（八）重要伙伴

重要伙伴是让商业模式有效运作所需要的供应商与合作伙伴的网络。主要回答以下问题：谁是我们的重要伙伴？谁是我们的重要供应商？我们正在从伙伴那里获取哪些核心资源？合作伙伴都执行哪些关键业务？我们为合作伙伴带来了什么价值？

一般来说，重要伙伴可以分为四类：非竞争者之间的战略联盟关系；竞争者之间的战略合作关系；为开放新业务建立的合作关系；为确保可靠供应的采购商-供应商关系。

（九）成本结构

成本结构是运行一个商业模式所引发的所有成本。主要回答以下问题：什么是商业模式中最重要的固定成本？哪些核心资源花费最多？哪些关键业务花费最多？

一般来说，成本结构可以分为两类：一是成本驱动，创造和维持最经济的成本结构，采用低价的价值主张、最大限度的自动化和广泛外包；二是价值驱动，即专注于创造价值，增值型价值主张和高度个性化服务通常以价值驱动型商业模式为特征。

根据九大要素间的逻辑关系，商业模式的设计可以分四步进行。①价值创造收入：提出价值主张、寻找客户细分、打通渠道通路、建立客户关系。②价值创造需要基础设施：衡量核心资源及能力、设计关键业务、寻找重要伙伴。③基础设施引发成本：确定成本结构。④差额及利润：根据成本结构，调整收益方式。

值得注意的是，因为客户关系决定于价值主张和渠道通路，核心资源和成本结构往往是关键业务确定后的结果，所以，九大要素中的客户关系、核心资源、成本结构三个要素难以形成商业模式创新。

【创业实践】

一、创业项目融资路演模拟

假设同学们的创业团队有一个好的项目,需要筹集资金进行下一步发展,请采用路演的方式向"准投资者们"(老师、其他同学)进行 5 分钟的项目展示,达到筹集资金的目的。为达到最好的路演效果,以下路演内容和时间分配可供参考:

(1)项目背景(60 秒):项目名称、项目所属领域现状、市场前景等。

(2)项目介绍(90 秒):项目内容、特点、项目所处阶段、技术创新性、应用领域等。

(3)项目未来规划和风险分析(60 秒):项目推广计划、方法和渠道,未来可能遇到的风险和应对措施等。

(4)团队介绍(60 秒):项目相关个人经历和特长、职能分工等。

(5)财务分析及融资方案(30 秒):项目估值及依据、需要融资的金额、出让股份比例等。

二、创业项目融资方案设计

常见的项目融资包括银行贷款、股票筹资、股权融资等多种方式,不同的融资方式适用于不同项目筹集资金时的不同阶段。

假设我们的创业团队需要资金支持,请根据项目发展的各个阶段选择适合的融资方式,并撰写项目融资设计书(包括项目背景、概述、具体安排、风险分析、效益分析等)。

三、体验融资

融资实际就是借钱。如果让同学们筹集 3 万元,同学们准备向谁借,怎么借呢? 在借款之前,同学们会做哪些准备呢? 现在,打电话、微信或者面对面沟通自己借钱的想法,看看对方怎么说,同学们会如何沟通呢?

不管结果如何,请同学们反思自己的借钱过程和策略,都有哪些收获。

四、应用商业画布分析华大基因的商业模式

深圳华大基因股份有限公司(以下简称华大基因)成立于 2010 年,是全球领先的生命科学前沿机构。华大基因以"产学研"一体化的发展模式引领基因组学的创新发展,通过遍布全球 100 多个国家和地区的分支机构,与产业链各方建立广泛的合作,将前沿的多组学科研成果应用于医学健康、资源保存、司法服务等领域。同时,为精准医疗、精准健康等关系国计民生的实际需求提供自主可控的先进设备、技术保障和解决方案。2015 年 12 月 18 日,中国证监会公布华大基因拟创业板上市《申报稿》,该公司上市保荐券商为中信证券股份有限公司。2017 年 11 月 8 日,华大基因入选"时代影响力·中国商业案例 TOP30"。

请同学们收集华大基因的相关资料,通过设计商业画布,分析华大基因的商业模式。(小提示:同学们需明确四个问题:如何提供? 提供什么? 为谁提供? 成本和收益是多少?)

五、如何打造自己的商业模式

假设同学们组建了自己的创业团队,有了自己的创业项目,请根据本章的学习内容打造适合自身项目的商业模式。(小提示:一个完善的商业模式,主要包括五个方面的要素,即项目定位、盈利点、关键资源和能力、业务系统以及自由现金流结构。)

第十四章　商业计划书与路演

【创新金语】

新质生产力的显著特点是创新,既包括技术和业态模式层面的创新,也包括管理和制度层面的创新。必须继续做好创新这篇大文章,推动新质生产力加快发展。

——习近平 2024 年 1 月 31 日在二十届中央政治局第十一次集体学习时的讲话

【案例】

创业规划——让你梦想成真

创业不是一件轻松、心想事成的事情,创业者必须先想清楚自己的目标、愿意承受的风险有多少、愿意付出的牺牲有多大,然后再作出创业的决定。只有个人目标与事业目标达成一致,创业才是一件有意义的挑战任务。一个远大的创业目标如果没有配套有效的规划,将只是一个自欺欺人的计划。制定创业规划是为了能够有效达到目标,规划将决定经营方向与经营路径,规划也将影响重要的经营决策。

20 世纪 90 年代,风险投资在美国大行其道,在硅谷的咖啡馆里拿着一份单薄的商业计划书给投资人讲生动故事,在几个星期内融资到几百万甚至几千万美元的大有人在。1995 年,在斯坦福大学攻读电机工程博士学位的杨致远休学创立了 Yahoo,他制订了一份周密的商业计划书,每天带着计划书早出晚归,不停地拜访风险投资者,最终获得硅谷最具知名度的风险投资商红杉投资近两百万美元,开启了硅谷一代新神话。

创业总是让人兴奋和充满幻想的,但是在创业道路上,我们要面临很多挑战。巴黎达喀尔拉力赛的发起人萨宾说过:“出发之前永远是梦想,上路了,才是挑战。”在出发前,我们要有一个计划。10 万元对于创业者来说可大可小,但关键是我们从这样的一次创业中得到了什么?10 万元是我们的资金投入,而一个好规划带来的创业成功,其价值远远不止 10 万元。

马云在《创业者要给自己一个梦想》的演讲中曾表达过这样的观点——创业者要想清楚 3 个问题:一是你想干什么;二是我该干什么,而不是我能干什么,该干什么要明白,不该干什么更应该明白;三是我能干多久。一份好的创业规划,从原则上说,应该把握 3 个主要内容:自己想做什么、社会需要什么、自己拥有什么资源。因此就有必要进行自我分析、环境分析和关键成就因素分析。创业规划必须将个人理想与社会实际有机地结合,只有使自身因素和社会条件达到最大程度地契合,才能在现实中发挥优势,避开劣势,使创业规划更具可操作性。

【解析】

商业计划书是讲述你的企业故事的绝佳机会。掌握了撰写的技巧和方法,你可以创作一个既有逻辑又富有情感的故事,让你的商业计划书在众多竞争者中脱颖而出,吸引评委 / 投资者的注意。记住,最好的商业计划书不仅是一份文档,它更是你企业故事的开始,是你实现梦想的蓝图。

第一节　商业计划书的基本结构及内容

凡事预则立，不预则废。不管是比赛还是创业，你都需要做一份项目计划书来审视下你的想法，这更有利于你理清自己的项目内容、优势和创业计划等。撰写商业计划书，可以帮助项目团队更好地指导实践和分析市场、竞争力、财务、模式、风险等，及时认清自己、调整方略。在各类大学生创新创业大赛中，商业计划书是备战的基本资料之一，主要是展现给大赛评委，以便于评委充分地了解项目并给出评判。

如何制订一个可落地执行的商业计划书？商业计划书要包含哪些内容？重点是什么？这些都是一个创业团队必学的内容。做好一份商业计划书，就像一名战士配备了一把好枪，拿好枪才能打好仗！

一、商业计划书

商业计划书是整个创业过程中重要的组成部分，在计划书中，重点要回答 5 个"W"和 1 个"H"的问题：我们是谁（Who）；要做什么（What）；为什么要做（Why）；何时做（When）；在哪做（Where）；怎样做（How）。撰写商业计划书是参与创新大赛的重要环节，它既是展现创意、团队实力及市场潜力的平台，更是赢得评委与潜在投资者信任的关键所在。一份出色的商业计划书应条理清晰、逻辑性强，全面而详尽地描述商业模式、市场战略、财务预测以及具体的执行计划。接下来，我们将介绍撰写商业计划书的基本结构，并分析可能遇到的难点和问题。

二、商业计划书的结构及内容

不同竞赛的商业计划书的形式和内容不尽相同，这通常取决于创业项目的类型、创业者的偏好特征、计划的阅读对象等。项目团队在编写过程中要注意研究不同的商业计划阅读对象所关心的问题和期望，动态调整计划书的内容，突出重点和优势，以引发他们的投资兴趣和对项目的关注。一份完备的商业计划书的结构通常包含封面、摘要、目录、正文和附录五个部分：

（一）封面

封面要从审美和艺术双重角度去细心设计，力求达到最佳的视觉效果。一个好的封面能让阅读者产生最初的好感，形成良好的第一印象；一个漂亮的封面能使整个计划书变得更加形象、大气。封面一定要有一张跟项目相关的图片作为背景，封面内容一般包括竞赛的名称、项目名称、LOGO、项目负责人姓名、联系方式（电话、邮箱）等，背面或扉页应附有商业计划的保密须知等。

（二）摘要

这是整个计划书的精华，用精简的语句突出项目创新性，将项目讲清楚、说明白，还要表明投资价值。摘要需要简短而有力地概括项目的核心内容，包括目标市场、产品/服务、解决方案、商业模式、团队介绍和财务概览。摘要部分通常不超过两页，要简明扼要。尽管摘要位于开头，但建议最后撰写。摘要是评委了解项目的第一印象，撰写时一定抓住关键点，如果摘要表述不好，会直接影响到项目的比赛成绩。撰写要点如下：

1. 项目名称；
2. 项目主要业务是什么，为哪类客户提供什么样的服务；

3. 团队成员组成是怎样；

4. 现在已达成的成果（成交额、带动就业人数、专利数等）；

5. 近期目标和长期目标是什么。

（三）目录

目录是商业计划书最后完成的内容，按照章节顺序逐一排列并对应页码。目录能让投资人或评委便捷快速地看到其所需要关注的内容。

（四）正文

正文包括项目背景、行业及市场分析、产品/服务介绍、竞品分析、商业模式、项目进展、项目团队、财务分析及融资、风险与应对策略、发展规划等十个部分。

1. 项目背景 在商业计划书写作中，项目背景是一个重要的部分，应该清楚地描述这个项目为什么存在，以及目标是什么。内容主要包括以下四个方面：

（1）行业趋势与市场机会：描述这个项目所在行业的大背景，包括行业的政策背景、宏观环境、发展趋势、市场规模、增长率以及微观环境等。然后，解释项目是如何适应这个大背景的，例如你的产品或服务能满足哪些市场需求。

（2）技术发展与竞争优势：如果项目涉及技术，那么你应该解释这项技术是如何发展的，以及你的项目是如何利用这项技术来提供独特的竞争优势的。最好诠释技术具有哪些领先优势。

（3）客户需求与痛点：描述你的目标客户群，然后详细解释他们的需求和痛点。你的项目是如何解决这些痛点的？你的产品或服务能为客户提供什么样的价值？能为用户带来哪些体验感？

（4）项目愿景与战略规划：描述你的项目愿景，以及你未来的战略规划。这些应该与你的长期目标相一致。

2. 行业及市场分析 在这部分须向评委或投资人说明白这几件事：市场空间足够大、市场需求真实存在、该项目有机会占据一定市场份额。在这部分内容中，要正确评价所选行业的基本特点、竞争状况以及未来发展趋势等。行业和市场分析主要对项目所在的行业基本情况、项目产品或服务的现有市场情况和未来市场前景进行分析，使投资者对产品或服务的市场销售状况有所了解。

我们在撰写市场分析时注意以下几点：

（1）尽量引用权威公开的数据：现在网络上有很多公开的数据，但不见得都是正确的数据。在引用数据做支撑时，尽量选择权威的调查机构公开的数据，比如国家部委发布的数据、知名市场调研机构的数据等；尽量选择近期公布的数据。在运用多个维度的数据进行综合分析和计算时，特别注意这些数据要尽量都在同一个时期，不然算出来结果误差会很大。

（2）计算细分的潜在市场规模：不要搜到报告数据就只管往商业计划书上复制粘贴，要多考虑一下你的具体项目与这个市场数据的关系，尽量计算出你的产品所面向细分人群的市场需求的规模数据。

（3）市场趋势分析：引用权威分析机构报告，或者运用你自己的判断预测目标市场未来几年的发展趋势，包括市场规模的趋势、服务模式的变化、市场格局的变化等。如果该市场本身是一个正在高速发展的增量市场，那么对于我们的项目就是很大的利好消息；如果该市场是一个正在变化中的市场，那么我们就要证明团队项目产品或服务模式正好契合了这种变化趋势，抓住了时机。

（4）分析行业需求痛点：目标行业的市场环境如何？存在哪些问题？目标用户的需求痛点

是什么?基于目标市场信息和目标用户的需求,做出需求痛点分析。痛点分析一定要是真的痛点,不能列一些不痛不痒的问题;痛点还要与自己的产品有契合点,方便接下来介绍产品的时候指出产品是如何解决这些痛点的。

(5)竞争分析:关于市场竞争的分析,除非是完全新型的领域或模式,由于竞争不多,可以在市场分析部分简单提及,不然一般都会在产品介绍之后单独进行说明,即与竞品做全方位的优劣对比。这部分要阐明的是:项目直接竞争对手有哪些?竞争对手的发展现状如何?项目在各个维度上与竞争对手相比各有何优劣?项目间接竞争对手和潜在竞争对手又是谁?最好以表格或者图表的形式列出来,比较清晰明了。

3. 产品/服务介绍 大学生创新创业大赛涌现出了一大批优秀的创新创业项目,想要你的项目脱颖而出,产品介绍是至关重要的一部分!在看项目的时候,评委最关心的问题之一就是你的产品、技术或服务能否在较大程度上解决现实生活中的问题,好的产品介绍相当于一本优秀的推销手册!

产品介绍不只要从定义、概念、性能及特性、想法、思路、技术中阐述,还要从目标用户出发,当我们越能精准地描绘出该产品的目标群体,我们就越能针对市场中的需求和痛点,以及未来广阔的市场空间进行预测,甚至对于拟进入产业的市场全貌和关键性的影响因素进行分析,这也是至关重要的。

(1)产品定义:这是什么?比如美团小程序,"干啥都省钱",解决的是帮用户省钱的问题。

(2)产品能力:提供了什么样的产品或者服务?可以简单介绍核心的几个功能点及优势点。介绍产品的亮点,可以让用户更加深入地了解产品。

(3)案例介绍:在什么场景中会使用到产品?可以图文并茂地将产品带入场景中,了解更加透彻。展示一些可量化的结果能更加直观地看到效果,如标亮显眼的数据。

(4)核心指标展示:这个产品数据指标如何?通过数据展示产品能力,可以树立良好的品牌形象,赢得用户信任。

(5)产品规划:对产品未来有何期待?对于产品的未来前景做一个简要规划,可以提升业务方合作的意愿,进一步赋能业务。

4. 竞品分析 知己知彼,百战不殆。了解对手,方能更清晰认识到自己的优劣所在。不要说竞品太多太强,我们一定要找准对手的缺陷和我们自己项目的优势,也就是说,当你做好项目去创业时,这片领域已经成为一片红海,你要在这片红海中不断摸索,找到属于自己的那块蓝海。竞品分析在商业计划书中主要涉及对项目所处市场中的竞争对手进行深入调研和分析。主要可以从以下方面进行分析:

(1)竞争对手分析:列出主要竞争对手,并从产品、市场占有率、财务状况、营销策略等方面进行分析。重点分析竞争对手的优势和劣势,以及他们的市场份额。

(2)SWOT分析:对自身进行SWOT(优势、劣势、机会、威胁)分析。通过对比自身与竞争对手的实力,了解自身的长处和不足,以及面临的机会和威胁。

(3)竞争策略:基于上述分析,制定相应的竞争策略。包括产品差异化、定价策略、营销和分销渠道等。明确说明如何与竞争对手区分开来以及如何通过特定的策略占据市场份额。

(4)竞争动态:持续关注竞争对手的动态,如新产品发布、市场活动、融资情况等。这部分应定期更新以反映市场竞争环境的变化。

(5)竞争格局展望:基于对市场和竞争对手的了解,预测未来的竞争格局。这有助于制定长期战略,以应对潜在的威胁和抓住未来的机会。

(6)应对竞争的策略:为应对竞争而提出具体的行动计划或策略。例如,研发新功能、加强品牌建设、优化客户服务等。这部分应详细说明计划如何应对竞争压力,并保持或提高市场份额。

(7)竞争风险评估:评估潜在的竞争风险,如竞争对手的价格战、市场变化等。讨论如何降低这些风险,例如通过多元化战略或建立强大的品牌忠诚度。

(8)竞争优势展示:在分析完竞争态势后,明确指出自身相较于竞争对手的优势所在。这有助于增强投资者的信心,并使他们相信项目具有市场竞争力和发展潜力。

(9)客户分析:分析目标客户的需求、偏好和行为模式。了解客户的需求有助于更好地定位产品和服务,并在竞争中脱颖而出。

5. 商业模式　一份成功的商业计划书,一定要有一个科学设计的商业模式。商业模式重在商业逻辑,能独自建成商业生态系统,能够让评委或投资者一目了然地了解该产品的商业模式,并判断商业模式的各个方面是否协调一致,清楚地看到团队是否明确自己正在做什么、为什么要这样做、用户是谁、提供什么服务、通过什么渠道盈利等。撰写的主要内容包括以下几方面:

(1)目标用户:找准目标用户,描述清楚你的产品或服务,能帮助他们解决什么痛点、给他们带来什么样的价值及怎么扩大消费或者形成重复购买。

(2)用户获取渠道:用户通过哪些渠道可以直接接触到项目产品? 接触的第一印象传递什么诉求? 如何接触他们? 渠道如何整合? 哪些渠道最有效? 哪些渠道性价比最高?

(3)客户关系:同目标用户建立怎样的关系? 关系类型是什么? 比如是 B 端用户,还是 C 端用户,还是加盟伙伴。如何与各类客户群体建立并维护恰当的关系? 哪些关系已经建立了? 这些关系成本如何? 如何把它们与商业模式进行整合?

(4)盈利模式:打造哪些产品能让用户付费? 有几种产品模式? 他们是如何支付费用的? 每种收入来源占总收入的比例是多少? 主流产品和标杆产品的盈利安排是什么?

(5)核心资源:专利、团队、平台或模式,哪个是商业模式有效运转所必需的最重要因素? 价值主张需要什么样的核心资源? 渠道需要什么样的核心资源?

(6)关键伙伴:让商业模式高效运转,所必需的供应商与合作伙伴。谁是最关键的合作伙伴? 谁是必不可少的供应商? 与合作伙伴的生态关系如何? 在商业模式中,合作伙伴执行哪些关键业务?

6. 项目进展　项目进展就是表达项目目前所获得的成果,例如,截至目前推出了多少款产品,拥有多少专利、软件著作权,发表了多少篇论文,与多少家公司、企业达成合作,销售情况怎么样,等等。以呈现结果为主把项目获得的成绩在这里总结。

7. 项目团队　团队组队前,首先明确团队成员由哪几类人组成,对症下药,再有目的性地组队。

项目团队 = 项目负责人 + 核心成员 + 导师 / 专家 / 顾问团队

写好项目团队介绍有助于让评委看到团队、相信团队。团队介绍内容撰写技巧:

(1)项目负责人:①基本信息,简要介绍项目负责人基本情况,即姓名、学校、专业、在校生或毕业生等;②项目中的身份,在本项目中担任的职位,如创始人、联合创始人,或 CTO 等其他身份;③身份亮点,重点讲述项目负责人过往与项目有关的研究或获奖经验等,如著有专利、发表论文、比赛获奖、实习经验、社会职位等,体现项目专业性,让评委相信项目负责人有能力带领团队做好项目。

(2)核心成员:①基本信息,介绍成员基本情况,即姓名、专业、学校等(如成员均为本学校,可不写);②项目中的身份,写成员负责项目哪个部分,财务、宣传、产品、技术等;③身份亮点,简要描述成员过往经验,写与其负责部分贴合的经验,如实习、获奖等,如果相关经验太少,就着重挖掘与整体创业项目的契合性,用所学专业等体现。

(3)导师/专家/顾问团队:①基本信息,介绍专家身份,即姓名、研究领域等;②项目中的身份,在项目中担任的职责,指导老师、技术顾问、生产顾问等;③身份亮点,描述专家的过往经验,可以是某领域的研究专家、行业资深学者、某公司 CEO 或发表论文篇数等,重点体现出经验与担任项目职位的契合。

8. 财务分析及融资

(1)财务分析:作为一个参赛的创业项目,评委要看项目的可行性以及商业价值,其中不仅仅是技术的可行性,还有财务的可行性。从财务数据可以看出,项目能否获利,可以发展到何种程度,可以产生怎样的价值、收入、利润等,这就体现了财务分析的重要作用。但需要注意的是,这不等于公司的财务报表,商业计划书中的财务分析更多的是对未来做预测,让评委对项目未来发展有更大的想象空间。商业计划书中的财务分析主要包含以下五部分:

1)收入预测表(业务收入来源及规模预估):主要是用来介绍业务收入的内容,各项主营业务、主营业务外收入的情况以及对应的规模情况。例如:本期公司实现主营业务收入 ×× 万元,与去年同期相比增长 ××%,以及未来预计收入情况。

2)成本预测表:说明项目开支的大体去向。例如:本期公司成本费用共计 ×× 万元。其中,主营业务成本 ×× 万元,占成本费用总额 ××%;营业费用 ×× 万元,占成本费用总额 ××%;管理费用 ×× 万元,占成本费用总额 ××%;等等。

3)利润预测表(企业效益):是对项目的效益进行预测。例如:本期利润总额比上年同期增加 ×× 万元,总额增长率为 ××%。其中,主营业务收入比上年同期增加利润 ×× 万元;营业费用比上年同期增加利润 ×× 万元;财务费用比上年同期增加利润 ×× 万元;等等。

4)现金流量表(体现了投资回收周期):现金流量表直接体现项目筹措现金、经营的能力。从经营角度来看,现金流量表相对于利润表,是更有说服力的,反映的是企业的真实情况,具体包括三个方面即经营活动、投资活动、融资活动的现金流量。例如:销售商品、提供劳务的现金流入 ×× 万元,支付税金流出 ×× 万元;融资活动流入 ×× 万元等。

5)财务指标(结论):财务指标方面主要是从偿债能力指标、营运能力指标、盈利能力指标、发展能力指标四个方面进行分析。但在分析过程中,需要注意的是与同行业相对比,与竞争者、自身同期等进行比较。这样横向行业比较、纵向公司自我比较,能够得出较为准确的结论。

(2)融资:从整体商业计划书来看,项目方对商业计划书的最大期望直接体现在融资部分。融资一般就要交代清楚融资金额、融资方式、融资资金用途等;就是让投资人知道创业者目前的股权结构、需要多少钱、会出让多少股权、后续对这些资金的安排(各项资金使用比例)。

1)股权结构:如果目前股权结构比较清晰,就一句话带过。如果处于天使轮或者 pre-A 轮、A 轮、B 轮,股权结构这一部分,就要做个饼状图说清楚。同时还要说明目前股权真实情况是什么,比如股权变更情况、谁持股、是什么样的合作方式等。

2)融资金额:在财务分析里面有足够的数据支撑可以有效地增强投资方对项目的认同、对融资需求的认同,从而合理推导出融资金额。融资金额是科学推导出来的,而不是随意得出来的。

3)释放股权:释放股权的比例是根据融资金额的多少,以及对项目的重要性而做的数字推导。一般情况下,约占 5%~15%。也有占比更多的,但比较少见,可能是由于融资的金额比较大。

(3)资金用途:资金用途需要合理的计算,根据实际需求和公司需要而科学测算。提出的资金需求并不要求非常准确,给出大致的数字值或区间即可,但是一定要合理。商业计划书中提出的融资金额可能与实际的到账资金数额差异很大,所以要把重点放在资金用途的合理性和必要性上,这是双方合作的基础。

(4)融资方式:融资方式通常为股权融资或债券融资。但是对于很多项目而言,可以接受的融资方式,大部分是股权融资,而且投资人默认的是股权融资。如果有其他的融资方式,需要提前在商业计划书里说明。

9. 风险与应对策略

(1)风险:任何商业项目都是有风险的,风险及相关的控制方案肯定是投资人非常看重的。风险管理者采取各种措施和方法,消灭或降低风险发生的可能性。在商业计划书的这一章节中,需要站在企业和投资人的角度,识别并规避风险。

明确风险种类时,列举可能影响项目的各种风险,包括市场风险、竞争风险、技术风险、法律法规风险等。确保对所有潜在的不确定性因素进行全面考虑。

1)市场风险:①竞争压力,描述行业内竞争对手的数量、实力和市场份额,分析竞争对企业的影响。②市场需求波动,说明市场需求可能因季节性、经济周期等因素而波动及其对销售和盈利能力产生的潜在影响。

2)运营风险:①供应链问题,考虑原材料供应、生产流程中断等问题,这可能导致生产延误或成本增加。②技术故障,分析与业务相关的技术系统和设备可能出现的故障及其对业务连续性的影响。

3)财务风险:①资金流问题,着重说明可能导致资金流不畅的情况,例如拖欠账款、市场需求下降等。②汇率波动,若业务涉及国际贸易,需关注汇率波动可能对成本和收益带来的风险。

4)法律法规风险:①合规性问题,详细说明业务需要遵循的法规和行业标准,强调未遵守可能带来的法律后果。②政策变化,分析政府政策变动对业务的可能影响,尤其是行业管制和税收政策的调整。

5)技术风险:①技术落后,讨论技术创新的速度,以及企业是否能够跟上技术发展的步伐。②数据安全,如果业务涉及大量客户数据,考虑数据泄露和网络攻击可能带来的风险。

6)人才风险:①关键人员离职,分析关键人员离职可能对企业运作和战略执行的潜在影响。②劳动力市场竞争,考虑所在地区招聘和留住高素质人才的难度。

7)自然灾害和不可抗力:地理风险,即考虑企业所在地区可能受到的自然灾害,如地震、洪水、风暴等,以及相应的风险管理计划。在商业计划书中,对每种风险都要提供相关数据、案例或统计,以增强描述的可信度,并展示对潜在问题的深入了解和应对策略。

(2)应对策略:在商业计划书中,风险对策部分是至关重要的,它展示了项目团队对潜在问题的预见性和应对潜在问题的灵活性。

1)明确对策计划:对每个风险明确提出对应的对策计划,确保对策能够有针对性地应对具体的风险,并在可能的情况下提供备选计划。

2)具体措施:描述项目团队将采取的具体措施来减轻或消除风险的影响。这可能包括改进业务流程、采取新的市场策略、加强内部控制等。

3)时间表:为每个对策设定明确的时间表。说明何时开始实施对策、持续的时间以及可能的阶段性目标。这有助于监控对策的执行进度。

4)责任分工:明确每个对策的负责人。指定负责人,并说明其在执行对策过程中的具体职责,确保责任清晰明了。

5）资源需求：评估实施对策所需的资源，包括人力、财务、技术等方面。确保有足够的资源支持对策的执行。

6）监控与调整机制：描述如何监控风险对策的有效性，以及在需要时如何进行调整。强调风险管理是一个持续的过程，需要及时调整对策以适应变化的环境。

（3）风险对策的撰写应该尽量具体、可操作，以让评审者对企业的灵活性和抗风险能力有更深刻的理解。

10. 发展规划　这部分内容重点介绍项目未来发展的详尽规划，包括项目近期及未来3~5 年的发展方向、发展战略和要达成的目标。主要从以下五个方面来着手：

（1）近期发展目标（1~3 年）；

（2）中长期发展目标（4~5 年）；

（3）资金使用计划；

（4）阶段资金用途及金额；

（5）资金投入后要取得的效益或阶段目标。

创业者要根据自身的实际情况，与合理的市场预测，在合理评估市场信息和财务状况的情况下，提供企业今后三到五年的预计资产负债表、损益表以及现金流量表。创业者要将预计的依据、预计的方法、预计的结果，予以说明，以增加预计的客观性和可信度。

（五）附录

附录是对主体部分的补充。由于篇幅的限制，有些内容不宜在主体部分做过多的描述，附录的功能就是提供更多的、更详细的补充空间，完成主体部分中需补充的内容或需要提供参考资料的内容。

附录内容一般包括：创业团队成员简介，市场调查问卷及市场研究数据，有关技术资料、专利证书及获奖证书复印件，顾客、分销商或分包商的信息，供应商和竞争对手的报价材料，工艺流程图，有关法律文书，等等。

商业计划书的内容和格式不是千篇一律的，但一份成功的商业计划书必须具备客观性、可行性、创新性和逻辑性这些特质。商业计划的准备通常是一个漫长、辛苦的过程，但是这个过程可以将思路雏形变成难得的商机，可以让梦想破茧而出，化蛹成蝶。

第二节　如何撰写高质量的商业计划书

一、高质量商业计划书的特质

评委眼中优秀的商业计划书特点总结下来就是四个字：内外兼修。展开来说可分为四部分：逻辑清晰、观点鲜明、文字精练、视觉美观。

（一）逻辑清晰

逻辑是什么？简单来说就是在有限时间、有限篇幅内，怎样向评委介绍项目、用什么样的先后顺序介绍，使听众更容易理解项目。清晰的呈现逻辑能把项目的来龙去脉介绍得非常浅显易懂，无论商业计划书是 Word 版本还是 PPT 版本，逻辑一定最重要，先想好再写！

（二）观点鲜明

基于呈现逻辑，商业计划书在行业认知、项目定位、产品优势、亮点、解决方案等方面有鲜明的观点总结与呈现,能清楚回答项目为什么要做、做的到底是什么、优势是什么等问题。如果商业计划书是 PPT 格式,每页内容也要注意有关键观点呈现。

(三) 文字精练

商业计划书作为一份正式书面材料,文字精练、书面表达是基本要求。创新创业大赛没有强制规定计划书字数、页数,但要在有限时间内让评委看懂、理解,精炼的表达、金句的呈现必不可少。

(四) 视觉美观

优秀的商业计划书要排版美观、重点凸显,无论是 Word 版本还是 PPT 版本,有条件的项目团队都建议对其进行美化。

二、评委关注的商业计划书的五大要素

商业计划书是参加创新创业大赛中必须提交的非常重要的材料,好的商业计划书能向评委展示项目亮点,使项目在比赛中脱颖而出,反之则可能止步于校赛。很多同学会选择直接套用网上模板,但千篇一律的模板会让评委忽视你的亮点,好项目也可能被埋没!评委在评审商业计划书时,一般会特别关注以下五大要素:

(一) 选题

在撰写计划书时,选题是大家首要考虑的要素。项目选题是基于市场的需求、创新性和可行性等多种因素,结合团队的专业背景和兴趣选出的适合选题。选题前要充分了解市场,找到一个有潜力和发展空间的领域,并找到能够满足市场需求的选题,以确保项目的可持续性和成功。

(二) 市场调研

为了更好地了解项目所在领域的市场现状和发展趋势,进行市场调研是不可或缺的一个步骤。市场调研可以通过访谈、问卷调查、数据分析等方式进行。

(三) 产品 / 服务方案

产品 / 服务方案是商业计划书以及项目的核心内容。这一部分要详细地描述产品或服务的特点、定位、核心功能、解决的问题、竞争优势等内容,确保项目符合当前的市场需求,展现独有的竞争力。还可以使用实拍图、相关数据表格等来展示产品或服务的外观、特点及技术等,让产品 / 服务更加具象化。

(四) 商业模式

商业模式包括收入来源、成本结构、盈利模式、客户细分和营销策略等内容,撰写计划书时需清晰体现如何通过产品或服务创造价值,并从中获得收益。通过商业模式展示项目的商业思路和盈利模式,以及如何有效地控制成本,证明项目商业计划的可行性和可持续性。

(五) 团队介绍

各类创新创业大赛对团队的考核主要聚焦于以下三点:

1. 团队成员了解社会现状、关注社会民生,具备一定解决社会问题的能力和水平。

2. 团队成员的专业背景、创业意识、创业素质、价值观念与项目需求相匹配。

3. 团队组织架构与分工合理,凝聚力、执行力、整体竞争力强。

所以在撰写计划书过程中,可通过介绍团队成员的背景、技能和经验,以及他们在项目中的角色和职责等内容,来展示团队以及项目的硬实力和专业性,提高评委对项目的信任与认可程度。

三、高质量商业计划书的撰写

商业计划书作为创业团队的重要文件,不仅是向评委、投资者、合作伙伴展示团队(公司)和项目状况的"桥梁",还是指导项目未来发展的"路线图"。一个完善、专业的商业计划书能够大大提高创业项目(公司)的吸引力和成功率。那么,如何撰写一份高质量的商业计划书呢?

(一)精炼摘要,直击要点

商业计划书的开头部分,即计划摘要,是整个计划书的精华所在。它需要在有限的篇幅内,简明扼要地概括项目(公司)的基本情况、产品或服务、市场定位、竞争优势、财务预测等关键信息。摘要的写作要求精炼、有吸引力,能够让读者在短时间内对公司和项目产生浓厚的兴趣。

(二)产品展示,凸显亮点

产品介绍是商业计划书的核心部分之一。在这一部分,创业团队(公司)需要详细阐述产品的功能、特点、优势以及解决的用户痛点。通过具体案例、用户反馈等方式,展示产品的市场潜力和竞争优势,同时,要突出产品的创新性和差异化,以吸引投资者的关注。

(三)行业洞察,把握趋势

行业分析是商业计划书中不可或缺的一部分。通过对所在行业的市场规模、增长趋势、竞争格局、政策环境等方面的深入分析,展示项目(公司)对市场的深刻理解和把握能力。同时,要指出项目(公司)在行业中的定位和发展方向以及如何利用行业趋势和机遇来推动项目(公司)的发展。

(四)市场预测,合理布局

市场预测是商业计划书中的关键环节。在这一部分,创业团队(公司)需要对目标市场进行细致入微地分析,包括市场容量、消费者需求、竞争格局等方面。通过数据和图表等方式,展示公司对市场的深入了解和准确判断。同时,要提出合理的市场布局和营销策略,以应对市场变化和竞争挑战。

(五)盈利模式,清晰明了

盈利模式是投资者最为关注的问题之一。在商业计划书中,创业团队(公司)需要清晰地阐述自己的盈利模式和收入来源。通过逻辑图、思维导图等方式,展示项目(公司)的商业模式和盈利路径。同时,要说明项目(公司)的成本控制和风险管理措施,以确保盈利的稳定性和可持续性。

(六)运营数据,实证支撑

运营数据是商业计划书中的重要支撑。通过列举一些关键的运营数据,如交易量、用户数、复购率等,展示项目(公司)的运营成果和市场表现。这些数据不仅可以增强商业计划书的可信度和说服力,还可以帮助投资者更好地了解项目(公司)的运营状况和发展潜力。

综上所述,撰写一份高质量的商业计划书需要创业团队从多个方面进行深入分析和精心策划。只有将关键要素表达得清晰明了、逻辑严谨,数据充分,才能吸引评委、投资者的关注并赢得他们的信任、支持和认可。

第三节　商业计划书的撰写技巧及注意事项

一、商业计划书的撰写技巧

（一）开头引人入胜

不要一开始就陷入冗长的公司历史或行业概述中。相反，用一两段引人入胜的文字快速吸引读者的兴趣。可以通过描述一个紧迫的市场问题、一个令人振奋的愿景，或者一个独特的解决方案来开篇。

（二）突出核心亮点

在商业计划书中，明确并突出项目产品或服务的核心亮点。不要试图在计划书中涵盖所有细节，而是专注于最能打动评委或投资人的几个关键点。例如，可以强调你的产品或服务的创新性、市场潜力、技术优势或团队实力。

（三）使用数据支撑

在描述市场机会、竞争分析或财务预测时，尽量使用具体的数据来支撑你的观点。这些数据可以来自行业报告、市场调研或你自己的研究。通过数据，你可以向投资人展示你对市场和行业的深刻理解和准确预测。

（四）采用故事化叙述

将你的计划书写成一个引人入胜的故事，而不是一堆枯燥的数据和事实。你可以从创始人的视角出发，讲述你们是如何发现市场机会、如何解决问题、如何一步步实现愿景的。这样的叙述方式更容易引起投资人的共鸣和兴趣。

（五）简洁明了的语言

避免使用过于复杂或专业的术语，而是用简洁明了的语言来阐述你的观点。投资人可能来自不同的行业和背景环境，因此确保你的计划书易于被所有人理解是非常重要的。

（六）清晰的逻辑结构

应该有一个清晰的逻辑结构，包括摘要、公司介绍、市场分析、产品或服务、营销策略、运营计划、财务预测和附录等部分。每个部分都应该有一个明确的主题和论点，并且相互之间应该有紧密的逻辑联系。

（七）反复修改和打磨

不要期望一次就能写出完美的计划书，应该反复修改和打磨你的计划书，直到它变得足够出色。在修改过程中，也可以请朋友、同学或导师帮你审阅和提供反馈。他们的意见和建议可能会帮助你发现计划书中的不足和需要改进的地方。

二、商业计划书撰写注意事项

1. 不要把计划书写成营销知识、管理知识的科普文章。对商业计划书中的产品定价和成本要做充分的分析，这样才能预估出未来三年乃至五年的财务报表。

2. 不要将计划书写成指导教师的科研立项书。不要复制指导教师的科研成果，而是要充分挖掘和论证其商业的可行性。

3. 不要把对市场的分析停留在自己的想象里，要对市场做充分的调研，特别是对竞争对手的研究和调查。

4. 不要使用过于技术化的用词来形容产品或生产运营过程,尽可能用通俗易懂的文字描述,使阅读者容易接受。

5. 不要用含糊不清或无确实根据的陈述或结算表。

6. 不要弄虚作假,隐瞒事实。

7. 商业计划文本应尽可能控制在 40 页以内,用简明扼要的语言描述出最能吸引评委或投资者关注的构思和结论。

8. 排版、装订和印刷不能粗糙,否则会让人产生不舒服感。注意检查文本,不可有排版混乱或错别字之类的低级错误,否则会引起阅读者对创业者做事严谨性的怀疑。

第四节 项 目 路 演

一、项目路演的定义

项目路演是指在一定场合下,创业者或企业代表通过项目路演 PPT 向评委、潜在的投资者、合作伙伴或业界人士展示他们的项目、产品或服务,并试图获得评委青睐、资金支持、合作机会或市场认可的过程。项目路演分为线上项目路演和线下项目路演。

二、路演 PPT 的内容

在大学生创新创业大赛中,做好路演 PPT 绝对是一个加分项,要想在大赛里成功捧得奖项,路演 PPT 必须精心制作! 那究竟怎样才能做出一个可以获奖的路演 PPT 呢? 一份能够斩获高分的路演 PPT,其内容必定会包含这八个关键部分:项目概述、痛点需求、产品服务、竞争分析、商业模式、团队介绍、项目现状、规划融资。同时还要结合各类赛事评审规则,融入相关评审规则部分。

(一) 项目概述

这部分极其重要,建议做个视频来讲清楚这个项目究竟是什么。项目概述需要概括项目的核心信息,所以 PPT 在展示这部分时要做到简单、直接且有高度,还要明确说出项目使命以及取得了何种成绩等,例如你正在进行 "建设 5G 智慧医疗 + 卫生健康云项目" 时,就可以简单直接地说明这是一个基于 5G 技术的智慧医疗与卫生健康云融合项目,致力于打造高效、便捷、智能的医疗健康服务体系。

(二) 痛点需求

这需要说明为什么要做这个项目,也就是市场痛点。对于项目痛点,要做到分析时有理有据,可以从政策、市场、行业、用户等方面着手分析,比如:分析当前医疗行业在信息共享、远程诊断、医疗资源分配等方面存在的痛点,如信息不畅通导致重复检查、偏远地区医疗资源匮乏等,并用数据说明其严重性。同时要思考所阐述的痛点是否是真实的痛点,若是真实痛点,那是否足够痛。

(三) 产品服务

产品服务就是明确我们做的是什么项目。针对痛点需求,要介绍项目提供的解决方案,比如产品服务是什么,以及推广策略等都可以在这部分呈现,要突出我们项目的特色和竞争力,例如向评委介绍"建设 5G 智慧医疗 + 卫生健康云项目"时,就可以介绍其产品服务,包括如何利用 5G 实现实时数据传输、智能诊断辅助、远程医疗,以及健康云平台的功能和优势等。

(四) 竞争分析

列出现有的和潜在的竞争对手,分析直接竞争对手的优劣势;分析潜在竞争对手或可取代产品 / 服务的优劣势;公司在市场竞争中所处的地位;竞争对手的投资人及融资情况;让投资人了解你跟谁竞争、为什么你的解决方案更好、为何你能盈利。

(五) 商业模式

商业模式即盈利模式。怎么赚钱? 怎么传递价值? 核心竞争力是什么? 描述收入模式、定价、从每个客户上可获得的平均收入或其终身价值、现有客户和正在开发的客户清单。如何销售你的产品 / 服务,是直销还是渠道分销? 如果是直销,有多少销售人员? 有哪些区域? 销售周期多长? 什么样的销售政策? 如果分销,经销商是谁? 需要多少经销商? 区域如何划分? 让投资人看到公司的产品 / 服务有适合的方式触达客户。

(六) 团队介绍

这里要明确是谁来做这个项目。团队介绍要体现出专业、奉献和态度。毕竟要说明为什么这个项目该由我们来做,也就是我们在产品、技术、运营、财务、人事等方面都有哪些优势。对于一个项目而言,团队是核心竞争力的来源之一,要客观专业地介绍团队成员,展示团队成员的专业、能力以及对本项目的贡献和意义等,还可以在路演中通过具体事例等,体现出成员对项目的实际贡献以及真正投入项目的专注态度。

(七) 项目现状

项目现状也就是要明确我们现在做到何种程度,我们的产品开发出来了吗,卖了多少,服务了多少人,营收情况如何,等等。在这部分要有图、有数据、有进度,使用图片或具体数据等对项目现阶段取得的成果进行展示,能让评委直观地了解截至目前项目所取得的进展与效果,以及现阶段项目的情况。

(八) 规划融资

这里要说明我们需要多少钱,是否需要融资、向谁融资(股权的分配)、如何融资,资金如何管理(什么时候使用,使用在哪里,资金如何退出等)。要用数据向评委清晰地说明这些问题。

三、路演 PPT 的设计

进入决赛路演阶段,项目要用路演 PPT 进行现场路演并回答评委的提问。此时展示的路演 PPT 是商业计划书的精华概括,要能配合路演人 5~10 分钟的讲解,让评委迅速看到项目亮点,给评委留下深刻印象。路演 PPT 在内容上不求全面,但求精练,展示的一定是项目最核心的内容,并配上精美的排版设计,给路演人的路演充当最给力的助攻。

整个路演 PPT 可以按照以下六个阶段来阐述:What——你要做什么;Why now——行业与市场现状;How——如何做及现状描述;Who——你的团队;Why you——你的优势;How much——财务预测与融资计划。

(一) 第一部分——What(2~3 页)

这部分讲清楚你要做什么。可以从用户有什么样的痛点入手,用 PPT 讲清楚你准备干一件什么样的事。你要做的事应该是一两句话就能说清楚的,最好能配上简单的上下游图或功能示意图,让评委对要做的事一目了然。这里核心是要突出专注,表明你就想做一件事,而且就想解决这件事中的某一个关键问题,不要追求大而全,要发挥专业特长,专注聚焦。

（二）第二部分——Why now（2~3 页）

这部分讲行业与市场现状，用 PPT 讲清楚项目相关的行业背景、市场发展趋势、市场规模、政策法规，要说明你在正确的时间做正确的事，而且市场容量大，市场容量大不一定有大的需求，要描述在目前的市场背景下，你的项目抓住的用户痛点，是否急需解决，或者你的项目可以为用户带来更高性价比的产品或服务。

（三）第三部分——How（3~4 页）

这部分主要讲如何做及现状描述。用 PPT 讲清楚针对痛点需求项目提供的解决方案——产品服务是什么，推广策略以及商业模式实现的具体方案，包括产品的研发、生产、市场、销售策略，这里就是描述这个项目是如何实施的，以及最终达成的效果。在商业模式介绍上，能用图示表达的一定要用图示，确保信息传达简单清晰，使观众一目了然。不要用大段文字描述，不要为了凸显"高级"而将商业模式复杂化。一定要突出自己的独特价值、亮点和优势，明确面对的用户群是谁，要对横向竞品选取关键维度进行对比分析。项目现状要有图、有数据、有进度。使用图片 / 具体数据等对项目现阶段取得的成果等进行展示，旨在让评委直观感知项目至今的进展成效及当前所处的阶段状况。

（四）第四部分——Who（1~2 页）

这部分讲你的团队。团队成员照片风格要统一。不建议使用 CEO、CFO、COO 等称谓，可以使用项目负责人 / 总经理、技术负责人 / 技术总监、市场负责人 / 市场总监等。要对团队每个人的专业、背景、优势、分工进行简要介绍，可以对团队成员的持股情况以图形的形式进行展示。建议对指导教师以及企业顾问进行简要介绍。团队是项目核心竞争力的来源之一，要客观专业地介绍项目成员，精准地展现出项目成员对项目的意义所在，还可在路演中通过具体事例举例等方式，展示出项目成员的奉献及态度。如果是科技成果转化项目，一定要说明科技成果的专利权人、发明人与团队的关系。

（五）第五部分——Why you（1~2 页）

这部分讲你的优势。用 PPT 讲清楚你的项目和团队优势，事为先，人为重，让评委相信你要做的事非常有前景，而且你们团队很适合这个项目。回答好两个问题：为什么你们现在做这个项目，以及为什么你们能做成功。

（六）第六部分——How much（1~2 页）

这部分讲财务预测与融资计划。用 PPT 讲清楚项目未来规划如何、计划融资多少、用途是什么，用数据等向评委清晰展示。如果项目非常成熟，也可以写 3~5 年的财务预测，早期项目的盈利不重要，投资人主要对高增长性感兴趣。要表明你的融资计划需要多少资金，准备稀释多少股份，用这些资金干什么，达成什么目标。若项目此前已有融资记录，也应明确说明融资情况。

（七）介绍未来发展规划（1 页）

用图表的形式简要说明未来三年的发展规划。

（八）PPT 的封底即结束语（1 页）

不建议使用"谢谢""谢谢观赏""谢谢！请老师批评指正！"之类的文字。把项目名称、项目 LOGO、项目名称副标题放在 PPT 封底醒目位置上，也可最后一次强化你的最大亮点，比如说项目愿景以及个人联系方式等。

以上是路演 PPT 的主要内容逻辑，可以根据项目情况，形式多样化。

四、路演 PPT 设计注意事项

1. PPT 的整体风格要清晰，着色尽量不超过三种；字不如表，表不如图；页数控制在 10~15

页之间。

2. PPT 封面信息要充分,要写上参赛的组别、姓名、联系方式等内容。

3. 尽量不要以团队或公司的名字来定义项目,项目的名称应简短且易上口,可概括项目核心内容。

4. PPT 的模板选择非常重要,不要过于花里胡哨,要采用简约大方的模板。

5. 图文布局合理、逻辑清晰、重点突出,避免评委的视觉疲劳。

6. PPT 制作要精美,排版精细,不要出现参加其他赛事时用的字样和错别字,以免让评委感觉不被重视。

五、高质量项目路演准备策略

大学生创新创业大赛的决赛一般都以现场路演的方式来进行,现场路演就是一场精彩的公开表演,路演的同学就是舞台上的演员,要在 PPT 营造的氛围下,将创业项目与评委、观众进行分享并赢得共鸣。在规定的时间内将自己的项目生动有力地阐述出来,就成为创业团队比赛制胜的关键。要完成一场成功的路演,主要做好五个方面的准备:准备好路演稿、制作好路演 PPT、选择好路演人、熟悉好路演设备、做好路演练习。

(一) 准备好路演稿

项目路演的成功离不开高质量路演稿的准备。路演稿不仅能帮助路演人从容完成路演,避免现场紧张乱说话或无话可讲,还能通过对内容的精心设计,让路演更精彩、更打动人心。所以,顺利晋级省赛、国赛的项目,一定不要吝惜对路演稿的全力准备。

路演稿内容可划分为三部分:开场→项目介绍→结尾。

1. **开场** 设计项目路演的开场可以有以下 4 种方法:

(1)开门见山式(最常见):先问好,再介绍自己或项目情况,主要采用"公司 / 企业 + 路演人 + 学校 + 项目介绍"的形式展开项目介绍。

金奖项目实例(来自第六届金奖项目"全球脑神经外科手术规划云服务领航者"):大家好,我们来自 ×× 科技,我是浙江工业大学的博士生郑 ××,很荣幸今天来这里向大家推荐我们的项目——全球脑神经外科手术规划云服务领航者。

(2)设置悬念式:通过设置悬念来牢牢抓住听众的注意力,这个悬念可以是一个问题 / 一句话,也可以是现场做一个实验(结果需要等路演结束时揭晓),还可以是其他创新方式。

金奖项目实例(来自第五届金奖项目"声控大师 - 离线智能声控开关"):大家看到这个题目会非常奇怪——互联网这么发达,为什么要搞一个离线智能声控开关呢?

(3)情景代入式:讲个故事,让听众产生情感的共鸣,仿佛置身某个场景之中。有了这层共鸣后,后面的路演也更能打动听众。

金奖项目实例(来自第六届金奖项目"NASH 美育"):各位评委好,我是 NASH 美育的项目负责人,首先我想先跟大家分享一个冷知识,蜗牛有二万六千颗牙……

(4)视频导入式:简单问好后,通过视频介绍,先引起评委兴趣且让评委对项目有直观地了解,后续介绍时会更得心应手。

金奖项目实例(来自第五届亚军项目"回车科技——未来全脑智能行业定义者"):大家好,我是来自浙江大学的易 ××,我们先看看视频……

2. **项目介绍** 项目介绍是路演稿最重要的内容,是评委了解项目并打分的主要依据。好的项目介绍能让人听完就对项目有清晰明了的了解。要写好项目介绍部分的路演稿,内容要做到与路演 PPT 呼应,逻辑要做到清晰明了。项目介绍内容主要包括以下七个方面:市场痛点、商业模式、现状及规划、团队介绍、社会价值、经济价值、教育引领等。

3. 结尾 与开头类似,结尾的作用也不容忽视,一场高分路演一定是有头有尾、头尾分明的。通过观看往届金奖项目路演后可以发现,很多优秀项目都会选择在路演结束时,喊出自己的项目口号与愿景。

(二)制作好路演PPT

路演稿出来了,路演PPT的呈现结构也就出来了。根据路演稿的内容,只需在PPT中插入能够支撑其关键点的信息,例如关键事例、模型、数据及图片等。避免在PPT上堆砌大段文字,因为路演PPT的核心在于展示而非详尽阐述。内容整合完毕后,结合项目的特色,选取或制作一个合适的PPT模板,对演示文稿进行美化处理。无需追求极致精美,但务必确保排版整洁有序,使评委能够轻松阅读并感到愉悦。

(三)选择好路演人

路演人的选择很重要,其不仅要对参赛项目有全面系统的了解,还要对项目所处行业以及市场有一定的了解,同时具备较强的言语表达和应变能力。在答辩环节,如果路演人对项目有充分的了解,对评委提出的问题有条理、流利地进行回答,能直接体现出路演人对项目以及相关行业的关注与研究,评委能直接感知到项目团队的专业。形象好、气质佳的路演人会为路演锦上添花,但不是必要条件,最主要的是了解项目。

实际上最保险、最正确的做法是:团队成员人人都准备路演,人人随时都可路演。不仅仅是能够应对突发状况,还能促进团队成员对项目的理解。

(四)熟悉好路演设备

务必提前熟悉并熟练操作路演设备,路演时因为不熟悉操作现场出状况的团队不在少数,不但浪费时间,而且有可能影响评委对团队的第一印象。线下路演要提前熟悉不同电脑系统PPT如何播放、激光翻页笔如何使用、话筒如何使用等。线上路演要提前熟悉PPT投屏操作,提前测试自己的麦克风、摄像头,调节好灯光,摄像头角度等。

(五)做好路演练习

在确定PPT和人员分工后,需进行路演模拟和练习。练习的时候,路演人要对项目和PPT充分了解且熟记于心,切勿出现口吃、忘词、表达不清晰等问题;还要按照竞赛要求,严格控制好时间,根据模拟的时间对语速、节奏进行调整,切勿超时或时间所剩过多。对整个路演答辩的流程反复演练,要找到真实的路演场景去模拟路演。通过反复演练来提升路演人的路演水平。

凡事预则立,不预则废!做好以上路演准备,步步为营,稳扎稳打,会极大提升路演技能,增大评委青睐的概率,从而使你的项目在大赛中脱颖而出。

六、如何做好现场路演

俗话说:"路演十分钟,台下十年功。"一场成功的路演是引起评委、投资人关注的关键因素。如何展示团队风采和项目亮点?如何在有效时间内精准表达?如何在路演中讲好项目?我们主要从以下五个方面展开:熟悉路演环境、准备路演资料、打磨路演人、把控路演时间、掌握答辩技巧。

(一)熟悉路演环境

路演环境主要是场地和设备。

第一是场地。场地结构决定了需要采用的展示手法和路演同学在台上的站位与走位。一般较大的场地,比如体育馆、大会堂,可以用肢体丰富的语言或者相对大声的激情演讲,而相对较小的场地如教室、会议室主要适合幅度较小的肢体语言和娓娓道来的对话式陈述方式,因此想要达到更好的舞台效果,参赛团队需要事先了解场地,根据场地的实际情况设计入场的走位和展示的站位。

第二是设备。设备对路演效果影响巨大,路演人员需要事先对竞赛场地的电脑音箱、头顶灯光等设备进行必要检查,了解各个设备的性能,并结合自身需求进行调整,例如 PPT 中的视频能否播放、投影设备的颜色是否存在色差、翻页笔的使用是否顺畅等。

(二) 准备路演资料

参赛路演的资料主要有以下三项:

1. 路演 PPT 和项目展示视频(最重要) 用 U 盘事先拷贝好路演用的 PPT 和视频,最好准备双份 U 盘,同时参赛团队成员手机内都要存有一份路演 PPT,以备不时之需。

2. 路演稿(建议准备) 路演稿是 PPT 的整体缩影,直接服务于路演,在等候或者路演时,可以随时起到提醒、提示作用,助力路演人顺利完成演讲。

3. 项目实物或宣传、佐证资料等 项目有产品实物或相关宣传、佐证资料时,可整理好,由团队成员带到路演现场,配合路演人在现场展示给评委。

(三) 打磨路演人

当我们拥有一份完备的商业计划书、一份精美的路演 PPT,我们还需要有优秀的路演人,做好答辩的充分准备。路演人是项目的形象使者,对路演的成功起着关键作用。要选择合适的路演人,其通常是项目创始人或核心骨干。通过肢体语言、语音语调、神态感情等呈现演讲内容,从而打动评委和投资人。

1. 彬彬有礼 荀子有云:人无礼则不生,事无礼则不成。礼仪体现着一个人的文化修养和精神面貌,在不同场合,穿着得体、适度的人,会给人留下良好的印象。创赛项目路演亦是如此。

首先,着装打扮是前提。不管是线上还是线下,路演人服装总的来说应该遵循较为正式、庄重大方、与项目风格匹配的基本原则,注意服装颜色搭配、衬衫领带选择、皮鞋袜子颜色等,尽量做到标准全套正装配备。如果有项目定制的团队服装也是可以的。线下路演时,团队可统一着装以提升形象。着装不仅可以展现美学风采,还能增强评委视觉体验,进而为团队提升印象分数。

其次,讲究礼仪是保证。从上台路演到答辩结束离场,全过程举止端庄、文雅,手势、动作控制有度,与评委老师互动时,有礼貌、不争执,文明答辩。答辩前后,要对评委进行问好、致谢,特别是退场一定要注意礼仪,当主持人或者评委会请路演的同学离场时,建议路演人行一个大约 30° 的鞠躬礼,幅度不用太大,并以“好的,谢谢”或者“评委辛苦了”来表达谢意,退场时的行走速度不要太快,如果是在教室,关门时,一定要注意轻声关稳后再松手,避免过于放松而在离场后发出大的关门声,大家一定要始终如一,保持稳重大方的形象,体现出路演人的修养和素质。路演时还要注意自己的形体语言,站姿要一直面对着评委和观众,避免出现死亡角度;表情要自然放松,真心微笑,忌呆滞;手势要多用手掌少用手指,忌检阅、受伤、遮羞布式;移动要在允许的空间范围内适度走动,有效贴近评委,勿背对评委。

最后,精神面貌是目标。路演人要做到自信饱满、热情大方、慷慨激昂地进行项目路演,克服恐惧心理,要展示出团队最佳精神面貌。

2. 顺畅表达 路演人的顺畅表达至关重要,这是向评委展示项目作品的关键方式,也是团队实力的重要体现。要做到顺畅表达,对项目内容与路演 PPT 和路演稿要非常熟悉;路演人要顺畅表达必须参与项目研发的全过程、参与路演 PPT 制作、强化对路演 PPT 的熟悉度;亲自撰写路演稿,同时结合路演PPT反复练习。模拟项目路演,可以录音频,纠正语速、语音、语调、发音问题;录制视频,纠正不恰当的动作问题。

（四）把控路演时间

路演答辩的时间一般为5~10分钟（具体时间看各赛事安排）,但从实际路演情况来看,会出现时间剩余或不足的情况,这是路演的一大减分项。这就要求参加路演的团队在真实路演前进行反复练习,直到能精准控制在限制时间以内为止。即使稍有误差,时间差也应控制在1~5秒。

（五）掌握答辩技巧

在路演结束后,紧接着就是答辩时间。一般情况下,现场答辩的时间在3~5分钟,会有3~5个问题。答辩要掌握好以下六个技巧:

一是要逻辑清晰。答辩时回答要迅速、思路要清晰,可以用"首先、其次、再次""第一、第二、第三"等结构来回答。

二是切忌答非所问,混淆视听。针对评委的问题,没听清或者没听懂的,可以礼貌地再次询问:"麻烦您再说一遍可以吗?""请问您是这个意思吗?"回答时,先想想评委提问大致想考察什么,多用事实、数据论证自己的观点。实在不知道如何回答,就如实告知评委,说一堆无关内容反而减分。

三是要团队配合,默契协作回答。路演只需一个人,答辩可以多人协作,不过建议不超过3个人。答辩前须确定一个主答辩人,在答辩现场大家可以相互补台,以确保评委提出的每个问题都能得到回答。如果遇到自己擅长的、有把握的,则抢先回答:"好的评委老师,这个问题我来回答……"如果3~5秒内仍旧没有人抢答,则主答辩人就要着手回答了。所以,成员要不要主动回答以及主答辩人是否压轴回答,均要在3~5秒内做出回应。

四是不顶撞评委。对评委的批评和建议要谦虚接受,此时切记,不要直接反驳或者怼过去,可以先肯定评委的提议,继而讲出自己的方案,温和有力,最后再次感谢评委的宝贵建议。

五是不弄虚作假。针对某些问题,项目团队可能做得不够好或根本没做,不要撒谎欺骗评委或隐瞒内容,真诚地就事论事即可。更不要跟评委说涉及机密不能透露。

六是回答问题要简短有力,切勿长篇大论。回答问题的时候,尽可能言简意赅,重点突出,并且确保通俗易懂。经常遇到一个问题说了一大堆最后才进入重点或者讲太多辅助、延伸的内容,其实意义不大,反而浪费时间,有可能其他评委有问题、想了解,结果时间到了。

在路演前,建议大家从上述六个技巧出发,认真准备,最后路演中不求超常发挥,但绝不能失误。行百里者半九十,临近现场路演,我们不能懈怠,更要加倍努力、精心准备。

七、项目路演注意事项

好项目要吸引评委或投资人,路演是重要的一环,但创业者如何在路演现场"扮靓"项目,用最短的时间向投资方推荐好项目?如何才能吸引天使投资人?我们通过很多案例分析发现,纵使创业的项目多么有前景（"钱"景）,要获得评委或投资机构的青睐、吸引合作伙伴,还需在提升路演表述技巧上下功夫。路演注意事项包括"四要"和"四不要"。

（一）"四要"

1. 要提高PPT的效率 一定要做一个有视觉冲击力的PPT,太多的文字让观众迷茫,用简洁和凝练的语言表达出你的所思所想。要仔细斟酌自己每一页讲稿,确保没有多余的文字和图片,每一个元素都提醒你应该说什么,而不是将文字堆砌到PPT上。

PPT着色不能超过三种,字不如表,表不如图,PPT内容要逻辑清晰。PPT中侧重的部分,如商业模式、盈利模式、财务预测、市场竞争等,占 PPT 页数的比例应该是最高的,这几个问题分别做一个页面就够了。在设计 PPT 时,不仅要诠释项目本身值多少钱,将风险、竞争力、产业影响等分析详细,还得重视"准备怎么做才能让项目更值钱"。一个好的 PPT,能迅速让投资人了解你的项目,减少与投资人解释项目的时间成本,更多地与投资人探讨项目深度价值。路演时一定要记得多带一个存有 PPT 的 U 盘,以备不时之需。

2. 要有专注投入、舞台艺术感极强的路演人　众创资本创始人兼董事长谢利明先生曾提出这样一个观点:"路演必备的不是 PPT,"当然,后面还有半句:"是人。"谢利明先生还指出:"在路演上的表现,其实代表了演讲人对项目的投入程度。如果在路演上卡壳,讲不清楚项目,那么说明创业者自己对项目投入不够。如果创业者对项目已经深入骨髓,不可能讲不清楚。而没有十足投入的创业,怎么打动评委 / 投资人?"因此,如果团队创始人在演讲能力上有所欠缺,应安排或培训团队中富有表现力的成员负责项目路演。回答问题时的礼仪和正确理解问题对路演人提出了很高的要求,不仅需要具有较深的文化修养和专业水平,还需要思维敏捷、表达流畅。路演人是企业形象的化身,除外表形象的设计要多下功夫以外,言谈举止都必须给人以礼貌真诚的感觉。路演人一定要让听众的目光聚焦在你身上,合理使用你的非语言表达技巧。你可以通过眼神的交流、表情的传递、手势的示意、位置的移动、语音语调的变化与停顿来吸引听众注意力,提高互动的沟通效果。非语言表达技巧使用一定要适度,如使用过度就显得太做作了,容易出现适得其反的效果。

3. 要以评委 / 投资人视角自检项目痛点　项目路演时间有规定和限制,一般项目路演的时间只有 5~10 分钟,利用这么短的时间全方位地展示一个项目远远不够。为了能更好地展示项目,进行路演,站在评委 / 投资人关注的角度去设计、去自检项目"痛点"就显得尤为重要了。那么评委 / 投资人会关注项目的哪些点呢?

(1)创始人团队的实力展示:评委 / 投资人判断项目所需团队结构是否具有完成项目的能力。

(2)商业模式阐述:商业模式主要是展示一个项目是否具备可持续发展潜力的指标之一。

(3)同类产品或竞争对手的分析:通过对比,迅速让评委 / 投资人对项目有一个清晰的认知,形成直观优势对比。

(4)现行经营数据展示:10 万粉丝与 100 个粉丝,给评委 / 投资人的印象是不同的。

(5)融资计划以及退出机制说明:投资人是商人而不是慈善家,他们最关注投资回报。

4. 要能通俗易懂讲述项目的前景　创业者在路演前,一定要清楚自己的目的,以比赛、融资、寻找合作等为目的的路演中,要有不同的侧重点。比如参加竞赛的路演,就要尽量轻松,做到差异化;而在以融资为目的的路演中,就要把握住投资人的心理,突出自己的盈利模式、未来前景等;而在寻求合作的路演中,要尽量体现出自己与合作对象的互补性。

(二)"四不要"

1. 不要语速过快、声音过大　音量不能太大、太尖锐,也不能太小。一开始就要迅速观察最远的听众,如果露出困惑的表情,身体前倾或者以别的方式表明他们听得很费劲,那么就需要放大声音。音调和频率要根据内容和情景来变化,以营造富有热情和活力的气氛。还要做适当的停顿,让听众能有喘息的时间。

2. 不要使用过度语言　PPT 精彩,你的话应该更精彩。用讲故事的方式,把市场需求和解决方案形象生动地讲出来,比反复论证那些所谓的事实更加具有说服力。告诉评委 / 投资人目标用户是谁、项目如何启动、为什么你比其他创业者优秀以及给出一份清晰明了的财务预测,这对评委 / 投资人来说一点都不枯燥。把握好时间,不要讲太多专业用语,要通俗易懂。要从诸如销售数量、生产成本、日常开销等基础数据,来分析项目的现实性和可行性。避免使用"被过度使用"的词语,例如"市场领先的""病毒式爆发的""至关重要的""世界首创"……这些都是几十年前,每款软件为了表明自己对用户的友好性使用过的词语。

3. 不要超出规定时间 路演的时间是严格控制的,选手必须在规定的时间内完成路演,否则会影响到下一个环节的时间。通常,评委也认为不能严格把握时间的企业不守规矩,打分上一般会有考量。

4. 不要弄虚作假、答非所问 有些项目为了取得好成绩或者吸引注意力,会编造数据或者提供虚假的证据,这在项目参赛或者路演时是坚决不允许的。在路演时一定要实事求是,坦诚面对。路演的最后环节,一般为评委提问环节,需要选手来回答评委针对项目提出的问题。有些选手由于对项目缺乏深入研究,回答问题时就出现答非所问、顾左右而言他等现象。

【创业实践】

1. 做好小组分工,撰写一份创业项目商业计划书。

2. 制作项目路演 PPT。在已有商业计划书的基础上,以团队为组,制作一份用于项目路演的 PPT。

3. 项目路演比赛。项目路演 PPT 制作完成后,各小组选出路演人代表自己的创业团队,进行 5 分钟路演展示比赛。

4. 项目路演评估。全部展示后,要求学生将每组路演项目与演讲评估表(见表 14-1)中的项目进行比较,同时完成对每个路演的评估,并填入表 14-1 中。

表 14-1 演讲评估表

项目	评分	评论
创意(清晰易懂地描述产品或服务)		
顾客(明确描述初始目标市场及其规模)		
需求(明确陈述并理解问题或机会匹配)		
商业模式(各个要素是明确理解的)		
差异化(已经识别并证实了某些与目标顾客共鸣的独特特征)		
团队(团队拥有所需的技能、资源和经验)		
资金(融资计划是合理的,识别到了具体数量的资金需求)		

第十五章　知识产权与软件著作权

【创新金语】

中国始终高度重视知识产权保护,深入实施知识产权强国建设,加强知识产权法治保障,完善知识产权管理体制,不断强化知识产权全链条保护,持续优化创新环境和营商环境。

——2023 年 4 月 26 日习近平致中国与世界知识产权组织合作五十周年纪念暨宣传周主场活动的贺信

【案例】

大学生创业做校园小程序被告侵权,索赔 100 万!

小张是北京某知名高校计算机系的大四学生。眼看毕业季即将来临,小张和几个同学萌生了创业的想法。他们开发了一款名为"校园通"的小程序,集成了课表查询、二手交易、失物招领等功能,一经推出就在校内爆红。短短两个月,用户量突破 5 万,多家投资机构抛来橄榄枝,小张他们看到了人生第一桶金的希望。

然而,就在小张准备接受投资时,一场噩梦降临了。某天,小张收到一份法院传票,一家名为"智慧校园"的公司起诉他们侵犯知识产权,索赔 100 万元! 原告称,"校园通"小程序的核心功能与他们早已申请专利的"智慧校园系统"高度相似,构成侵权。小张他们这才恍然大悟,原来市面上早就有类似产品了。庭审当天,原告的律师咄咄逼人:"被告身为学生,难道不知道尊重知识产权的重要性吗? 这种行为简直是知法犯法! "眼看情况对自己不利,小张的代理律师突然提出了一个关键问题:"请问原告,你们的专利具体申请时间是什么时候? "原告自信满满地报出了日期,却不知这个回答成了整个案件的转折点。

小张的律师立即出示了一份证据:"我的当事人在大一时就参加过学校的创新创业大赛,当时就提交过'校园通'的设计方案。这份方案的时间比原告申请专利整整早了一年! "此言一出,原告当场就懵了! 这个出人意料的反转会给案件带来怎样的结果? 法院又会作出怎样的判决?

【解析】

这个案子涉及了专利法和创新创业等多个方面,让我们来分析一下:首先,根据《中华人民共和国专利法(2020 年修正)》,发明创造申请专利的权利属于发明人或者设计人,也就是说"先发明先申请"。其次,《中华人民共和国专利法(2020 年修正)》还规定了"先用权"原则,即他人在专利申请日前已经制造相同产品的,可以在原有范围内继续制造、使用。再看本案,小张他们在大一时就有了"校园通"的创意并形成了具体方案,这比原告的专利申请时间早了整整一年。虽然小张他们当时没有申请专利,但根据"先用权"原则,他们有权继续开发和使用自己的创意。

这起案件给我们上了生动的一课。对于满怀创业激情的大学生来说,要明白创新固然重要,但也要懂得保护自己的创意。一个好点子来之不易,要学会运用法律武器保护自己的智力成果。同时,在开展创业项目前,最好先做充分的市场调研和专利检索,避免无意中踩到他人的知识产权红线。对于已经在创业道路上的同学们,要记住及时将自己的创意申请专利或者版权保护。哪怕一时无法申请,也要留存好创意的原始记录,以备不时之需。希望各位大学生在追逐创业梦想的同时,也要学会用法律保护自己。毕竟,在这个信息时代,知识就是力量,创意就是财富。让我们一起为中国的创新创业贡献自己的力量!

第一节 知识产权的分类及保护的范围

根据《中华人民共和国民法典》的规定,知识产权是权利人依法就作品、发明、实用新型、外观设计、商标等客体享有的专有的权利。这些权利的保护范围包括作品、发明创造、商标品牌等,这些都是人类智力劳动的成果。

知识产权的英文为"intellectual property",也可以被翻译为智力成果权、智慧财产权或智力财产权。随着社会的进步和科技的发展,更多新型知识产权应运而生,如地理标志权、植物新品种权、集成电路布图设计权等。为了保护这些智力成果,法律对知识产权进行了多方面的规定,并采取了多种有效的保护措施。例如,对于侵犯知识产权的行为,权利人可以通过仲裁、调解、向人民法院提起民事诉讼等方式来寻求法律救济,具体措施包括发布禁令、停止侵权、赔偿损失等。此外,对于跨境的知识产权保护,还存在边境措施,如《TRIPS协定》规定的暂停放行假冒商标或盗版货物进入流通的申请。

一、知识产权的分类

传统的知识产权大致可以分为著作权、专利权、商标权,其中专利权和商标权合称为工业产权,即知识产权可以分为工业产权与版权(即著作权)两类。《中华人民共和国民法典》第一百二十三条规定:民事主体依法享有知识产权。知识产权是权利人依法就下列客体享有的专有的权利:

1. 作品;

2. 发明、实用新型、外观设计;

3. 商标;

4. 地理标志;

5. 商业秘密;

6. 集成电路布图设计;

7. 植物新品种;

8. 法律规定的其他客体。

(一)狭义的知识产权分类

1. **文学产权**(literature property) 包括著作权和邻接权。

2. **工业产权**(industrial property) 主要包括专利权和商标权。可来源于学校特色专业和优势学科的创新创业项目。

(二)广义的知识产权分类

1. **著作权**(copyright)

2. **邻接权**(related right)

3. 商标权（trade mark right）

4. 商号权（trade name right）

5. 商业秘密权（trade secret right）

6. 地理标记权（geographical indication right）

7. 专利权（patent right）

8. 集成电路布图设计权（integrated circuit layout-design right）

9. 植物新品种权（plant variety right）

10. 反不正当竞争权（anti-unfair competition right）

二、知识产权保护的主要范围

工业产权包括发明（专利）、商标、工业品外观设计和地理标志，版权则包括艺术和文学作品。专利保护期一般 20 年（超过该期限，该专利技术就进入了公共领域，为任何人自由地享有、使用），工业设计保护至少 10 年，商标可无限期保护。

著作权，是指权利主体依法对作品及其相关客体享有的专有权利。著作权有广义和狭义之分。狭义的著作权仅指权利主体对于作品（包括文学和艺术作品，文学作品诸如小说、诗歌和戏剧、电影、音乐作品；艺术作品诸如绘图、绘画、摄影、雕塑和建筑设计等）所享有的一系列专有权利。广义的著作权还包括邻接权，即权利主体对于作品之外的客体享有的一系列专有权利（包括表演艺术家对其表演的权利、录音制品制作者对其录音制品的权利以及广播电视组织对其广播和电视节目的权利）。著作权持续到作者逝世后 50 年。

除上述外，还有一种特殊的知识产权：商业秘密。《中华人民共和国民法典》第 123 条将商业秘密作为民事主体依法享有的知识产权予以保护。同时，在第 501 条中规定："当事人在订立合同过程中知悉的商业秘密或者其他应当保密的信息，无论合同是否成立，不得泄露或者不正当地使用；泄露、不正当地使用该商业秘密或者信息，造成对方损失的，应当承担赔偿责任。"知识产权保护期限时间情况见表 15-1。

表 15-1　知识产权保护期限时间情况表

名称	保护期限	可否续期
发明专利权	20 年	否
实用新型专利权	10 年	否
外观设计专利权	15 年	否
商标专用权	10 年	否
著作权（自然人作品）	作者有生之年加 50 年	否
著作权（法人作品、视听作品）	首次发表后 50 年	否
商业秘密、地理标志等	无时间限制	

第二节　软件著作权申报

计算机软件著作权是指自然人、法人或者其他组织对计算机软件作品享有的财产权利和精神权利的总称,包括发表权、署名权、修改权、复制权、发行权、出租权、信息网络传播权、翻译权以及其他权利。《中华人民共和国著作权法》第三条,规定了计算机软件是著作权的客体之一,即计算机软件可以构成著作权法意义上的作品。

2002年2月20日,国家版权局令第1号颁布了《计算机软件著作权登记办法》,其第二条:为促进我国软件产业发展,增强我国信息产业的创新能力和竞争能力,国家著作权行政管理部门鼓励软件登记,并对登记的软件予以重点保护。独立开发完成软件的自然人、法人或非法人组织以及通过合同约定、继承、受让或者承受软件著作权的自然人、法人或者非法人组织都可以成为著作权人。自然人的软件著作权,保护期为自然人终生及其死亡后50年,截止于自然人死亡后第50年的12月31日;软件是合作开发的,截止于最后死亡的自然人死亡后第50年的12月31日。法人或者其他组织的软件著作权,保护期为50年,截止于软件首次发表后第50年的12月31日,但软件自开发完成之日起50年内未发表的,不再给予保护。

申请软件著作权一般有两种方式,一种是通过代理申请(不同的代理商有不同的收费标准),另一种就是自己申请。

一、软件著作权登记材料

1. **申请表**　作品信息收集,包括软件名称、版本号、其他所需信息等。

2. **源代码**　提交登记软件源程序代码连续的前30页和连续的后30页,可以按开发时间排序,也可以按功能主次自定义排序,每页不少于50行,若总量不足60页,则应提供全部源程序。

3. **说明书**　一般用于描述程序的内容、组成、设计、功能规格、开发情况、测试结果及使用方法的文字资料和图表等,如程序设计说明书、流程图、用户手册等。所提供的文档还须有独自的登录界面、首页、功能栏讲解及详细的操作步骤,并应有完整的运行界面配图及有关功能的文字介绍,软件名称应与所申请的软件名称一致。文档需按要求提供连续的前30页和连续的后30页,每页不少于30行,若整个文档不足60页,则提交整个文档。内容不能过少,不能涉及他人享有著作权的作品,否则需要提供相关证明。

4. **身份证明文件**　企业法人应提交营业执照副本或统一社会信用代码证书原件的照片或扫描件;事业单位法人应提交事业单位法人证书副本或统一社会信用代码证书原件的照片或扫描件;机关法人应提交机关法人证书副本或统一信用代码证书原件的照片或扫描件;社团法人应提交社团法人登记证书或统一社会信用代码证书原件的照片或扫描件;自然人应提交身份证原件正反面照片或扫描件。

5. **其他证明文件**　委托开发的,应当提交委托开发合同原件的照片或扫描件;合作开发的,应当提交合作开发合同原件的照片或扫描件;受让取得软件著作权的,应当提交软件著作权转让合同或协议原件的照片或扫描件。

二、软件著作权申请流程

1. **准备提交电子版材料**　软件著作权登记申请表、软件的鉴别材料、软件说明书、软件源代码、相关的证明文件等,注意材料的完整性、准确性和合规性。

2. **注册账户、系统填报**　准备好所需的材料后,可以通过国家版权局指定的在线平台进行软件著作权登记申请。仔细核对所填写的信息和上传的材料,确保没有遗漏和错误。

3. **缴费**　提交软件著作权登记申请后,需要按照国家规定支付软件著作权登记费用。费用支付成功后,将会获得软件著作权登记受理通知书。

4. **提交审查**　支付费用后,国家版权局将对软件著作权登记申请进行审查。审查过程中,可能会要求申请人补充材料或说明情况。在审查期间,申请人需要保持联系方式畅通,随时响应审查要求。

5. **出证**　经审查,如果软件著作权登记申请被批准,申请人将会获得软件著作权登记证书。

第三节　专利申请书

专利申请书是发明人或申请人向国家专利局提交的法律文件,旨在请求授予专利权,保护发明创造的权益,主要用于申请发明专利、实用新型专利或外观设计专利,确保发明人在一定时期内对其发明享有独占权。填写申请书时,需按照专利局的标准表格和指南进行,专利申请书共包括四个申请文件:发明专利请求书、专利说明书(必要时应当提交说明书附图)、说明书摘要(必要时应当提交摘要附图)、权利要求书。

一、发明专利请求书

1. **名称**　名称充分体现主题,应实事求是、认真、准确、严谨、无歧义;必须简明扼要,既能概括表述发明的范畴、领域、类别,又不能泄露发明的核心特征;注意该名称要能反映出是产品的发明还是方法的发明,且与说明书中的名称相一致。

2. **发明人或设计人的姓名、地址**　地址要包括邮政编码。发明人指主要发明人,其他次要发明人需在下面栏目中填写。

3. **申请人的姓名、地址**　如果申请人是法人,除写明法人的联系电话、名称和地址外,还应当写明法定代表人、发明人或设计人的姓名和地址。

4. **专利代理机构**　假如发明人委托专利代理人或代理机构代办申请,还须写明专利代理机构的名称、地址以及代理人的姓名,并要求附上申请人签名或盖章的委托书和专利代理机构的登记号。

5. **申请费交纳情况和公布、展出及保密要求**　写明已缴纳申请费用数额及缴纳渠道。说明已在展览会上首次展出抑或已在会议上首次发表,涉及国家重大利益必须做保密处理。

6. **申请文件及附加文件清单**　申请文件包括:说明书、请求书、权利要求书、说明书附图、说明书摘要,并确保所有申请文件的份数与页数准确无误。附加文件包括:代理人委托书、实质审查请求书、要求优先权声明、不丧失新颖性证明文件、优先权证明材料、要求提出公开声明等。

7. **上述以外的发明人或申请人**

8. **申请人或代理人签章**

二、专利说明书

发明的内容须清晰、准确地告知,并且附图说明。需要详细介绍发明过程、所针对问题的特征及为解决这些问题所采用的相关技术内容,简述以前类似发明的技术情况及缺点,说明本发明采用何种方法克服这些弊病。撰写发明的技术内容要简明扼要并附图,要指出本发明的新颖性及所取得的重要技术成果。本专业人员按照说明书可重复完成,争取同行专家认可。

说明适用范围,举例说明实施的方式方法。

三、说明书摘要

发明的技术特点须简单说明。

四、权利要求书

以发明专利说明书为依据言简意赅地写明要求专利保护的范围,提出一项(或几项)独立的专利权项。

第四节　发明申报书

发明申报书是发明者向国家申报发明奖励的书面报告,用于激励科技人员的创造性,主要用于申报已经获得专利权的发明,以获得国家的奖励和认可。我国于 1978 年 12 月 28 日公布了《中华人民共和国发明奖励条例》,规定了所奖励的发明是一种重大的科学技术新成就,它必须同时具备下列三个条件:①前人所没有的;②先进的;③经过实践可以应用的。凡是符合上述条件的发明,均可申报发明奖。

发明申报书按照国家科学技术委员会制定的标准填写,必须详细描述发明的创新性、先进性和实用性,写好核心部分,这对发明的评价和奖励至关重要。主要内容包括:

1. 发明申报书名称、国际专利分类号、建议密级、批准密级和序号。

2. 发明名称,发明单位名称、发明人姓名。要简明、精准,与发明内容一致。

3. 申报部门(即受理申报书的部门)及其审查意见。

4. 起止时间,发明开始研制时间到通过鉴定或首次用于生产时间。

5. 申报日期,包括基层申报日期和部门申报日期。

6. 发明内容,时下国内外尚未解决的技术问题(写清所属的技术领域及主要用途,说明先进性及技术手段),发明的详细内容(尤其是技术核心)、权项(以发明内容为依据,可以是一项或多项,应简洁、概括)及作用意义(有具体数据支撑进行定量描述),可以应用的事实根据及保密要点。

7. 附件目录,包括国内外专利文献及非专利文献情况、技术鉴定证书、应用证明、发明人情况表。

8. 国家科技部发明评选委员会审批意见。

【创业实践】

1. 以项目组为单位模拟填写软件著作权申报文件。

2. 以专利项目为单位模拟填写发明申报书。

第十六章　创新创业项目评估与持续改进

【创新金语】

坚持"四个面向"的战略导向,面向世界科技前沿、面向经济主战场、面向国家重大需求、面向人民生命健康,加强科技创新全链条部署、全领域布局,全面增强科技实力和创新能力。

——习近平 2024 年 6 月 24 日在全国科技大会、国家科学技术奖励大会、

两院院士大会上的讲话

【案例】

用最好的透析为生命护航

"我们持有的'自抗凝性高通量血液透析器'技术,属于全球首创,在肾病透析治疗过程中,可以避免注射肝素,不仅效果更好,价格也更便宜。"

第三届中国"互联网+"大学生创新创业大赛总决赛中,四川大学"Niceky 自抗凝性高通量血液透析器"项目凭借一系列优势斩获金奖。

项目 CEO 秦政介绍,该项目于 2019 年已进入临床试验阶段,进行人体试验 114 例,并与四川大学华西医院在内的 6 家全国顶尖医院达成了专项合作关系。

我国血液透析市场从 2012 年至 2016 年一直呈现上升趋势,在 2016 年我国的透析市场规模超过 500 亿元;全球透析市场规模高达 5 000 亿元,且增长空间巨大。

基于这样严峻的形势以及庞大患病群体的强烈需求,由四川大学高分子学院赵长生教授领导研发的国产第一代血液透析器,于 2002 年成功问世。第一代血液透析器以其低成本得到市场的认可,国外产品不得不通过大幅度削价,即从原来 1 380 元的价格骤降至 500 元以稳定自己的市场份额。在此基础上,研发团队不断突破现有技术,加大研发力度,于 2009 年成功研发第二代血液透析器。第二代血液透析器不仅使得国外产品价格从 500 元降低至 200~300 元,而且完全打破国外产品的技术垄断,振兴了我国的民族工业。经过多年的技术沉淀,赵长生教授带领研发出第三代产品——Niceky 自抗凝性高通量血液透析器。

项目团队成员来自四川大学各专业,横跨本硕博,学科交叉、优势互补,CEO 秦政为四川大学临床医学八年制博士,参与了 Niceky 产品的研发与设计。

本项目的核心是血液透析过程中的核心耗材——血液透析膜的创新设计。通过引入羧基等肝素功能基团,合成类肝素共聚物,使产品拥有了核心优势——自抗凝性,这种自抗凝性免去了传统血液透析过程中注射肝素这一环节,也就避免了一系列并发症的发生,并且产品透析效果更好、价格更低。

Niceky 项目全球首创的技术避免了体外注射肝素,降低了患者的治疗风险。产品在各项临床指标上都占据优势。这意味着,Niceky 的透析效果是全面超过国际领先产品的。

自成立以来,Niceky 团队始终致力于技术研发、产品升级和专利申请,为中国以及世界的广大终末期肾病患者带来更多生的希望。

为帮助 Niceky 项目顺利完成商业化,加快产研结合,Niceky 团队多次前往四川大学华西医院肾脏内科实地调研。同时,基于当时血液透析器行业激烈的竞争环境以及中国庞大的肾病患者的强烈刚需,团队不断对产品的定价、项目的商业运营模式等进行调整,不断完善商业策划方案,期望在保证公司可持续发展的同时为肾病患者带来最大的效用。最终,团队将产品定价为 150 元 / 支,远低于当时市场上普遍使用的同类产品,这不仅大大节约了患者的治疗费用,还让更多的终末期肾病患者拥有了延续生命的权利。

项目运营方面,公司采用 OEM 生产模式,与代工厂商进行合作,前期代工生产,后期自产,通过直销和代理商销售给二甲及以上医院和专业的血透中心。到 2023 年通过打造代理商渠道,拓宽销售渠道至西南地区,市场份额已经占领全国地区 30% 的市场份额,并逐步进军国际市场。

【解析】

Niceky 自抗凝性高通量血液透析器项目是典型的高校科技成果转化项目。Niceky 项目全球首创的技术避免了体外注射肝素,降低了患者的治疗风险。产品在各项临床指标上都占据优势。项目团队能洞察用户需求,对市场极其敏感。团队成员来自四川大学各专业,横跨本硕博,学科交叉、优势互补,具有专业技术过硬、并能带队伍的技术带头人——CEO 秦政,其为四川大学临床医学八年制博士,参与了 Niceky 产品的研发与设计。项目具有低成本情况下的快速扩张能力且 Niceky 的透析效果全面超过国际同类领先产品。具有了以上优势,故 Niceky 自抗凝性高通量血液透析器项目在国赛中得到评委和投资人的青睐,不仅获得国赛金奖,更获得投资人的支持,他们帮助项目团队尽快进入产业化轨道,组建团队,厘清知识产权归属,让参赛团队所设想的 150 元 / 支的第三代自抗凝性高通量血液透析器早日面市,让更多的终末期肾病患者拥有延续生命的权利!

第一节　创新创业项目的评估标准与方法

同学们参加各类创新创业大赛,每种大赛都有着自己的评价指标体系以及评估标准,如果参赛之前不能弄清楚这些评估标准,那么就很难获得好的参赛成绩。创新创业项目一般都具有七项共性的评估指标,包括项目的项目团队、产品与服务、市场空间、商业模式、营销策略、风险分析和投资回报,这些指标都是专家打分的重点项,也是评委最关心的内容。

一、创新创业项目的评估标准

(一)项目团队

项目团队是评审专家关注的重点和进行评审的要点,项目团队可以围绕团队的专业性、互补性、协作性、创新性和荣誉性以及执行力来塑造自身的创业团队形象。评审的标准如下:

1. 团队的组成原则与组建过程是否科学合理;团队是否具有支撑项目成长的知识、技术和经验;是否有明确的使命愿景。

2. 团队的组织构架、人员配置、分工协作、能力结构、专业结构、合作机制、激励制度等的合理性情况。

(二) 产品与服务

产品与服务是专家评委对参赛项目的重点打分项。在描述项目的产品服务时,一定要完整地描述清楚你的创业项目内容是什么、你的服务内容和服务模式是什么、你的创业项目都有哪些特点、你的创业项目都有哪些优势、你的创新商业盈利模式是什么。进行产品描述时,你一定要清楚地告诉评委你的产品是什么、是基于哪些技术、采用了哪些原辅材料、通过什么样的设计和生产方式实现了你的产品原型,这个项目产品的使用性能如何、产品质量如何、生产成本如何、安全性如何、环保性如何;你要介绍清楚产品是为谁提供服务的、能够满足哪些客户的服务需求、服务的质量是怎样的、服务的效率是怎样的、服务的价格是怎样的、服务的预期效果如何、拟采用什么样的商业服务模式。

(三) 市场空间

如果项目的市场空间足够大,那你这个项目的天花板就会很高,如果这个项目的市场空间很小,再好的项目也不可能做得很大,所以你要全面和完整地描述这个项目的市场空间到底有多大、存量市场有多少、增量市场有多少,针对这个市场,你是要采取市场渗透的战略还是市场开发的战略。

(四) 商业模式

参赛者一定要介绍清楚你项目的商业模式,告诉评委你的项目服务模式是什么、通过优化设置哪些资源、采取哪些手段去挣钱。那什么样的商业模式才是更好的商业模式呢? 一般来讲,商业模式最好能突出创新性,具有颠覆性的能力,这种商业模式可以快速地抢占市场,可以持续获得大量的现金流,为公司带来造血能力。

(五) 营销策略

项目在实施的过程中离不开营销策划,好的营销策划可以使项目顺利开展和推进,差的营销策划则会影响到项目的开展。在参加创新创业大赛时,一定要围绕产品与服务,将项目的营销策略描述清楚,一般来说可以从产品、价格、渠道、促销以及宣传等五个维度完善和描述项目的营销策略。

(六) 风险分析

很多创新创业项目在风险控制部分描述过于简单,没有比较完善的风险分析与控制手段,其实评审在围绕着项目做提问的时候,也会问到项目团队如何把控风险的问题,这些风险分别是政策、市场、技术、管理、人才及资金等。

(七) 投资回报

一个项目如果投资回报率不高,那么即使有一流的技术和团队,即使有创新的服务模式和庞大的市场也很难获得成功。要尽可能地围绕投资回报的财务数据进行描述,突出项目的投资回报周期和投资回报率问题。

二、项目评估的方法

评估一个项目的好坏需要综合考虑多个因素,包括项目创新性、市场需求、风险评估、产品利润、产品效果、团队实力等。创业者需要进行深入的分析和研究,做出明智的决策。同时,创业者也需要不断学习和积累经验,提高自己的判断能力。

(一) 看项目

项目的创新性是判断其好坏的重要标准之一。具有创新性的项目更容易吸引用户和投资者的关注,也更容易在市场上脱颖而出。可以从产品或服务的独特性、技术含量、商业模式等方面来评估项目的创新性。

（二）看需求

要考察项目所针对的市场需求是否真实存在。可以通过市场调研、数据分析等方式，了解目标市场的规模、增长趋势、竞争情况等。如果市场需求大、增长潜力高、竞争相对较小，那么这个项目就有较大的发展空间。

（三）看风险

做项目一定要注重风险，一定要考量：项目最大的风险是什么？投资是多少？多久能回本？如果生意不好，会不会有亏损的风险？项目的模式合不合规？任何项目都存在一定的风险，创业者需要对项目的风险进行评估，可以从市场风险、技术风险、财务风险等方面来分析项目的风险，并制定相应的应对措施。

（四）看利润

做项目就是做生意，肯定是为了赚钱的，一定要有足够大的利润空间。

（五）看效果

做项目产品，首先肯定要看这个产品的效果、看用户的反馈，好的产品才会有复购、有转介绍，这样的产品才能长远。

（六）看团队

做项目时团队的赋能是特别重要的，有好的产品，也有资金，也有时间，但团队有没有能力把这个产品做好、卖好呢？团队是项目成功的关键因素之一。要考察团队成员的专业背景、经验、能力等。一个优秀的团队应该具备互补的技能和经验，能够有效地执行项目计划。

第二节　创新创业大赛评审项目原则

作为一名大学生，参加创新创业大赛需要经历校赛、省赛、国赛三个阶段，而每个阶段一般都分为初赛和决赛，初赛采取网评形式，决赛采取现场赛（路演）形式。第一次参加创新创业大赛的团队，一定要掌握项目竞赛网评和现场赛的评审原则，这样才能在竞赛中取得好成绩。

一、竞赛网评

（一）项目网评

什么是网评？网评是各类创新创业大赛的重要环节，也是评委评审项目的重要方式。在此环节中，评委远程线上阅读项目相关资料，按照评审规则为项目打分，赛事组委会依据评委网评打分对项目进行排名。网评的评委一般由投资人、企业家、高校专家等来担任。网评项目的资料主要包括：商业计划书，可以为 Word 版本或 PDF 版本；商业计划书 PPT 也就是网评版 PPT；项目视频（VCR）及佐证材料。

（二）竞赛评委网评的评审原则

1. 网评评审流程　网评评委在阅读项目资料了解完项目情况后，根据评审规则对项目进行打分。通常，评委最先查看的是项目 VCR；然后是商业计划书 PPT，通过 PPT 的内容结构以及呈现出来的关键信息，评委基本能快速了解项目的质量。如果评委想深入了解团队的项目或 PPT 上内容展示不完整的，评委也会选择继续查阅商业计划书 Word 版本或佐证材料。

2. 网评评审方式　网评一般按赛道分组进行，通常一组 5 位评委，根据 5 位评委的分数最终以求平均值的方式得到网评项目最终得分。大赛组委会再通过每个项目的得分对项目进行排序,最终确认进入现场赛(路演)的项目名单。

3. 网评评审原则　评委对项目的打分都是基于竞赛评审规则进行的,项目是否贴合赛道主题、对赛道重点是否理解,这些都是评委评审的关键点所在。所以,项目团队要对评审规则有足够的了解,读懂评审规则的每一点,实现高效率地备赛。除了依据竞赛评审规则评审外,评委在网评中,通过关注项目名称、项目 VCR、网评版 PPT、商业计划书等内容,对项目进行评审。

(1)项目名称:好的项目名称,可以直接给项目画龙点睛。85% 获奖项目的名字是由主标题和副标题组成的。主标题多是通过谐音字、拟人化手法概括项目主题或特点,副标题多是通过"项目定位＋产品"、"服务＋行业地位"补充说明项目亮点或功能。

(2)竞赛材料:竞赛材料包括商业计划书 Word 版本、商业计划书 PPT、项目 VCR 及佐证材料。商业计划书撰写及专业语言规范,表述简洁清晰;计划书 PPT 版本制作精美,图文并茂,数据翔实。

1)项目 VCR:若参赛团队提交有视频,评委首先都会观看视频,这样更能直观具象地了解项目。

2)商业计划书:一般参赛的商业计划书都在 30 页以上,甚至有的多达近百页。为了在最短的时间评审和挑选出最好的项目,评委一般都会通过快速阅读"项目执行概要、产品／模式介绍、商业模式、项目团队"等部分内容,来判定项目优秀与否。

3)佐证材料:通过对佐证材料的查阅,验证项目的实践／实验、孵化过程的真实性和完整性及取得的成效。

二、项目现场赛(路演)评审原则

创新创业大赛中,商业计划书是入场券,现场路演答辩则是决胜的关键。路演 PPT 与路演稿有机结合,配合路演答辩的完美表现,可以在有限的时间内最快获得评审的认可。除了依据竞赛评审规则对项目进行评审外,评委还会结合现场路演 PPT、路演时间、项目路演人及现场答辩对项目进行全面评审。

(一) 路演 PPT

按照创新创业各类竞赛评审规则、考核指标及评委关注点确定路演 PPT 布局和要点,确定路演稿内容及逻辑。路演 PPT 页数根据路演时间确定,一般在 20 页左右,包括导航页和内容页,二者一定要言简意赅、重点突出;整个 PPT 总颜色不超过三种;尽量不设置特效;图文并茂、数据翔实,逻辑通顺。

(二) 路演时间

各类竞赛对路演时间要求不一样,一般在 5~10 分钟。路演人一定要控制好时间,在规定时间内没有讲完项目,将会是项目的最大扣分项。

(三) 项目路演人

项目路演人必须熟悉项目,能脱稿且熟练地将项目讲清楚、展示完整;路演人着装宜是正装、简单大方通勤装、符合项目特征的职业装;路演人应选择台上最佳站位,即避开 PPT 且始终面对评委,坚定自信的眼神、面带微笑等面部神情会增强路演现场的感染力。

(四) 现场答辩

一是考核项目团队对项目的熟悉和了解程度,也就是项目的真实性;二是考核项目取得的成效;三是考核答辩人的精神状态及态度。听取问题要沉着冷静,既要自信,又要虚心,最重要的是要听准听清、听懂听明。

第三节 创新创业大赛中常见的答辩问题

无论是融资路演还是创新创业大赛,创业者在与投资人或评委互动交流的过程中,必然要面对犀利的问题与激烈的辩论。这些不留情面的提问和质疑,可能会让你陷入尴尬和慌乱,但也给了你反思的机会。不断思考和回应尖锐的问题是创业者迭代认知、快速成长的捷径。在创新创业大赛中,评委一般会从以下九个方面去考察项目:

(一) 定位与亮点

投资人 / 评委高频问题:

一句话说清楚:项目的定位是什么? 主营业务是什么?

项目的使命、愿景、价值观是什么? 组织文化是怎样的?

项目成功的关键因素是什么? 项目团队是否具备这些因素和条件?

项目的核心特色、亮点、创新点是什么?

项目的核心竞争力 / 核心优势 / 门槛壁垒 / 护城河是什么?

(二) 机会与风险

投资人 / 评委高频问题:

你所选择的是一个什么赛道(细分行业)? 行业背景、现状和发展趋势如何? 目前处于行业周期的什么阶段?

项目的目标用户群体是谁? 用户画像是什么 / 有哪些特征标签? 这个目标用户群体足够精准、细分和聚焦吗?

目标用户有着怎样的需求、痛点? 为什么说这是用户的刚性需求? 如何证明这是刚性需求?

针对用户需求痛点,市场上现有的解决方案 / 产品和服务有哪些? 效果怎么样? 有哪些核心的对比和评价指标? 有哪些需求痛点没有被解决?

创业项目能够满足什么需求? 解决什么痛点?

项目可能的应用场景有哪些? 目前聚焦的应用场景是什么?

行业市场空间有多大? 目标用户的规模、消费意愿和消费能力如何? 是怎么测算出来的? 依据是什么?

团队做过哪些相关市场调研工作? 市场调研分析是否充分? 存在什么问题和缺陷? 能否代表市场、行业及用户的真实情况? 如何证明这一点?

跟多少精准的目标用户直接面对面交流过? 用户有什么反馈? 有什么重要的结论和发现? 据此做了哪些项目和产品的优化改进?

项目最大的风险是什么? 还存在哪些潜在的风险? 如何规避和应对?

项目目前面临的主要问题和困难是什么? 如何解决?

如果出现某某问题(如宏观风险、产品风险、运营风险、团队风险等),该怎么办? 项目还有发展机会吗?

(三) 产品与技术

投资人 / 评委高频问题:

项目的产品体系是什么? 产品的技术原理、技术路径、工艺流程是什么? 效果如何? 如何认定、证明？

市场上现有的解决方案/产品和服务有什么特点、优势和不足（竞品分析）？我们的产品和解决方案有何差异化特色、创新优势、门槛壁垒？

市场上有没有其他解决方案/替代产品或替代方案也能满足用户需求？有没有与本项目相同或相似的产品、解决方案、技术路线？为什么没有？为什么别人不做？是做不了，还是已被证明错误/没市场/不值得做？为什么你们能做？

产品是否有效地解决了市场需求和痛点？有多少目标用户试用过产品？实际效果如何？有什么反馈和评价？

如何保护知识产权和商业秘密？是否有专利？这些专利和保护对本项目产品来说，是否具有不可替代的价值？

产品的核心技术、核心专利是公司或公司核心人员持有吗？如果不是，有相关的技术或专利授权吗？是如何授权的（入股、买断、按年付费还是其他）？授权了多长时间？要花费什么成本和代价？到期以后怎么办？

你们的产品和解决方案有何劣势？如何解决这些问题，弥补这些不足？

产品研发进展到什么程度？时间表如何？何时能够实现产品定型、规模量产（小规模量产、大规模量产）？

产品研发及上市是否需要经营许可和审批手续？这些手续证照都拿到了吗？何时能拿到？

产品如何生产？自己的工厂还是代工？代工厂找到了吗？如何合作（合作方式条款）？

产品的综合成本是多少？如何测算出来的？利润空间有多大？

产品是否容易复制和模仿？为什么竞争对手没有做同类产品？如果在某方面更具优势的企业（例如 BAT）做我们同类产品，该怎么办？还有机会吗？

有哪些技术是你们学生主导完成的？

产品技术有做过试验/测试吗？试验次数多少？在哪里做的？

（四）模式与营销

投资人/评委高频问题：

项目的商业模式是什么？有哪些利益相关方？利益相关方之间如何交易？

项目的运营模式是怎样的？主要流程和环节是什么？

项目的收入模型是怎样的？收入来源、盈利点有哪些？主要盈利点是什么？

商业模式得到验证了吗？是否已有销售收入？是否已有盈利？

产品如何定价？价格策略是什么（高价奢侈品、物美价廉、免费还是负价格补贴）？与市场竞品相比，价格有优势吗？成本和价格优势是如何做到的？用户会接受这个价格吗？

如何做品牌销售、推广获客？线上营销如何做？线下营销如何做？其中，最有效的营销获客方式是什么？

主流用户集中在哪里？如何快速打通主要渠道、实现快速推广获客？

主要的营销业绩指标有哪些？未来几年的销售计划和目标是什么？

（五）团队与资源

投资人/评委高频问题：

创始人及创业团队核心人员的背景、经历、能力、资源和经验如何？有没有创业经验？是否具有相关优势？

项目成功的关键因素和条件是什么？团队能力和资源与项目成功所需要的关键能力和资

源是否匹配?

团队核心成员、合伙人之间的能力组合是否具有完整性和互补性?

创业公司、创业团队过去取得过什么成就?在这个行业或相关领域有哪些积累?如果没有公司、项目相关业务成就,甚至没有工作经验,那么是否有学业成就、社会活动、社会实践与实习、获奖情况等方面成就?

项目核心门槛/壁垒/护城河是什么?团队的核心竞争力是什么?为什么你们适合做并且能做成这个项目?为什么别人做不了?

项目的组织架构是怎样的?如何分工协同?

团队的文化和价值观是怎样的?如何形成共识和凝聚力?如何激励团队?

指导老师对项目的贡献有哪些?既然你说指导老师在技术上提供了很大的帮助,具体有哪些帮助,请介绍下。那么既然指导老师在产品技术研发上投入这么多,起到这么大的贡献,学生成员在研发中又是起到哪些作用,承担什么角色呢?

在做项目实践过程中,是否会对你们学业产生影响?如果出现时间冲突,你们一般是怎么处理的?

项目的股权结构是怎样的?有技术、资源、老师或专家顾问、学校、国资占股吗?这个股权结构是否合理?有哪些历史原因?

股东的权责利是否对等?是否签订了股东协议或合伙人协议?协议中是否对权责利及如何退出等问题作了合理约定?

项目有哪些外部资源支持?如何证明确实能够得到这些支持?有哪些重要的专家顾问或外部合作伙伴?在哪些方面产生合作?合作关系是否长期稳定?不合作会产生什么影响?

(六)现状与规划

投资人/评委高频问题:

成立公司了吗?什么时间成立?项目什么时间启动的?

项目进展到什么程度了?取得了哪些成绩和里程碑(如产品研发、资质证照、生产、销售、收入、利润、融资等方面)?

目前项目面临的难点和问题是什么?

未来三年/五年发展规划是怎样的?有哪些业务发展指标?是如何预测和设定的?测算的依据是什么?

如何保证未来发展目标的实现?要采取哪些措施和行动?

项目是否具有可持续的发展空间?依据是什么?

(七)财务与融资

投资人/评委高频问题:

过去三年的财务状况:收入如何?利润如何?利润率、增长率如何?原因是什么?

未来三年的财务预测:收入如何?利润如何?利润率、增长率如何?预测依据和逻辑是什么?

何时实现盈亏平衡(点)?如果没有收入,何时能有收入?能有多少收入?如果没有盈利,何时能有利润?能有多少利润?

融资方式是什么?除了股权融资,有没有考虑其他的融资方式?

股权融资:需要融资多少钱?出让多少股份?

项目的估值是怎么测算出来的?有什么依据和逻辑?

融资的钱主要用在哪些地方?如何分配?这些钱能够支撑公司运营多长时间?实现什么

目标？钱花完了怎么办？

以前融过资吗？以前融资的基本情况如何？以前投资人的背景如何？关键投资条款如何约定？

投资人未来如何退出？能获得怎样的收益？

（八）教育维度问题

项目中有介绍××××创新协同育人中心,请问跟你们项目有什么关系吗？

你们在引领教育方面是怎么做的？

请问学校或二级学院有对你们这个项目起到帮助吗？具体有哪些？这些帮助对你们而言,你们觉得意义在哪里？

你觉得做这个项目,对你们成员来讲,其所带来的意义和价值在哪里？

（九）社会价值问题

你们这个项目直接带动就业的数量是如何估算出来的？有何依据？

你们这个项目的间接带动就业的规模数量是怎么测算出来的？依据在哪里？

项目介绍中提到已经助力实现××人的就业,请问有给这些人提供医疗保险和社会保险的缴纳服务吗？

你们项目对社会的价值意义体现在哪里？

第四节　通过反馈与学习不断优化创新创业项目

创新创业是大学生实现自我价值和社会价值的根本途径。通过创业实践,大学生把创新构想转化为社会现实,从而实现自己的创新和创业梦想,而自身创新和创业梦想的实现,一方面,表明了自身的价值得到了社会的认可;另一方面,创新和创业的结果必然会为整个社会的发展作出应有的贡献。创新创业既培养了大学生的创新精神,也培养了大学生的开拓进取精神。大学生参加创新创业比赛的过程中不但可以激发自己的潜能,展示个人的魄力,而且也可以为自己未来的大胆尝试提供一份信心和勇气。虽然参加了许多比赛,有时成绩不理想,但无论输赢,赛事都是一个很好的学习机会。通过比赛,可以拓展人脉,了解其他创业者的 PPT 制作和路演技巧。比赛中看到优秀的表现,更能帮助项目团队找到自己的不足并加以改进。那么项目团队如何通过反馈与学习不断优化创新创业项目呢？

项目的优化最重要的还是在成果的产出以及项目本身细节的打磨这两方面,这就需要团队成员了解往届比赛获奖项目的特点、多听取学长学姐的参赛经验等,因为每个不同的创新创业比赛都有不同的评价指标体系与要求,因此需要提前做好准备。做项目更重要的在于"做",对于项目出现的问题需要及时改进并有序地持续地推进项目孵化,为后续参加比赛做充足的准备。团队要通过以下方式不断优化项目,提升项目的优势,这样才能获得竞赛评委的认可。

（一）深度市场调研与用户需求洞察

要持续对项目通过文献检索或项目查新、发放调查问卷、开展座谈交流及实地走访等方式进行更深入的市场调研,了解市场的最新动态和变化。一是关注用户反馈,如果项目已有初步产品或服务,就收集用户的反馈并进行调整。二是行业趋势,分析行业发展趋势,确保项目能迎合甚至引领市场趋势。三是竞争分析,评估竞争对手的新动向,优化你的项目定位和竞争策略。

（二）积极参加社会实践活动，验证项目痛点和需求

定期深入项目研究所在的领域，开展社会实践和实验，参与项目研讨、科普讲座、志愿活动，获取更多的项目实证资料。

（三）参加各类创新创业竞赛，打磨和孵化项目

通过创新创业大赛，不仅能展示项目，还能接触到投资人和行业专家，获得他们的反馈和建议。这些交流可以帮助项目团队更好地了解市场需求，找准定位，并优化商业模式。持续利用这些资源和机会可使项目不断调整和发展。

（四）聚焦评审规则，理清侧重方向

对标评审规则来撰写 PPT 或者商业计划书，这无疑对熟知赛道规则、加深对比赛的理解有很大帮助。项目团队要明白自己的项目属于哪个赛道，聚焦该赛道中的评审规则，把评审要点、内容、分值理顺，突出自己的亮点，这样才能走得更远。

（五）做好项目后续跟进，提升项目优势效果

围绕项目强化其创新性与独特性。项目团队要经常在导师的指导下，审视项目的技术核心，寻找能够进一步创新的空间。研究最新的技术趋势，看看是否能与项目相结合。同时要分析竞争对手，找出项目的独特卖点，并突出这些差异化特点。

（六）优化商业模式与财务规划

细化商业模式，明确项目的盈利模式，并验证其可行性。考虑如何在不同市场条件下优化收入来源。精细化财务预测，重新审视财务预测，确保其合理性与现实性。增加不同场景下的财务模拟，增强计划的稳健性。

（七）提升团队表现与协作效率

加强团队沟通，确保团队成员之间的信息流畅，并保持项目目标的一致性。提升成员能力，针对项目的核心需求进行针对性的培训，提升团队的整体技能水平。

（八）完善展示材料与演示技巧

进一步打磨项目的展示材料商业计划书、VCR 及 PPT，确保其内容精简、视觉效果突出，同时强调项目的核心价值。强化演示技巧训练，不断加强答辩和演示训练，确保团队成员能够流畅且自信地传达项目信息。

（九）模拟答辩与专家评审

定期邀请专家或有经验的导师进行模拟评审，获取专业反馈，并根据反馈调整项目细节。设计多种答辩场景和问题，并进行针对性的演练，确保团队能够灵活应对各种情况。

【创业实践】

1. 项目团队围绕项目痛点及市场需求，设计一份市场调研问卷并做出分析报告。

2. 针对团队项目，设计路演现场答辩问题并作出回答。

3. 根据创新创业项目的评估标准与方法，对团队研究的项目进行评估，找出存在的问题并将其完善。

附　录

附录1 全球医学教育最基本要求(GMER)

(一) 全球医学教育最基本要求(GMER)的制定过程

1999 年 6 月 9 日,受美国纽约中华医学基金会(简称 CMB)资助,国际医学教育组织(Institute for International Medical Education,以下简称 IIME)在纽约成立,其主要工作是在定义"全球医学教育最基本要求"方面发挥领导作用。通过"最基本要求",使得在任何国家培养的医生都达到在医学知识、技能、职业态度、行为和价值观等方面的最基本要求。另外,该组织还建立了全世界 1 800 余个医学院校基本信息资料库,对医学教育全球化有重要意义。

IIME 的委员和专家来自数十个国家和地区,代表了世界上很多权威的医学教育机构,如美国医学会、非洲医学会、欧洲医学教育协会、美国医学院协会、加拿大医学院协会、美国外国医学毕业生教育委员会、日本医学教育协会、美国国家医学考试委员会、俄罗斯高级研究院、中国医学院校、世界医学教育联合会(WFME)和世界卫生组织(WHO)等。经过 3 年多的努力,全球医学教育最基本要求(global minimum essential requirements in medical education,简称 GMER)终稿于 2002 年 3 月正式发表在杂志 *Medical Teacher* 上,在全球范围内产生了很大影响。

(二) "全球医学教育最基本要求"的内容

IIME 将"最基本要求"归纳为七个领域和具体的 60 条标准,其主要内容包括:

1. 医学职业价值、态度、行为和伦理 敬业精神和伦理行为是医疗实践的核心。敬业精神不仅包括医学知识和技能,而且也包括对一组共同价值的承诺、自觉地建立和加强这些价值,以及维护这些价值的责任等。此列为整个标准体系之首,可见其特别重要。该方面共设 11 条具体标准。

认识医学职业的基本要素,包括这一职业的基本道德规范、伦理原则和法律责任;正确的职业价值包括追求卓越、利他主义、责任感、同情心、热情、负责、诚实、正直和严谨的科学态度;懂得每一名医生都必须促进、保护和强化上述医学职业的各个基本要素,从而能保证患者、专业和全社会的利益;认识到良好的医疗实践取决于在尊重患者的福利、文化多样性、信仰和自主权的前提下,医生、患者和患者家庭之间的相互理解和良好关系;用合乎情理的说理以及决策等方法解决伦理、法律和职业方面问题的能力,包括由于经济遏制、卫生保健的商业化和科学进步等原因引发的各种冲突;自我调整的能力,认识到不断进行自我反思的重要性和个人的知识和能力的局限性,包括个人医学知识的不足等;尊重同事和其他卫生专业人员,并具有和他们建立积极的合作关系的能力;认识到提供临终关怀,包括缓解症状的道德责任;认识有关患者文件、知识产权的权益、保密和剽窃的伦理和医学问题;能计划和处理自己的时间和活动,面对事物的不确定性,有适应各种变化的能力;认识对每个患者的医疗保健所负有的个人责任。

2. 医学科学基础知识 毕业生必须具备坚实的医学科学基础知识,并且能够应用这些知识解决医疗实际问题。毕业生必须懂得医疗决定和行动的各种原则,并且能够因时、因事而异地作出必要的反应。为此,医学毕业生必须掌握以下知识:

人体作为一个复杂的、具有适应性的生物系统的正常结构和功能;疾病发生时机体结构和功能的异常改变;正常和异常行为;决定健康和疾病的各种重要因素和影响健康的危险因素、人类同自然和社会环境之间的相互影响;维持机体平衡的分子、细胞、生化和生理机制;人类的生命周期及生长、发育、衰老对个人、家庭和社会的影响;急、慢性疾病的病因学和发生发展过程;流行病学和卫生管理;药物作用的原理和使用原则、不同治疗方法的效果;在急、慢性疾病防治、康复和临终关怀中,恰当地使用药物的、外科的、心理的、社会的各种干预措施。

3. 交流与沟通技能　医生应当通过有效的沟通创造一个便于与患者、患者亲属、同事、卫生保健队伍其他成员和公众之间进行相互学习的环境。为了提高医疗方案的准确性和患者的满意度,毕业生必须达到以下9条标准。

注意倾听,收集和综合与各种问题有关的信息,并能理解其实质内容;会运用沟通技巧,对患者及他们的家属有深入的了解,并使他们能以平等的合作者的身份接受医疗方案;有效地与同事、教师、社区、其他部门以及公共媒体之间进行沟通和交流;通过有效的团队协作与涉及医疗保健的其他专业人员合作共事;具有教别人学习的能力和积极的态度;对有助于改善与患者及社区之间的关系的文化和个人的因素的敏感性;有效地进行口头和书面的沟通;建立和妥善保管医疗档案;能综合并向听众介绍适合他们需要的信息,与他们讨论关于解决个人和社会重要问题的可到达的和可接受的行动计划。

4. 临床技能　设10条标准。

采集包括职业卫生等在内的相应病史资料;进行全面的体格和精神状态检查;运用基本的诊断和技术规程,对所获得的观察结果进行分析和解释,确定问题的性质;运用循证医学的原则,在挽救生命的过程中采用恰当的诊断和治疗手段;运用临床思维,确立诊断和制订治疗方案;识别危及生命的紧急情况和处理常见的急症病例;以有效果的、有效率的和合乎伦理的方法,对患者作出包括健康促进和疾病预防在内的处理;对患者的健康问题进行评价和分析,并指导患者重视生理、心理、社会和文化的各种影响健康的因素;懂得对人力资源和各种诊断干预,医疗设备和卫生保健设施的适宜使用;发展独立,自我引导学习的能力,以便在整个职业生涯中更好地获得新知识和技能。

5. 群体健康和医疗卫生系统　医学毕业生应当知道他们在保护和促进人类健康中应起的作用,并能够采取相应的行动,他们应当了解卫生系统组织的原则及其经济和立法的基础,也应当对卫生保健系统的有效果和有效率的管理有基本的了解。设9条标准。

掌握对一个群体的健康和疾病起重要作用的生活方式、遗传、人口学、环境、社会、经济、心理和文化的各种因素的知识;懂得他们在预防疾病,伤害和意外事故中,以及在维持和促进个人、家庭和社区健康中应起的作用和应能采取的行动;了解国际卫生状况,具有社会意义的慢性病的发病和病死的全球趋势,迁移、贸易和环境等因素对健康的影响,各种国际卫生组织的作用等;认识到其他卫生人员和与卫生相关的人员在向个人、群体和社会提供卫生保健服务中的作用和责任;理解在健康促进干预中需要各方面共同负责,包括接受卫生服务的人群的合作和卫生保健各部间的以及跨部门的合作;了解卫生系统的各种基本要素,如政策、组织、筹资,针对卫生保健费用上升的成本遏制、卫生保健服务的有效管理原则等;了解卫生保健服务的公平性、效果和质量的各种机制;在卫生决策中运用国家、地区和当地的调查以及人口学和流行病学的资料;在卫生工作中,当需要和适宜时乐于接受别人的领导。

6. 信息管理　医疗实践和卫生系统的管理有赖于有效的、源源不断的知识和信息,计算机和通信技术的进步对教育和信息的分析和管理提供了有效的工具和手段,使用计算机系统有助于从文献中寻找信息,分析和联系患者的资料,因此,毕业生必须了解信息技术和知识的用途和局限性,并能够在解决医疗问题和决策中合理应用这些技术,本项设5条标准。

从不同的数据库和数据源中检索、收集、组织和分析有关卫生和生物医学信息;从临床医学数据库中检索特定患者的信息；运用信息和通信技术帮助诊断、治疗和预防以及对健康状况的调查和监控；懂得信息技术的运用及其局限性；保存医疗工作的记录，以便进行分析和改进。

7. 批判性思维　对现有的知识、技术和信息进行批判性的评价，是解决问题所必须具备的能力。医生如果要保持行医的资格，他们就必须不断地获取新的科学知识和新的技能，进行良好的医疗实践，必须具有科学思维能力和使用科学的方法，本项设 6 条标准。

在职业活动中表现出有分析批判的精神，有根据的怀疑，创造精神和对事物进行研究的态度；懂得根据从不同信息来源获得的信息在确定疾病的病因、治疗和预防中进行科学思维的重要性和局限性；应用个人判断来分析和评论问题，主动寻求信息而不是等待别人提供信息；根据从不同来源获得的相关信息，运用科学思维去识别、阐明和解决患者的问题；理解在作出医疗决定中应考虑到问题的复杂性、不确定性和概率；提出假设，收集并评价各种资料，从而解决问题。

总之，在完成本科医学教育学习时，毕业生能显示出专业能力。这些专业能力将确保在所有环境中领会和关注患者的适应性，在卫生保健监控下提供最佳服务；把对疾病和损伤处理的与健康促进和疾病预防相结合的能力；团队中协作共事和进行领导的能力；对患者和公众进行有关健康、疾病、危险因素的教育、建议和咨询的能力；能认识自身不足、自我评价和同行评估的需要，能进行自导学习和在职业生涯中不断自我完善的能力；在维护职业价值和伦理的最高准则的同时，适应变化中的疾病谱、医疗实践条件和需求，医学信息技术发展，科技进步，卫生保健组织体系变化的能力。

附录2 国务院办公厅关于深化高等学校创新创业教育改革的实施意见

国办发〔2015〕36号

各省、自治区、直辖市人民政府,国务院各部委、各直属机构:

深化高等学校创新创业教育改革,是国家实施创新驱动发展战略、促进经济提质增效升级的迫切需要,是推进高等教育综合改革、促进高校毕业生更高质量创业就业的重要举措。党的十八大对创新创业人才培养作出重要部署,国务院对加强创新创业教育提出明确要求。近年来,高校创新创业教育不断加强,取得了积极进展,对提高高等教育质量、促进学生全面发展、推动毕业生创业就业、服务国家现代化建设发挥了重要作用。但也存在一些不容忽视的突出问题,主要是一些地方和高校重视不够,创新创业教育理念滞后,与专业教育结合不紧,与实践脱节;教师开展创新创业教育的意识和能力欠缺,教学方式方法单一,针对性实效性不强;实践平台短缺,指导帮扶不到位,创新创业教育体系亟待健全。为了进一步推动大众创业、万众创新,经国务院同意,现就深化高校创新创业教育改革提出如下实施意见。

一、总体要求

(一)指导思想

全面贯彻党的教育方针,落实立德树人根本任务,坚持创新引领创业、创业带动就业,主动适应经济发展新常态,以推进素质教育为主题,以提高人才培养质量为核心,以创新人才培养机制为重点,以完善条件和政策保障为支撑,促进高等教育与科技、经济、社会紧密结合,加快培养规模宏大、富有创新精神、勇于投身实践的创新创业人才队伍,不断提高高等教育对稳增长促改革调结构惠民生的贡献度,为建设创新型国家、实现"两个一百年"奋斗目标和中华民族伟大复兴的中国梦提供强大的人才智力支撑。

(二)基本原则

坚持育人为本,提高培养质量。把深化高校创新创业教育改革作为推进高等教育综合改革的突破口,树立先进的创新创业教育理念,面向全体、分类施教、结合专业、强化实践,促进学生全面发展,提升人力资本素质,努力造就大众创业、万众创新的生力军。

坚持问题导向,补齐培养短板。把解决高校创新创业教育存在的突出问题作为深化高校创新创业教育改革的着力点,融入人才培养体系,丰富课程、创新教法、强化师资、改进帮扶,推进教学、科研、实践紧密结合,突破人才培养薄弱环节,增强学生的创新精神、创业意识和创新创业能力。

坚持协同推进,汇聚培养合力。把完善高校创新创业教育体制机制作为深化高校创新创业教育改革的支撑点,集聚创新创业教育要素与资源,统一领导、齐抓共管、开放合作、全员参与,形成全社会关心支持创新创业教育和学生创新创业的良好生态环境。

(三)总体目标

2015年起全面深化高校创新创业教育改革。2017年取得重要进展,形成科学先进、广泛认同、具有中国特色的创新创业教育理念,形成一批可复制可推广的制度成果,普及创新创业教育,实现新一轮大学生创业引领计划预期目标。到2020年建立健全课堂教学、自主学习、结合实践、指导帮扶、文化引领融为一体的高校创新创业教育体系,人才培养质量显著提升,学生的创新精神、创业意识和创新创业能力明显增强,投身创业实践的学生显著增加。

二、主要任务和措施

(一)完善人才培养质量标准

制订实施本科专业类教学质量国家标准,修订实施高职高专专业教学标准和博士、硕士学位基本要求,明确本科、高职高专、研究生创新创业教育目标要求,使创新精神、创业意识和创新创业能力成为评价人才培养质量的重要指标。相关部门、科研院所、行业企业及时修订专业人才评价标准,细化创新创业素质能力要求。不同层次、类型、区域高校要结合办学定位、服务面向和创新创业教育目标要求,制订专业教学质量标准,修订人才培养方案。

(二)创新人才培养机制

实施高校毕业生就业和重点产业人才供需年度报告制度,完善学科专业预警、退出管理办法,探索建立需求导向的学科专业结构和创业就业导向的人才培养类型结构调整新机制,促进人才培养与经济社会发展、创业就业需求紧密对接。深入实施系列"卓越计划"、科教结合协同育人行动计划等,多形式举办创新创业教育实验班,探索建立校校、校企、校地、校所以及国际合作的协同育人新机制,积极吸引社会资源和国外优质教育资源投入创新创业人才培养。高校要打通一级学科或专业类下相近学科专业的基础课程,开设跨学科专业的交叉课程,探索建立跨院系、跨学科、跨专业交叉培养创新创业人才的新机制,促进人才培养由学科专业单一型向多学科融合型转变。

(三)健全创新创业教育课程体系

各高校要根据人才培养定位和创新创业教育目标要求,促进专业教育与创新创业教育有机融合,调整专业课程设置,挖掘和充实各类专业课程的创新创业教育资源,在传授专业知识过程中加强创新创业教育。面向全体学生开发开设研究方法、学科前沿、创业基础、就业创业指导等方面的必修课和选修课,纳入学分管理,建设依次递进、有机衔接、科学合理的创新创业教育专门课程群。各地区、各高校要加快创新创业教育优质课程信息化建设,推出一批资源共享的慕课、视频公开课等在线开放课程。建立在线开放课程学习认证和学分认定制度。组织学科带头人、行业企业优秀人才,联合编写具有科学性、先进性、适用性的创新创业教育重点教材。

(四)改革教学方法和考核方式

各高校要广泛开展启发式、讨论式、参与式教学,扩大小班化教学覆盖面,推动教师把国际前沿学术发展、最新研究成果和实践经验融入课堂教学,注重培养学生的批判性和创造性思维,激发创新创业灵感。运用大数据技术,掌握不同学生学习需求和规律,为学生自主学习提供更加丰富多样的教育资源。改革考试考核内容和方式,注重考查学生运用知识分析、解决问题的能力,探索非标准答案考试,破除"高分低能"的积弊。

(五)强化创新创业实践

各高校要加强专业实验室、虚拟仿真实验室、创业实验室和训练中心建设,促进实验教学平台共享。各地区、各高校科技创新资源原则上向全体在校学生开放,开放情况纳入各类研究基地、重点实验室、科技园评估标准。鼓励各地区、各高校充分利用各种资源建设大学科技园、大学生创业园、创业孵化基地和小微企业创业基地,作为创业教育实践平台,建好一批大学生校外实践教育基地、创业示范基地、科技创业实习基地和职业院校实训基地。完善国家、地方、高校三级创新创业实训教学体系，深入实施大学生创新创业训练计划，扩大覆盖面，促进项目落地转化。举办全国大学生创新创业大赛，办好全国职业院校技能大赛，支持举办各类科技创新、创意设计、创业计划等专题竞赛。支持高校学生成立创新创业协会、创业俱乐部等社团，举办创新创业讲座论坛，开展创新创业实践。

（六）改革教学和学籍管理制度

各高校要设置合理的创新创业学分，建立创新创业学分积累与转换制度，探索将学生开展创新实验、发表论文、获得专利和自主创业等情况折算为学分，将学生参与课题研究、项目实验等活动认定为课堂学习。为有意愿有潜质的学生制订创新创业能力培养计划，建立创新创业档案和成绩单，客观记录并量化评价学生开展创新创业活动情况。优先支持参与创新创业的学生转入相关专业学习。实施弹性学制，放宽学生修业年限，允许调整学业进程、保留学籍休学创新创业。设立创新创业奖学金，并在现有相关评优评先项目中拿出一定比例用于表彰优秀创新创业的学生。

（七）加强教师创新创业教育教学能力建设

各地区、各高校要明确全体教师创新创业教育责任，完善专业技术职务评聘和绩效考核标准，加强创新创业教育的考核评价。配齐配强创新创业教育与创业就业指导专职教师队伍，并建立定期考核、淘汰制度。聘请知名科学家、创业成功者、企业家、风险投资人等各行各业优秀人才，担任专业课、创新创业课授课或指导教师，并制定兼职教师管理规范，形成全国万名优秀创新创业导师人才库。将提高高校教师创新创业教育的意识和能力作为岗前培训、课程轮训、骨干研修的重要内容，建立相关专业教师、创新创业教育专职教师到行业企业挂职锻炼制度。加快完善高校科技成果处置和收益分配机制，支持教师以对外转让、合作转化、作价入股、自主创业等形式将科技成果产业化，并鼓励带领学生创新创业。

（八）改进学生创业指导服务

各地区、各高校要建立健全学生创业指导服务专门机构，做到"机构、人员、场地、经费"四到位，对自主创业学生实行持续帮扶、全程指导、一站式服务。健全持续化信息服务制度，完善全国大学生创业服务网功能，建立地方、高校两级信息服务平台，为学生实时提供国家政策、市场动向等信息，并做好创业项目对接、知识产权交易等服务。各地区、各有关部门要积极落实高校学生创业培训政策，研发适合学生特点的创业培训课程，建设网络培训平台。鼓励高校自主编制专项培训计划，或与有条件的教育培训机构、行业协会、群团组织、企业联合开发创业培训项目。各地区和具备条件的行业协会要针对区域需求、行业发展，发布创业项目指南，引导高校学生识别创业机会、捕捉创业商机。

（九）完善创新创业资金支持和政策保障体系

各地区、各有关部门要整合发展财政和社会资金，支持高校学生创新创业活动。各高校要优化经费支出结构，多渠道统筹安排资金，支持创新创业教育教学，资助学生创新创业项目。部属高校应按规定使用中央高校基本科研业务费，积极支持品学兼优且具有较强科研潜质的在校学生开展创新科研工作。中国教育发展基金会设立大学生创新创业教育奖励基金，用于奖励对创新创业教育作出贡献的单位。鼓励社会组织、公益团体、企事业单位和个人设立大学生创业风险基金，以多种形式向自主创业大学生提供资金支持，提高扶持资金使用效益。深入实施新一轮大学生创业引领计划，落实各项扶持政策和服务措施，重点支持大学生到新兴产业创业。有关部门要加快制定有利于互联网创业的扶持政策。

三、加强组织领导

（一）健全体制机制

各地区、各高校要把深化高校创新创业教育改革作为"培养什么人，怎样培养人"的重要任务摆在突出位置，加强指导管理与监督评价，统筹推进本地本校创新创业教育工作。各地区要成立创新创业教育专家指导委员会，开展高校创新创业教育的研究、咨询、指导和服务。各高校要落实创新创业教育主体责任，把创新创业教育纳入改革发展重要议事日程，成立由校长任组长、分管校领导任副组长、有关部门负责人参加的创新创业教育工作领导小组，建立教务部门牵头，学生工作、团委等部门齐抓共管的创新创业教育工作机制。

（二）细化实施方案

各地区、各高校要结合实际制订深化本地本校创新创业教育改革的实施方案，明确责任分工。教育部属高校需将实施方案报教育部备案，其他高校需报学校所在地省级教育部门和主管部门备案，备案后向社会公布。

（三）强化督导落实

教育部门要把创新创业教育质量作为衡量办学水平、考核领导班子的重要指标，纳入高校教育教学评估指标体系和学科评估指标体系，引入第三方评估。把创新创业教育相关情况列入本科、高职高专、研究生教学质量年度报告和毕业生就业质量年度报告重点内容，接受社会监督。

（四）加强宣传引导

各地区、各有关部门以及各高校要大力宣传加强高校创新创业教育的必要性、紧迫性、重要性，使创新创业成为管理者办学、教师教学、学生求学的理性认知与行动自觉。及时总结推广各地各高校的好经验好做法，选出学生创新创业成功典型，丰富宣传形式，培育创客文化，努力营造敢为人先、敢冒风险、宽容失败的氛围环境。

国务院办公厅

2015 年 5 月 4 日

附录3 国务院办公厅关于进一步支持大学生创新创业的指导意见

国办发〔2021〕35号

各省、自治区、直辖市人民政府,国务院各部委、各直属机构:

纵深推进大众创业万众创新是深入实施创新驱动发展战略的重要支撑,大学生是大众创业万众创新的生力军,支持大学生创新创业具有重要意义。近年来,越来越多的大学生投身创新创业实践,但也面临融资难、经验少、服务不到位等问题。为提升大学生创新创业能力、增强创新活力,进一步支持大学生创新创业,经国务院同意,现提出以下意见。

一、总体要求

以习近平新时代中国特色社会主义思想为指导,深入贯彻落实党的十九大和十九届二中、三中、四中、五中全会精神,全面贯彻党的教育方针,落实立德树人根本任务,立足新发展阶段、贯彻新发展理念、构建新发展格局,坚持创新引领创业、创业带动就业,支持在校大学生提升创新创业能力,支持高校毕业生创业就业,提升人力资源素质,促进大学生全面发展,实现大学生更加充分更高质量就业。

二、提升大学生创新创业能力

(一)将创新创业教育贯穿人才培养全过程。深化高校创新创业教育改革,健全课堂教学、自主学习、结合实践、指导帮扶、文化引领融为一体的高校创新创业教育体系,增强大学生的创新精神、创业意识和创新创业能力。建立以创新创业为导向的新型人才培养模式,健全校校、校企、校地、校所协同的创新创业人才培养机制,打造一批创新创业教育特色示范课程。(教育部牵头,人力资源和社会保障部等按职责分工负责)

(二)提升教师创新创业教育教学能力。强化高校教师创新创业教育教学能力和素养培训,改革教学方法和考核方式,推动教师把国际前沿学术发展、最新研究成果和实践经验融入课堂教学。完善高校双创指导教师到行业企业挂职锻炼的保障激励政策。实施高校双创校外导师专项人才计划,探索实施驻校企业家制度,吸引更多各行各业优秀人才担任双创导师。支持建设一批双创导师培训基地,定期开展培训。(教育部牵头,人力资源和社会保障部等按职责分工负责)

(三)加强大学生创新创业培训。打造一批高校创新创业培训活动品牌,创新培训模式,面向大学生开展高质量、有针对性的创新创业培训,提升大学生创新创业能力。组织双创导师深入校园举办创业大讲堂,进行创业政策解读、经验分享、实践指导等。支持各类创新创业大赛对大学生创业者给予倾斜。(人力资源和社会保障部、教育部等按职责分工负责)

三、优化大学生创新创业环境

(四)降低大学生创新创业门槛。持续提升企业开办服务能力,为大学生创业提供高效便捷的登记服务。推动众创空间、孵化器、加速器、产业园全链条发展,鼓励各类孵化器面向大学生创新创业团队开放一定比例的免费孵化空间,并将开放情况纳入国家级科技企业孵化器考核评价,降低大学生创新创业团队入驻条件。政府投资开发的孵化器等创业载体应安排30%左右的场地,免费提供给高校毕业生。有条件的地方可对高校毕业生到孵化器创业给予租金补贴。(科技部、教育部、市场监管总局等和地方各级人民政府按职责分工负责)

(五)便利化服务大学生创新创业。完善科技创新资源开放共享平台,强化对大学生的技术创新服务。各地区、各高校和科研院所的实验室以及科研仪器、设施等科技创新资源可以面向大学生开放共享,提供低价、优质的专业服务,支持大学生创新创业。支持行业企业面向大学生发布企业需求清单,引导大学生精准创新创业。鼓励国有大中型企业面向高校和大学生发布技术创新需求,开展"揭榜挂帅"。(科技部、发展改革委、教育部、国资委等按职责分工负责)

(六)落实大学生创新创业保障政策。落实大学生创业帮扶政策,加大对创业失败大学生的扶持力度,按规定提供就业服务、就业援助和社会救助。加强政府支持引导,发挥市场主渠道作用,鼓励有条件的地方探索建立大学生创业风险救助机制,可采取创业风险补贴、商业险保费补助等方式予以支持,积极研究更加精准、有效的帮扶措施,及时总结经验、适时推广。毕业后创业的大学生可按规定缴纳"五险一金",减少大学生创业的后顾之忧。(人力资源和社会保障部、教育部、财政部、民政部、医保局等和地方各级人民政府按职责分工负责)

四、加强大学生创新创业服务平台建设

(七)建强高校创新创业实践平台。充分发挥大学科技园、大学生创业园、大学生创客空间等校内创新创业实践平台作用,面向在校大学生免费开放,开展专业化孵化服务。结合学校学科专业特色优势,联合有关行业企业建设一批校外大学生双创实践教学基地,深入实施大学生创新创业训练计划。(教育部、科技部、人力资源和社会保障部等按职责分工负责)

(八)提升大众创业万众创新示范基地带动作用。加强双创示范基地建设,深入实施创业就业"校企行"专项行动,推动企业示范基地和高校示范基地结对共建、建立稳定合作关系。指导高校示范基地所在城市主动规划和布局高校周边产业,积极承接大学生创新成果和人才等要素,打造"城校共生"的创新创业生态。推动中央企业、科研院所和相关公共服务机构利用自身技术、人才、场地、资本等优势,为大学生建设集研发、孵化、投资等于一体的创业创新培育中心、互联网双创平台、孵化器和科技产业园区。(发展改革委、教育部、科技部、国资委等按职责分工负责)

五、推动落实大学生创新创业财税扶持政策

(九)继续加大对高校创新创业教育的支持力度。在现有基础上,加大教育部中央彩票公益金大学生创新创业教育发展资金支持力度。加大中央高校教育教学改革专项资金支持力度,将创新创业教育和大学生创新创业情况作为资金分配重要因素。(财政部、教育部等按职责分工负责)

(十)落实落细减税降费政策。高校毕业生在毕业年度内从事个体经营,符合规定条件的,在3年内按一定限额依次扣减其当年实际应缴纳的增值税、城市维护建设税、教育费附加、地方教育附加和个人所得税;对月销售额15万元以下的小规模纳税人免征增值税,对小微企业和个体工商户按规定减免所得税。对创业投资企业、天使投资人投资于未上市的中小高新技术企业以及种子期、初创期科技型企业的投资额,按规定抵扣所得税应纳税所得额。对国家

级、省级科技企业孵化器和大学科技园以及国家备案的众创空间按规定免征增值税、房产税、城镇土地使用税。做好纳税服务,建立对接机制,强化精准支持。(财政部、税务总局等按职责分工负责)

六、加强对大学生创新创业的金融政策支持

(十一)落实普惠金融政策。鼓励金融机构按照市场化、商业可持续原则对大学生创业项目提供金融服务,解决大学生创业融资难题。落实创业担保贷款政策及贴息政策,将高校毕业生个人最高贷款额度提高至20万元,对10万元以下贷款、获得设区的市级以上荣誉的高校毕业生创业者免除反担保要求;对高校毕业生设立的符合条件的小微企业,最高贷款额度提高至300万元;降低贷款利率,简化贷款申报审核流程,提高贷款便利性,支持符合条件的高校毕业生创业就业。鼓励和引导金融机构加快产品和服务创新,为符合条件的大学生创业项目提供金融服务。(财政部、人力资源和社会保障部、人民银行、银保监会等按职责分工负责)

(十二)引导社会资本支持大学生创新创业。充分发挥社会资本作用,以市场化机制促进社会资源与大学生创新创业需求更好对接,引导创新创业平台投资基金和社会资本参与大学生创业项目早期投资与投智,助力大学生创新创业项目健康成长。加快发展天使投资,培育一批天使投资人和创业投资机构。发挥财政政策作用,落实税收政策,支持天使投资、创业投资发展,推动大学生创新创业。(发展改革委、财政部、税务总局、证监会等按职责分工负责)

七、促进大学生创新创业成果转化

(十三)完善成果转化机制。研究设立大学生创新创业成果转化服务机构,建立相关成果与行业产业对接长效机制,促进大学生创新创业成果在有关行业企业推广应用。做好大学生创新项目的知识产权确权、保护等工作,强化激励导向,加快落实以增加知识价值为导向的分配政策,落实成果转化奖励和收益分配办法。加强面向大学生的科技成果转化培训课程建设。(科技部、教育部、知识产权局等按职责分工负责)

(十四)强化成果转化服务。推动地方、企业和大学生创新创业团队加强合作对接,拓宽成果转化渠道,为创新成果转化和创业项目落地提供帮助。鼓励国有大中型企业和产教融合型企业利用孵化器、产业园等平台,支持高校科技成果转化,促进高校科技成果和大学生创新创业项目落地发展。汇集政府、企业、高校及社会资源,加强对中国国际"互联网+"大学生创新创业大赛中涌现的优秀创新创业项目的后续跟踪支持,落实科技成果转化相关税收优惠政策,推动一批大赛优秀项目落地,支持获奖项目成果转化,形成大学生创新创业示范效应。(教育部、科技部、发展改革委、财政部、国资委、税务总局等按职责分工负责)

八、办好中国国际"互联网+"大学生创新创业大赛

(十五)完善大赛可持续发展机制。鼓励省级人民政府积极承办大赛,压实主办职责,进一步加强组织领导和综合协调,落实配套支持政策和条件保障。坚持政府引导、公益支持,支持行业企业深化赛事合作,拓宽办赛资金筹措渠道,适当增加大赛冠名赞助经费额度。充分利用市场化方式,研究推动中央企业、社会资本发起成立中国国际"互联网+"大学生创新创业大赛项目专项发展基金。(教育部、国资委、证监会、建设银行等按职责分工负责)

(十六)打造创新创业大赛品牌。强化大赛创新创业教育实践平台作用,鼓励各学段学生积极参赛。坚持以赛促教、以赛促学、以赛促创,丰富竞赛形式和内容。建立健全中国国际"互联网+"大学生创新创业大赛与各级各类创新创业比赛联动机制,推进大赛国际化进程,搭建

全球性创新创业竞赛平台,深化创新创业教育国际交流合作。(教育部等按职责分工负责)

九、加强大学生创新创业信息服务

(十七) 建立大学生创新创业信息服务平台。汇集创新创业帮扶政策、产业激励政策和全国创新创业教育优质资源,加强信息资源整合,做好国家和地方的政策发布、解读等工作。及时收集国家、区域、行业需求,为大学生精准推送行业和市场动向等信息。加强对创新创业大学生和项目的跟踪、服务,畅通供需对接渠道,支持各地积极举办大学生创新创业项目需求与投融资对接会。(教育部、发展改革委、人力资源和社会保障部等按职责分工负责)

(十八) 加强宣传引导。大力宣传加强高校创新创业教育、促进大学生创新创业的必要性、重要性。及时总结推广各地区、各高校的好经验好做法,选树大学生创新创业成功典型,丰富宣传形式,培育创客文化,营造敢为人先、宽容失败的环境,形成支持大学生创新创业的社会氛围。做好政策宣传宣讲,推动大学生用足用好税费减免、企业登记等支持政策。(教育部、中央宣传部牵头,地方各级人民政府、各有关部门按职责分工负责)

各地区、各有关部门要认真贯彻落实党中央、国务院决策部署,抓好本意见的贯彻落实。教育部要会同有关部门加强协调指导,督促支持大学生创新创业各项政策的落实,加强经验交流和推广。地方各级人民政府要加强组织领导,深入了解情况,优化创新创业环境,积极研究制定和落实支持大学生创新创业的政策措施,及时帮助大学生解决实际问题。

国务院办公厅

2021 年 9 月 22 日

参考文献

［1］闻德亮. 我国高等医学院校开展创新创业教育的实践与思考. 西北医学教育, 2012, 20 (2): 215-217.

［2］李晓松, 孙江洁. 论创新创业教育与培养卓越医学生的融合. 盐城师范学院学报 (人文社会科学版), 2016, 36 (3): 107-110.

［3］方雄伟. 创意漫谈. 杭州: 浙江工商大学出版社, 2015.

［4］史蒂夫·里夫金. 创意智慧. 邹亚生, 译. 北京: 企业管理出版社, 2004.

［5］史蒂文·约翰逊. 伟大创意的诞生: 创新自然史. 盛杨燕, 译. 杭州: 浙江人民出版社, 2014.

［6］张凌燕. 设计思维: 右脑时代必备创新思考力. 北京: 人民邮电出版社, 2015.

［7］赵明华. 创意学教程. 西安: 西北工业大学出版社, 2004.

［8］詹姆斯·韦伯·扬. 创意的生成. 祝士伟, 译. 北京: 中国人民大学出版社, 2014.

［9］罗玲玲. 创意思维训练. 3 版. 北京: 首都经济贸易大学出版社, 2015.

［10］谢宗豹, 林蕙青. 医学思维与创新. 上海: 上海科学技术出版社, 2005.

［11］王珉. 创意学理论与案例分析. 杭州: 浙江工商大学出版社, 2012.

［12］方军. 创意, 未来的工作方式. 北京: 中信出版社, 2016.

［13］许中华. 点石成金: 医学生创新思维. 北京: 中国协和医科大学出版社, 2008.

［14］蒂娜·齐莉格. 创意力: 11 堂斯坦福创意课. 秦许可, 译. 长春: 吉林出版集团股份有限公司, 2016.

［15］《大学生创新创业导论》编写组. 大学生创新创业导论. 北京: 高等教育出版社, 2016.

［16］段志光. 医学创新的轨迹. 北京: 中国协和医科大学出版社, 2009.

［17］甘华鸣. 创新. 北京: 中国国际广播出版社, 2001.

［18］李向成, 任强. 点击学生的创新思维. 北京: 中国社会科学出版社, 2002.

［19］刘红宁, 王素珍. 创新创业通论. 北京: 高等教育出版社, 2012.

［20］黄保强. 创新概论. 上海: 复旦大学出版社, 2004.

［21］倪锋. 创新创业概论. 北京: 高等教育出版社, 2012.

［22］滑云龙, 殷焕举. 创新学. 北京: 中国农业大学出版社, 2006.

［23］姜曙光. 大学生创业基础教程. 北京: 化学工业出版社, 2013.

［24］杜存臣, 胡燕, 周苏. 创新思维与方法. 2 版. 北京: 机械工业出版社, 2023.

［25］孙洪义. 创新创业基础. 北京: 机械工业出版社, 2016.

［26］李凤云, 董志杰. 中国高校创新创业教育的政策扩散: 过程、机制与展望. 创新与创业教育, 2021, 12 (6): 21-29.

［27］张志宏, 崔爱惠, 刘轶群. 大学生创新与创业训练教程. 北京: 现代教育出版社, 2017.

［28］梅强. 创业基础. 北京: 清华大学出版社, 2012.

［29］张可君, 吕时礼. 创业实务. 北京: 北京师范大学出版社, 2011.

［30］万轼. 在自己的岗位上创业. 北京: 新华出版社, 2010.

［31］张振笋. 从校园人到职业人. 北京: 兵器工业出版社, 2010.

［32］牟顺海, 王海军, 马秋林. 大学生创新创业指导. 北京: 现代教育出版社, 2014.

［33］刘平, 李坚. 创业学: 理论与实践. 北京: 清华大学出版社, 2009.

［34］中国就业培训技术指导中心, 中国就业促进会创业专业委员会. 创业指导. 北京: 中国劳动社会保障出版社, 2013.

［35］ 徐刚. 创业学. 重庆: 重庆大学出版社, 2014.

［36］ 董青春, 孙亚卿. 大学生创业基础. 北京: 经济管理出版社, 2012.

［37］ 初明利, 于俊如. 创业学导论. 北京: 经济科学出版社, 2009.

［38］ 耿俊丽. 创业与管理. 兰州: 甘肃科学技术出版社, 2009.

［39］ 韩国文. 创业学. 武汉: 武汉大学出版社, 2007.

［40］ 宋京双. 大学生创新创业教育"金课"教程. 北京: 清华大学出版社, 2021.

［41］ 李肖鸣, 朱建新. 大学生创业基础. 2 版. 北京: 清华大学出版社, 2013.

［42］ 卢飞成. 创业实战. 杭州: 浙江大学出版社, 2012.

［43］ 杰弗里·蒂蒙斯, 小斯蒂芬·斯皮内利. 创业学. 6 版. 周伟民, 吕长春, 译. 北京: 人民邮电出版社, 2005.

［44］ 刘振友. 互联网 +: 助推传统行业弯道超车. 北京: 中国财政经济出版社, 2015.

［45］ 李时椿. 创业管理. 北京: 清华大学出版社, 2008.

［46］ 李家华. 创业基础. 2 版. 北京: 清华大学出版社, 2015.

［47］ 王彩霞, 宋印利. 医学生职业发展与创新创业教程. 3 版. 北京: 人民卫生出版社, 2015.

［48］ 李庆丰. T 型商业模式. 北京: 北京时代华文书局, 2019.

［49］ 钟秋明. 大学生创业基础. 北京: 高等教育出版社, 2017.

［50］ 戴璐瑶, 王丽, 田甜, 等. 大数据时代大学生创业面临的困境及解决方法. 现代商贸工业, 2017 (36): 67-69.

［51］ 高亚伟. 大学本科毕业生创业现状调查研究分析. 价值工程, 2018, 37 (1): 171-172.

［52］ 房丽华. 互联网思维与大学生创业机会识别之间的关联度. 湖北经济学院学报 (人文社会科学版), 2017, 14 (11): 116-118.

［53］ 何鑫萍, 戴亦一, 翁若宇. 传统宗教、市场化进程与企业风险承担. 山西财经大学学报, 2017, 39 (3): 74-84.

［54］ 王红, 郑则东, 孟思圻. 浅谈大学生创新创业团队的建设. 文教资料, 2017 (30).

［55］ 熊诗平, 周卫民. 初创期创业团队的组建与筛选. 海派经济学, 2017, 15 (3): 135-146.

［56］ 单贺明, 许蓝月, 张旭朋. 新时代大学生自主创业团队的组建与管理研究. 科技资讯, 2019, 17 (9): 188-189.

［57］ 高艺. 初探创业团队的组建原则. 劳动保障世界, 2018 (18): 11.

［58］ 韩志鹏, 曹宇曦. 浅析大学生创业团队的组建. 当代教育实践与教学研究 (电子刊), 2017 (8): 135.

［59］ 汪小平, 李禄峰. 医学生创新创业基础教程. 北京: 科学出版社, 2017.

［60］ 黄兆信, 赵国靖. 中美高校创业教育课程体系比较研究. 中国高教研究, 2015 (1): 49-53.

［61］ 付恩砚. 医学院校创新创业课堂教学探索. 成都中医药大学学报 (教育科学版), 2017, 19 (1): 44-46.

［62］ 张玉利, 曹胜利, 史宗恺, 等. 中国大学创新创业教育发展报告. 沈阳: 万卷出版公司, 2013.

［63］ 孙嘉. 资源整合: 站在巨人肩上创业——访西安蓝晶生物科技有限公司总经理王亚宏. 科技创业, 2008 (6): 56.

［64］ 王艳茹. 创业教育、企业家精神与创新型经济发展. 产经评论, 2011 (5): 49-54.

［65］ 王晓进. 大学生创新理论与实践. 北京: 科学出版社, 2014.

［66］ 黎甜. 结构化思维. 北京: 文化发展出版社有限公司, 2019.

［67］ 亚历山大·奥斯特瓦德, 伊夫·皮尼厄. 商业模式新生代. 黄涛, 郁婧, 译. 北京: 机械工业出版社, 2016.

［68］ 王艳茹. 创业资源. 北京: 清华大学出版社, 2014.

［69］ 奥利弗·加斯曼, 卡洛琳·弗兰肯伯格, 米凯拉·奇克. 商业模式创新设计大全. 聂茸, 贾红霞, 译. 北京: 中国人民大学出版社, 2017.

［70］ 丁洁琼. 国内外高校创新创业教育差异对比启示. 当代教育实践与教学研究, 2020 (2): 135-136.

［71］ 李明. 改革创新 培养卓越医生. 中国高等教育, 2013 (7): 17-19.

［72］ 何文波. 健康中国背景下高校医学专业创新创业教育的对策研究. 湖北开放职业学院学报, 2021, 34 (23): 1-3.